A universidade reformanda

FUNDAÇÃO EDITORA DA UNESP

Presidente do Conselho Curador
Mário Sérgio Vasconcelos

Diretor-Presidente
José Castilho Marques Neto

Editor-Executivo
Jézio Hernani Bomfim Gutierre

Assessor Editorial
João Luís Ceccantini

Conselho Editorial Acadêmico
Alberto Tsuyoshi Ikeda
Áureo Busetto
Célia Aparecida Ferreira Tolentino
Eda Maria Góes
Elisabete Maniglia
Elisabeth Criscuolo Urbinati
Ildeberto Muniz de Almeida
Maria de Lourdes Ortiz Gandini Baldan
Nilson Ghirardello
Vicente Pleitez

Editores-Assistentes
Anderson Nobara
Fabiana Mioto
Jorge Pereira Filho

LUIZ ANTÔNIO CUNHA

A universidade reformanda
O golpe de 1964 e a modernização do ensino superior

2ª edição

© 2007 Editora UNESP

Direitos de publicação reservados à:
Fundação Editora da UNESP (FEU)
Praça da Sé, 108
01001-900 – São Paulo – SP
Tel.: (0xx11) 3242-7171
Fax: (0xx11) 3242-7172
www.editoraunesp.com.br
www.livrariaunesp.com.br
feu@editora.unesp.br

1ª edição – Francisco Alves, 1988

CIP – Brasil. Catalogação na fonte
Sindicato Nacional dos Editores de Livros, RJ

C978u
2.ed.

Cunha, Luiz Antônio, 1943-
  A universidade reformanda: o golpe de 1964 e a modernização do ensino superior / Luiz Antônio Cunha. – 2.ed. – São Paulo: Editora UNESP, 2007.

  Inclui bibliografia
  ISBN 978-85-7139-771-2

  1. Ensino superior e Estado – Brasil – História. 2. Universidades e faculdades – Brasil – História. 3. Ensino superior – Brasil – História. 4. Brasil - Política e governo, 1964-1985. I. Título.

07-2377.
CDD: 378.81
CDU: 378(81)

Editora afiliada:

Asociación de Editoriales Universitarias de América Latina y el Caribe

Associação Brasileira de Editoras Universitárias

Sumário

Prefácio à 1ª edição 7

Prefácio à 2ª edição 9

1 Gênese e desenvolvimento do ensino superior 13
   Os modelos de universidade e o ensino brasileiro 16
   O contexto político e econômico da ditadura 22

2 A gestação política da reforma universitária 39
   "Depuração" das universidades 39
   Estudantes: enquadramento e trabalho 54
   A modernização institucionalizada 67
   A demanda reprimida 81
   Generais orientam o ensino 85
   Universidade engajada ou universidade liberal? 98

3 UFMG e USP: duas universidades em reforma 109
   UFMG: intervenção e composição 112
   USP: o relatório Ferri e as comissões paritárias 124

4 O desembarque dos consultores 155
   A Usaid no ensino superior 155
   O périplo universitário de Atcon 187
   O Conselho dos Reitores como cabeça de ponte 202
   A reação contra os consultores estrangeiros 207

6 LUIZ ANTÔNIO CUNHA

5 A produção da Lei da Reforma Universitária 219
O trabalho do grupo pelo seu relatório 219
Racionalizar para não sobrar 234
Subsídios parlamentares 242
O processo legislativo 249
Críticas imediatas à reforma projetada 279

Conclusão 287

Referências bibliográficas 295

Prefácio à 1ª edição

A pesquisa que deu origem a este livro teve início em 1980 e beneficiou-se do apoio das instituições onde trabalhei desde então: a Universidade Estadual de Campinas (Unicamp) e a Universidade Federal Fluminense (UFF). Nessas duas universidades públicas, beneficiei-me, também, do apoio do Conselho Nacional de Desenvolvimento Científico e Tecnológico (CNPq), com recursos que muito contribuíram para o desenvolvimento da investigação.

As vicissitudes da transição institucional que atravessou a pesquisa me permitiram ver de perto o trabalho de colegas de magistério que ocupam cargos de direção e assessoria nas universidades e nas agências de fomento. Percebi o quanto sua atividade cotidiana pode beneficiar a do pesquisador, embora, frequentemente, iniba a sua própria atividade de pesquisa. A eles, em reconhecimento, dedico este livro.

Várias pessoas contribuíram diretamente para este estudo, na assistência ao pesquisador, no fornecimento de dados e documentos, bem como na sugestão de veios a explorar. Sou especialmente grato à contribuição de Marluce Moura Medeiros, Sarah Silva Telles, Marcia Leporace Farret, Maria Amélia Goldberg, Maria de Lourdes Fávero, Osmar Fávero e Oder José dos Santos.

Uma primeira versão deste texto foi apresentada como tese de concurso para professor titular (Sociologia da Educação) na Universidade Federal Fluminense, em setembro de 1986. Paulo Roberto Motta, Ana Maria Castro, Aparecida Joly Gouveia, Celso Beisiegel e Jacques Velloso, membros da banca examinadora, fizeram observações valiosas que, na medida do possível, foram incorporadas ao texto.

Cumpre frisar, entretanto, que nenhuma dessas pessoas é responsável pelos erros ou insuficiências remanescentes.

Prefácio à 2ª edição

Depois de longo tempo esgotada a trilogia da *Universidade,* da qual este é o terceiro livro, a Editora da Unesp assumiu seu relançamento. E o faz depois de ter editado outra trilogia de minha autoria, a do *Ensino Profissional.* Os temas das duas trilogias são distintos, mas não podem ser apartados. Opostos, sem dúvida, mas só podem ser entendidos com referência constante um ao outro. Nesse sentido, as duas trilogias, a da *Universidade* e a do *Ensino Profissional,* guardam uma unidade teórica, correlativa à unidade sociológica dos sistemas educacionais que, no Brasil como em tantos outros países, contrapõe uma educação destinada aos dirigentes e outra educação destinada aos dirigidos; aos trabalhadores intelectuais e aos trabalhadores manuais; ao público e ao privado; e outras polaridades que definem um campo marcado por antigas e novas contradições.

A tentação de reescrever o livro foi difícil de descartar. Depois de 19 anos, nem o mundo nem o autor são os mesmos. Nem os leitores. Tampouco a universidade brasileira. Com efeito, parte do que era projeto foi realizada de diversas maneiras e de distintos efeitos, o que propicia um novo olhar sobre o processo de modernização do ensino superior brasileiro, bem como sobre o papel nele desempenhado pelos governos resultantes do golpe de Estado de 1964. Em especial, cinco pontos merecem ser revisitados, ainda que brevemente.

À medida que nos distanciamos dos anos 1960, quando a lei 5.540 consolidou e generalizou para todo o ensino superior as linhas traçadas para as universidades federais, persiste a ideia de que ela expressou a "reforma universitária dos militares". Essa é uma ideia *errônea.* Com efeito, talvez um só ponto daquela lei possa ser imputado aos militares: a substituição das listas tríplices por sêxtuplas para a escolha dos reitores pelo presidente da República ou pelos governadores dos estados. Todos os demais pontos resultaram de propostas que vinham sendo gestadas no âmbito das próprias instituições de ensino, principalmente nas universidades públicas. Mas não há dúvida de que mesmo medidas modernizadoras defendidas pela esquerda, antes do golpe, como a substituição do regime de cátedras pelo regime departamental, foram viabilizadas pela força de leis, decretos e decretos-leis, assim como de atos institucionais, que eliminaram direitos dos catedráticos.

Diferentemente das outras ditaduras militares latino-americanas dos anos 1960/70, a brasileira foi modernizadora, particularmente no âmbito do ensino superior. Uma aliança tácita de militares com pesquisadores, aliança essa concretizada nas agências de fomento, como o BNDE, a Finep, o CNPq e a Capes, inovações que vinham se desenvolvendo desde 1940 não foram suspensas, mas sim intensificadas. Na Universidade de Brasília (a mais inovadora de todas), que teve o reitor demitido e reitores interventores, levando a reações que culminaram na autodemissão coletiva da maior parte do corpo docente, a estrutura da instituição foi mantida no essencial.

Sem complacência alguma com a repressão político-ideológica perpetrada pelos governos militares, cumpre reconhecer que o regime autoritário foi utilizado pelos docentes-pesquisadores reformadores das instituições de ensino superior para fazer prosseguir o processo de modernização iniciado duas décadas antes, o qual não chegou ao seu fim.

A percepção que se tem das mudanças sofridas pelas universidades nem sempre corresponde aos processos objetivos a que se referem.

Um exemplo é o da adoção do sistema de créditos (matrícula por disciplina) pelas instituições de ensino superior, à qual foi atribuída a intenção de desarticular o movimento estudantil, mediante a fragmentação das turmas de graduação. Mesmo sem base empírica alguma, mesmo sem análise de processos objetivos, como o da mudança na composição do alunado, mesmo sem análise de processos subjetivos (com importantes resultantes objetivas), que foi a opção pela luta armada das correntes hegemônicas nesse movimento, a imputação daquela motivação tem sido repetida sem crítica.

Atitude semelhante ocorreu com a fragmentação das faculdades de Filosofia, Ciências e Letras, na qual se quer ver uma motivação político-ideológica dos governos militares, qual seja, a de suprimir a atuação crítica dessas unidades contra o regime autoritário.

Com isso, esquece-se da Universidade de Brasília, criada três anos antes do golpe de Estado, cuja principal característica estrutural foi a substituição da FFCL pelos Institutos Centrais. Esquece-se, também, que um dos poucos vetos do presidente João Goulart à Lei de Diretrizes e Bases da Educação Nacional, aprovada pelo Congresso, em 1961, foi, justamente, do artigo que determinava que todas as universidades brasileiras tivessem uma faculdade de Filosofia, Ciências e Letras.

Na verdade, a fragmentação das FFCLs resultou de um movimento de *autonomização* das diferentes seções dessas faculdades, que cresciam em tamanho e se diferenciavam pela própria lógica de desenvolvimento do campo científico – especialmente da Matemática, da Física, da Química e da Biologia. Os docentes-pesquisadores dessas disciplinas almejavam, sobretudo, constituir unidades distintas e ter representação própria no Conselho Universitário, para expressar o poder que haviam alcançado de fato no cenário científico e acadêmico, mas que a estrutura universitária frequentemente ignorava.

Na leitura dos textos que se referem à fragmentação das faculdades de Filosofia, Ciências e Letras, é comum encontrar-se um forte sentimento de autocomiseração, que subordina essa mudança estrutural das universidades à contenção político-ideológica. Ora, perseguições políticas e restrições ideológicas houve muitas, e muito prejudicaram a vida das nossas melhores universidades, mas imputar-lhes toda e qualquer mudança institucional corresponde à passagem do fato à imaginação.

A extinção do regime de cátedras foi saudada por todos os críticos do arcaísmo da universidade brasileira, mas a carreira docente que lhe sucedeu não recebeu o mesmo entusiasmo. Florestan Fernandes, catedrático de Sociologia da Faculdade de Filosofia, Ciências e Letras da USP, publicou artigo em setembro de 1968, quatro meses antes de ser compulsoriamente aposentado por força do ato institucional 5, no qual criticou incisivamente o caráter burocrático da nova carreira. No seu entender, os títulos acadêmicos e os níveis da carreira docente passaram a ser de tal modo vinculados que ele vaticinou "o carreirismo como norma e a mediocridade como fim", efeito inevitável da implantação da "reforma universitária consentida".

Penso que os interesses corporativos gerados pela lei 5.540/68 e o Estatuto do Magistério Federal, que lhe seguiu, possam explicar a longevidade do parecer 977/65, do Conselho Federal de Educação, que institucionalizou o ensino de pós-graduação no Brasil. Calcado nos padrões correntes nos Estados Unidos, é incrível como as normas da pós-graduação não foram sequer transcritas na lei 5.540/68 nem na Lei de Diretrizes e Bases da Educação Nacional, de 1996. Ambas resumiram-se a mencionar a legislação específica desse grau de ensino e remeter a normatização própria, como na modalidade do ensino militar.

Tudo somado, verifica-se que a hegemonia norte-americana no campo do ensino superior brasileiro ainda não chegou ao fim. Ao contrário, parece sofrer um reforço, como resultado indireto da abertura europeia a essa hegemonia. Depois de muita resistência, o continente berço das universidades assumiu como diretriz intergovernamental a reforma de suas instituições de ensino superior segundo os parâmetros estabelecidos no Protocolo de Bolonha (1999), que vão desde a contabilidade dos estudos até a hierarquização dos títulos acadêmicos.

Se chamei a atenção do leitor para os efeitos dessa hegemonia no âmbito nacional, termino este prefácio com uma pequena referência sobre a tomada de medidas de abertura do mercado dos títulos acadêmicos no âmbito regional sul-americano, com repercussões ainda desconhecidas sobre os mercados econômico (força de trabalho) e simbólico (prestígio dos diplomas e das instituições).

1
Gênese e desenvolvimento
do ensino superior

Esta é a terceira fase de uma pesquisa sobre Gênese e Desenvolvimento do Ensino Superior, iniciada em 1975. Na primeira fase, *A universidade temporã*, tratamos do nascimento tardio da universidade brasileira e sua estrutura interna, presa às faculdades isoladas do início do século XIX. Na segunda fase, *A universidade crítica*, mostramos as contradições que dilaceravam o ensino superior em nosso país, durante a república populista. Agora, em *A universidade reformanda*, apresentamos os processos sociais, políticos e econômicos que resultaram na lei que visava ultrapassar as determinações da própria gênese do ensino superior e implantar a "verdadeira universidade" no Brasil (Cunha, 1983, 1986). Nesta fase, analiso o processo de modernização do ensino superior, desde os decretos-leis específicos para as universidades federais até a gestação e o nascimento da lei 5.540/68, abrangendo todo o ensino superior do país. A par desse processo, focalizo o surgimento de resistências que se lhe opuseram, assim como o desenvolvimento de concepções, não raro contraditórias, de novas atribuições à universidade brasileira elaboradas por diversos grupos e categorias sociais, particularmente estudantes, professores e militares.

Essa linha de investigação resultou de uma versão pessoal da controvertida associação entre ensino superior e pesquisa, determinada, aliás, pela lei 5.540/68, que teve no ensino o motivo primeiro e deságua nas disciplinas que leciono e nas bibliografias dos colegas. Adquire, todavia, um impulso próprio ditado pela conjuntura da universidade e da sociedade inclusiva.

No relato de nossos achados, optamos por não sobrecarregar o leitor com um arrazoado teórico-metodológico que apenas transcreveria elementos já apresentados em outros trabalhos.[1]

---

1 O quadro teórico metodológico que preside aqueles livros, como este, está em Cunha (1981).

Apesar dessa opção, queremos destacar alguns pontos que podem servir para explicar certas questões.

A universidade, a entendemos como Gramsci, aparelho de hegemonia, que tem sua especificidade na formação de intelectuais orgânicos da burguesia. Como aparelho de hegemonia, a universidade encontra-se sujeita ela própria a uma luta hegemônica que se desenvolve no seu próprio seio, o que explica muitas das crises de identidade desse aparelho. Ao contrário de outros aparelhos de hegemonia, a universidade encontra-se, no Brasil, no cruzamento da Sociedade Política com a Sociedade Civil, combinando de modo próprio a coerção com a hegemonia. A relativa autonomia resultante dessa posição peculiar propicia a ressonância das crises que abalam o conjunto do Estado, até mesmo setores específicos dele.

O lado não universitário do ensino superior já se encontrava, na década de 1960, mais propriamente definido como aparelho *privado* de hegemonia, o que lhe permitiu ficar ao largo das medidas repressivas que recaíram sobre as instituições universitárias. Algumas universidades *privadas* foram, por essa razão, poupadas.

O binômio *modernização-imperialismo* é a chave para o entendimento do processo analisado.

Nas décadas de 1940 a 1960, justamente quando a conjuntura mundial estava marcada pelas guerras de libertação nacional, pelas lutas anti-imperialistas e pela vitória do socialismo em metade do planeta, a sociologia burguesa procurava mascarar essa realidade com as teorias da modernização. Com elas, o capitalismo avançado era colocado como a meta de todos os países, e o caminho para chegar até lá seria o mesmo já percorrido pelas metrópoles de então. A luta acadêmica contra essa ideologia levou muitos sociólogos a descartar totalmente a questão da modernização como problema teórico em proveito da questão do imperialismo.

Evitando essas parcialidades, ficamos com ambos os conceitos. Vemos que o imperialismo, pelo menos no Brasil, é modernizador, ainda que o capital industrial se beneficie, em sua reprodução, de relações sociais arcaicas, em certos momentos. No conjunto, como em esferas específicas – a universidade, por exemplo – a dominação imperialista impulsiona a extinção das relações sociais arcaicas e a generalização das relações próprias do capitalismo desenvolvido. O esquema das variáveis padrão de Parsons permite uma boa descrição do processo de modernização, entendendo-se como generalização da ação racional aquela que, diante dos dilemas de orientação, segue a pauta definida tipicamente: universalismo, neutralidade afetiva, privatismo, desempenho e especificidade.

No que se refere ao nosso tema, não é exagero dizer que o processo de reforma do período de 1964-68, definido no contexto do reforço da subordinação política e econômica do país, foi o responsável pela edificação da universidade no Brasil, conforme o modelo mais avançado do mundo capitalista, o norte-americano.

Outro conceito-chave do estudo realizado é o de *ideologia*, entendido, segundo Berger e Luckman, como uma particular definição da realidade que se liga a um interesse concreto de poder. Longe de ser automática, essa ligação não é necessariamente baseada em seus elementos teóricos intrínsecos, mas pode resultar de um encontro casual. De uma afinidade eletiva, como dizia Max Weber.

Para conhecer o projeto de reforma universitária era preciso mais do que analisar leis, decretos e a jurisprudência do Conselho Federal de Educação. Essas expressões legais e paralegais foram entendidas como termos de um processo que só se daria a conhecer se buscasse a sua *gênese*. Conhecer o que aí está é conhecer a sua produção social. É a História colaborando com a Sociologia.

Em momento algum pretendemos ser neutros. Ao contrário, não confundimos objetividade, esta sim buscada com a neutralidade, tão impossível quanto indesejada. Valores como democracia, liberdade acadêmica, responsabilidade docente e discente, dignidade da pessoa humana, autonomia universitária, prevalência do saber sobre o poder e a destinação social do conhecimento presidiram toda a pesquisa, o relato dos achados e sua interpretação. O caráter interessado da pesquisa se explicita, finalmente, no intuito de conhecer o projeto de reforma universitária dos anos 1960 para compreender as vicissitudes de sua implantação nos anos 1970, de modo que contribua para o advento, nos anos posteriores, das mudanças reclamadas pela universidade e pela sociedade.

O autor se reconhece ator desse processo não como legislador, mas como participante de seu produto como estudante de Sociologia, de 1964 a 1967, e, a partir de março de 1969, quatro meses após a promulgação da lei 5.540/68, como professor na PUC-RJ, então vitrina iluminada da modernização que se apregoava.

Esta fase da pesquisa foi iniciada em março de 1980, embora a reunião de materiais tivesse começado alguns anos antes. Consultamos três arquivos públicos (Inep, Subin e Congresso Nacional); dois arquivos

16 LUIZ ANTÔNIO CUNHA

privados; cinco bibliotecas universitárias, bem como o Arquivo Edgar Leuenroth, da Unicamp; órgãos da imprensa diária, até o *Diário do Congresso Nacional*, além de publicações oficiais com destaque para *Documenta*. Registrei entrevistas com 79 pessoas: um ex-ministro da Educação, quatro ex-membros do CFE, cinco ex-reitores, onze técnicos do Ministério da Educação e do Conselho de Reitores, 26 professores universitários e 32 ex-estudantes.

OS MODELOS DE UNIVERSIDADE E O ENSINO BRASILEIRO

Vários autores têm tratado da reforma universitária de 1968, destacando os protagonistas ostensivos ou dissimulados em sua formulação, notadamente a burocracia universitária, os consultores norte-americanos, os tecnocratas da ditadura. Mas, na pesquisa que desenvolvemos sobre essa questão, foi totalmente inesperado encontrar também Napoleão Bonaparte presente no Brasil dos anos 1960, ainda que de modo negativo: pelas repercussões culturais da reação ao avanço de suas tropas, e às suas políticas educacionais concernentes ao ensino superior.

Analisando a gênese da reforma universitária brasileira de 1968 como se desembaraçasse as linhas de um novelo, verificamos que várias delas se cruzavam. Napoleão estava nesse nó. Vamos desatá-lo.

Após as primeiras vitórias contra o inimigo externo da Revolução Francesa de 1789 e tendo assumido o poder político supremo no Estado republicano, Napoleão empreendeu uma ampla e diversificada obra de reforma institucional, visando à consolidação do regime burguês. Nessa obra reformadora estava compreendida a reforma das instituições de ensino, em continuação às grandes mudanças decretadas pela Assembleia Constituinte.

A universidade era muito malvista pelos revolucionários franceses em razão do espírito corporativo quase medieval nela prevalecente e da utilização da cultura clássica para barrar a entrada das ciências experimentais e do enciclopedismo. Em suma, a universidade era vista como um aparelho ideológico do *Ancien Régime*. Sucessivos decretos revolucionários, aos quais se juntou o decreto napoleônico de março de 1808,[2] produziram

---

2 Esse decreto criou a Universidade da França, a que estavam subordinadas todas as instituições de ensino superior, assim como as escolas primárias e os liceus de todo país.

A UNIVERSIDADE REFORMANDA 17

profundas mudanças no panorama do ensino superior. Foram criadas a Escola Politécnica, a Faculdade de Ciências e a Faculdade de Letras; e as Escolas de Medicina e de Direito foram promovidas a faculdades. Estas, mais a de Farmácia, foram articuladas a uma rígida regulamentação profissional. Tudo isso se justificava perfeitamente pelo positivismo difuso da burguesia francesa (*avant la lettre*), para quem a fragmentação da universidade em instituições de ensino profissional, ainda que formalmente pertencentes à universidade, resolvia ao mesmo tempo dois problemas: a demolição de um dos aparelhos de formação dos intelectuais da antiga classe dominante e a preparação dos novos para a viabilização do bloco histórico em formação.

Do outro lado do rio Reno, situação bem diferente ocorria. A ocupação estrangeira de parte do território alemão, em decorrência da vitória de Napoleão sobre a primeira coligação antirrepublicana, fez que surgissem iniciativas para a transferência da importante Universidade Real de Halle para local não submetido à dominação externa. Encarada como questão vital para a manutenção da identidade nacional, fez-se mais do que uma simples mudança da sede dessa universidade para Berlim. Criou-se, em 1810, uma nova universidade, com base em concepções filosóficas trazidas para um debate induzido pelo próprio Estado.

Assim, de 1802 a 1816, os maiores filósofos do idealismo escreveram sobre a ideia de universidade e sua realização. Hegel, Schelling, Fichte, Schleiermacher e Humboldt[3] produziram em poucos anos o que é, talvez, a mais densa reflexão sobre a instituição universitária, desde sua criação no século XIII até os dias de hoje (Frerry, Pesron & Renaut, 1979). Três desses filósofos intervieram na própria gestão da universidade: Humboldt foi o primeiro reitor e Fichte, diretor da Faculdade de Filosofia, o segundo; Schleiermacher dirigiu a Faculdade de Teologia.

Os cinco filósofos pensadores da universidade em gestação tinham em comum a concepção de que se tratava de realizar, na prática, a Universidade, isto é, a Ideia de Universidade. Para uns, essa ideia implicava a manifestação diversa do saber uno; para outros, a totalização sistemática do saber diverso. Conforme abraçassem uma ou outra variante da concepção ideal de universidade, as propostas para a universidade real brotavam com marcas liberais ou autoritárias.

---

3 Wilhelm von Humboldt era irmão de Alexandre, naturalista que realizou histórica viagem de pesquisa à Amazônia.

Schleiermacher evidenciava sua orientação liberal ao propor uma tênue relação entre a universidade e o Estado, reduzida quase totalmente à manutenção econômica daquela por este; nada de tribunal interno, nem de imposição de programas e métodos aos professores, os quais deveriam ser deixados em livre competição pelas preferências dos estudantes.

Fichte, por outro lado, pregava que a universidade como totalidade realizava-se de modo totalitário: os professores teriam cada um o monopólio de uma matéria, sujeitos, como os estudantes, a um rígido esquema hierárquico e disciplinar, controlado por instâncias de supervisão e de julgamento. Para a realização de suas certezas, as propostas de Fichte orientavam-se pelos princípios de *economia* (racionalização dos meios em relação aos fins, eliminação das repetições e dos desperdícios); de *utilidade* (o saber não deve ser ensinado em vão, mas visar a aplicações práticas); de *estruturação do múltiplo* (discriminação dos elementos e sua disposição uns em relação aos outros – ibidem, p.17-8).

Criada por Humboldt, a Universidade de Berlim teve impressa em seus estatutos uma orientação liberal a despeito de manter professores da orientação oposta em cargos de direção.

Vale mencionar que após a vitória da Prússia sobre a França, em 1871, os padrões educacionais alemães passaram a ter alta cotação entre os intelectuais franceses, que atribuíram à excelência do ensino germânico as razões de sua vitória militar. Essa valorização incidia também sobra a universidade, em especial sobre a Faculdade de Filosofia, onde se desenvolvia o cultivo do saber livre e desinteressado de aplicações práticas. Era justamente o oposto da política universitária voltada exclusivamente para a formação profissional, que havia sido implementada pela revolução burguesa de 1789, coroada pelas medidas reformadoras de Napoleão I.

O ensino superior brasileiro incorporou tanto os produtos da política educacional napoleônica quanto os da reação alemã à invasão francesa, esta depois daquela.

O bloqueio continental europeu imposto por Napoleão à Inglaterra não pôde ser aceito pelo Reino de Portugal, submetido que estava ao poderio britânico em termos econômicos e políticos. Diante da invasão, a sede do reino transferiu-se para o Brasil em 1808, numa esquadra que transportou os tesouros da coroa, a alta burocracia civil, militar e eclesiástica, os livros da Biblioteca Real e os órfãos da Casa Pia de Lisboa.

Mas se a classe dominante lusitana retirou-se diante das tropas napoleônicas, havia muito abria os braços para o pensamento educacional

A UNIVERSIDADE REFORMANDA   19

da burguesia francesa. Já em meados do século XVIII, tal aceitação se fez sentir nas políticas educacionais do iluminista Marquês de Pombal, que realizou parte dos ideais revolucionários franceses.[4]

No Brasil, o príncipe João não criou universidades, apesar de aqui reproduzir tantas instituições metropolitanas. Em vez de universidades, criou instituições isoladas de ensino superior para a formação de profissionais, conforme o figurino do país inimigo naquela conjuntura: de Medicina, na Bahia e no Rio de Janeiro, em 1808; e de Engenharia, embutido na Academia Militar, no Rio de Janeiro, dois anos depois (mais tarde, nasceu a Escola Politécnica, calcada na de Paris).[5] Em 1827, dom Pedro I acrescentou os cursos jurídicos de Olinda e de São Paulo, com o que se completava a tríade dos cursos profissionais superiores que por tanto tempo dominaram o panorama do nosso ensino superior.

Daí em diante, o ensino superior desenvolveu-se em nosso país pela multiplicação dessas faculdades isoladas – Medicina, Engenharia, Direito. As primeiras universidades resultaram, já na terceira década do século XX, da mera reunião formal dessas faculdades. Com o tempo, outras faculdades surgiram nesse quadro, também isoladas ou incorporadas às inconsistentes universidades. Eram escolas ou faculdades de Minas e Metalurgia, de Odontologia, de Arquitetura, de Economia, de Serviço Social, de Jornalismo, de Filosofia, Ciências e Letras. Esta última veio a ser a realização deteriorada do ambicioso projeto de reproduzir em nosso país a Faculdade de Filosofia da Universidade de Berlim, no cultivo do saber livre e desinteressado, conterrâneo de outro insucesso de transplante, a livre-docência.

Esse caráter fragmentado das instituições brasileiras de ensino superior vinha recebendo críticas desde o tempo do Império. Críticas que se transferiam para as frágeis universidades tão logo surgiram. Já em 1926, Fernando de Azevedo (que veio a ser o Humboldt da Universidade de São Paulo, em 1934) batia-se pela integração da instituição universitária e pela ultrapassagem da estreiteza cultural resultante da especialização das faculdades na mera formação profissional.

---

4 Assim como Portugal antecipou no campo do ensino os ideais da burguesia francesa, as 13 colônias inglesas da América anteciparam a democracia política.

5 Nota-se que foi em 1808 que Napoleão criou a Universidade da França e, em 1810, que Humboldt criou a Universidade de Berlim.

Mas foi só na década de 1960 que uma doutrina sistemática sobre a reforma universitária tomou forma no Brasil, respondendo a esses antigos anseios de superação do modelo napoleônico de ensino superior. Essa doutrina teve suporte institucional no Conselho Federal de Educação e suporte político no regime autoritário resultante do golpe de Estado de 1964. Foi naqueles pensadores alemães que a doutrina da reforma universitária buscou seus fundamentos.

A despeito da crítica que nessa doutrina se fazia à concepção humboldtiana da Faculdade de Filosofia, a matriz filosófica do idealismo alemão, com sua ambiguidade liberal/autoritária, prestava-se admiravelmente bem para expressar o projeto político dos novos detentores do poder para a reforma da crítica universidade brasileira.

O golpe de 1964, dado pela aliança dos liberais que não escondiam sua antiga vocação autoritária, com os militares educados na escola do positivismo comteano defensor de uma "ditadura republicana", levou cinco anos para despir a máscara liberal-democrática. Foi durante esse período que tomou forma a doutrina da reforma da universidade brasileira, expressa em dois decretos-leis e na lei 5.540, de novembro de 1968. O anteprojeto dessa lei foi elaborado por um grupo de trabalho do qual fizeram parte os membros do Conselho Federal de Educação e professores universitários, todos versados no idealismo alemão. Esses protagonistas, dos quais destaco Newton Sucupira e Roque Maciel de Barros, tinham nos filósofos da Universidade de Berlim farto manancial de ideias cuja fonte, todavia, permaneceu oculta. Particularmente, o messianismo universitário, a limitação da autonomia universitária pelo Estado e os princípios de organização da universidade, todos de Fichte, devem ter tido um papel central na formulação da doutrina da reforma universitária.

É preciso chamar a atenção para uma questão: se a *doutrina* da reforma universitária de 1968 foi elaborada com base no idealismo alemão, o *modelo organizacional* proposto para o ensino superior brasileiro era norte-americano. Não se tratava de fazer *tabula rasa* do ensino superior existente no Brasil, mas de promover sua modernização na direção do modelo norte-americano, pelo menos na direção de certos aspectos desse modelo, devidamente selecionados pelos dirigentes do aparelho educacional.

Com efeito, a modernização do ensino superior na direção do modelo norte-americano já vinha ganhando terreno lenta, mas solidamente, desde os anos 1940, como mostramos em *A universidade crítica*. A própria Universidade de Brasília expunha esse modelo à pronta difusão. Ele consistia na radical mudança de organização dos recursos materiais e humanos da universidade. Em vez de agrupá-los em função dos *produtos* profissionais (isto é, nas faculdades), passavam a ser agregados em função das economias de escala no uso dos *indutos* (implicando a estrutura departamental). O conhecimento a ser ensinado se fragmentava em pequenas unidades chamadas *disciplinas*, já descoladas das matérias correspondentes às *cátedras*. No nível da universidade, a agregação das disciplinas dava origem aos departamentos, por processos indutivos (ao contrário do processo dedutivo que originava a cátedra); no nível do estudante, resultava no currículo a ser composto mediante um sistema peculiar de contabilidade – o crédito. Assim, a própria estrutura da universidade revelava a vitória do empiricismo anglo-saxônico sobre o racionalismo francês e o idealismo alemão, embora este fosse evocado em sua justificativa.

Queremos, também, deixar claro que não nos situamos no campo idealista, supondo que a reforma da universidade resultou da mente de alguns poucos homens, aqueles pelos quais, como dizia Fichte, a Universidade se exprime sem mediação, aqueles nos quais e pelos quais o mundo existe verdadeiramente. Ao contrário, entendemos que as transformações do ensino superior resultaram de múltiplas determinações, a maior parte delas ignorada pelos protagonistas mais ostensivos, ainda que seu pensamento e sua ação estivessem entre essas determinações.

Assim, fomos buscar nos conflitos políticos durante os primeiros anos do regime instituído pelo golpe militar de 1964 o motor da modernização do ensino superior, que teve seu fulcro justamente na lei 5.540/68. Esses conflitos consistiam na imposição de medidas restritivas às instituições de ensino superior pelo governo autoritário, contra as quais se interpunham as mais diversas resistências. As medidas restritivas eram de vários tipos, desde a demissão de reitores e diretores, e expulsão de professores e estudantes, até o impedimento legal de certas experiências específicas de modernização do ensino superior, como a da Universidade de São Paulo. As resistências iam desde o revigoramento do movimento estudantil, que chegou a buscar uma concepção original de universidade, até a rejeição da intromissão dos consultores norte-americanos no planejamento do ensino superior brasileiro.

Não se deve pensar, entretanto, que se encontra neste texto uma concepção conspiratória da universidade brasileira, uma espécie de contraponto do messianismo criticado anteriormente. A complexidade e a não unicidade do processo de transformação do ensino superior ficam evidenciadas, por exemplo, na apresentação do processo de modernização do ensino superior na direção do modelo norte-americano como tendo começado muito antes do golpe de 1964; acelerado por intelectuais que foram suas vítimas e, posteriormente, seus críticos; que boa parte da concepção da "universidade crítica", expressão que sintetizava o projeto contrário ao do governo autoritário, tinha com o deste grandes pontos de convergência. Nessa busca das determinações do ensino superior, encontramos a subordinação da universidade à empresa capitalista. Não a imediata e visível subordinação financeira e administrativa, que tanto se temia. Mais profundamente, a dominância – melhor diria, com Antonio Gramsci, hegemonia – que as práticas do "americanismo", próprias da grande indústria, passaram a ter nela: a organização e a avaliação da universidade em função da produtividade, da "organização racional do trabalho" e das linhas de comando, conceitos essenciais às doutrinas de Frederick Taylor e de Henry Fayol.

O CONTEXTO POLÍTICO E ECONÔMICO DA DITADURA

A modernização do ensino superior no Brasil, segundo os padrões vigentes nos Estados Unidos, tem sido associada ao golpe militar de 1964, como se este fosse sua *causa*, com a intermediação dos consultores estrangeiros. A falta de um projeto para o ensino superior teria levado os novos ocupantes do poder a buscar naquele país consultores para traçarem as diretrizes da reforma do ensino desse grau.

Com efeito, nos quase cinco anos decorridos após o golpe de março- -abril de 1964, não se produziu para o setor educacional – particularmente para o ensino superior – documento legal que expressasse uma política para o setor. Nada que se comparasse com o Estatuto da Terra, por exemplo, que, baixado já no primeiro ano do governo "revolucionário", destinava-se a mudar a estrutura fundiária do país, intervindo decisivamente na composição e na relação das classes sociais. Foi só em novembro de 1968 que algo desse porte surgiu, no campo educacional, com a promulgação da lei 5.540, a chamada Lei da Reforma Universitária.

Será que os golpistas não tinham um projeto para a educação? Mostramos que tinham. Pelo menos para o ensino superior, dispunham de um projeto elaborado pelo Instituto de Pesquisas e Estudos Sociais (Ipes), o "intelectual orgânico coletivo" do golpe, a mesma entidade que deu forma ao Estatuto da Terra.

Mostramos, também, que se não foi logo baixada uma lei para institucionalizar o projeto educacional, é porque ele já se encontrava parcialmente implantado. Cumpria, isto sim, neutralizar (quando não eliminar) os opositores e aumentar a velocidade de implantação do projeto. Reitores foram demitidos, professores foram afastados, bibliotecas foram expurgadas, mas a Lei de Diretrizes e Bases da Educação Nacional e o Conselho Federal de Educação, com seus pareceres e resoluções, mais o Plano Nacional de Educação, foram mantidos, vindo este último a ser o alvo de algumas modificações. O CFE permaneceu com a maioria de seus conselheiros em atividade, até mesmo Anísio Teixeira, ainda que destituído do cargo de reitor da Universidade de Brasília nos primeiros dias de abril, pela ação "revolucionária".

Conforme exposto em *A universidade crítica*, as raízes do processo de modernização do ensino superior encontram-se na década de 1940, quando os serviços de um consultor norte-americano foram solicitados pelo Ministério da Aeronáutica (do Brasil) para ajudar a traçar os planos de criação de um instituto tecnológico.

O governo resultante do golpe militar de 1964 foi, certamente, decisivo para a manutenção dos rumos desse processo e, eventualmente, para a correção de certos "desvios" esquerdistas – ou, melhor, para o expurgo dos esquerdistas que estariam infiltrados nas instituições de ensino superior.

Um exercício de ficção que não nos propomos a fazer é o de imaginar os rumos desse processo se as reformas de base do governo João Goulart pudessem ter sido realizadas, entre eles a confusa reforma universitária. Naquele livro mostramos como os projetos estudantis de reforma universitária absorviam importantes elementos do processo de modernização segundo os padrões norte-americanos. Em várias passagens deste livro, mostramos que esses padrões estavam bem presentes nos projetos de professores e estudantes que, em 1968, imaginavam instituir uma *universidade crítica*. Seriam seus projetos modificados na e pela própria prática de implantação? Não temos elementos para responder a essa pergunta.

De todo modo, a questão que nos propomos a desenvolver é justamente sobre os rumos do antigo processo de modernização do ensino superior *após* o golpe militar.

As vicissitudes das lutas de professores e estudantes, principalmente destes últimos, contra certos efeitos da reforma do ensino superior de 1968 e seus desdobramentos geraram a crença de que a configuração da universidade brasileira foi traçada pelos assessores norte-americanos trazidos pelos famigerados acordos MEC-Usaid. Com esses assessores, teria vindo para o Brasil o modelo das universidades norte-americanas que o governo e o Ministério da Educação, em particular, trataram de implantar. Sem descartar a influência desses assessores e a relevância que teve, naquela luta, a identificação de um "inimigo externo", encarnado na Usaid, é tempo de pôr esses acordos em seu justo lugar. Não se trata de minimizar sua importância, mas sim de trazer para o primeiro plano o papel de fatores internos, tantas vezes relegados.

Nossa tese pode ser resumida assim: a concepção de universidade calcada nos modelos norte-americanos *não foi imposta* pela Usaid, com a conivência da burocracia da ditadura, mas, antes de tudo, *foi buscada*, desde fins da década de 1940, por administradores educacionais, professores e estudantes, principalmente aqueles, como um imperativo da modernização e, até mesmo, da democratização do ensino superior em nosso país. Quando os assessores norte-americanos aqui desembarcaram, encontraram um terreno arado e adubado para semear suas ideias.

Outra crença que precisa ser contestada pela análise dos fatos é a de que a intervenção do governo nas instituições de ensino foi uma decorrência do regime autoritário imposto em 1964, assumindo contornos mais nítidos em fins de 1968, com o ato institucional 5. Não temos dúvida de que esse regime acionou mecanismos inéditos de controle do aparelho escolar. Mas supor que a universidade fosse, antes de 1964, autônoma, onde reinavam as liberdades democráticas, é não só desconhecer o que de fato acontecia, como também ignorar que influentes intelectuais de esquerda, assim como líderes estudantis, pretendiam até mesmo aumentar os poderes de intervenção do Conselho Federal de Educação.

Essa crítica ao preconceito existente a respeito da política educacional voltada para o ensino superior no período em questão é, também, uma autocrítica.

Antes de ser leitor e analista dos documentos que expressam essa política, participamos do movimento estudantil na organização do Congresso da UNE de 1965, nas passeatas por mais vagas, mais verbas e contra os acordos MEC-Usaid, a Lei Suplicy, a repressão policial – contra a política educacional da ditadura, enfim. Todos os estudantes, de alguma forma engajados nessas lutas, *sabíamos* que era a Usaid quem *ditava* as diretrizes para o ensino superior. Foi com esse (pre)conceito que, no início dos anos 1970, já mestrando em educação, fui analisar o Relatório do Grupo

A UNIVERSIDADE REFORMANDA

de Trabalho da Reforma Universitária. Ao compará-lo com o Relatório MEC-Usaid para o ensino superior, notamos, de imediato, as grandes semelhanças: a concepção empresarialista da universidade e o paradigma explícito da universidade norte-americana a mostrar o caminho para a brasileira. Em reforço a esse (pre)conceito, o Relatório MEC-Usaid, só publicado em 1969, dizia que a versão preliminar havia sido levada como subsídio ao Grupo de Trabalho da Reforma Universitária. Ainda mais, um dos membros mais influentes desse grupo merecia os agradecimentos dos membros daquele outro pela sua valiosa ajuda...

Foi, assim, armado com essa *prova* de que a reforma universitária de 1968 foi *ditada* pelos consultores norte-americanos, que escrevemos alguns trabalhos sobre a questão, os quais são, em parte, reescritos aqui (Cunha, 1973b, 1974a, 1974b).

Na delimitação do período estudado, optamos por colocar seu termo em 1968. No fim desse ano, a 13 de dezembro, foi baixado o ato institucional 5, que forneceu a cobertura paralegal para uma nova e tenebrosa fase da ditadura militar que se construía desde abril de 1964. Contudo, o marco escolhido para delimitar o termo do período analisado é interno ao próprio objeto de estudo: a promulgação, em novembro de 1968, da lei 5.540 – a Lei da Reforma Universitária e de todo ensino superior –, cuja importância para o processo de desenvolvimento do ensino superior é destacada ao longo do texto.

Contudo, não nos prendemos à delimitação do período com tanta rigidez que nos impedisse de fazer algumas incursões para diante.

* * *

A repressão às atividades e às pessoas suspeitas de subversão começou com os primeiros movimentos das tropas golpistas. Em Minas Gerais, dirigentes sindicais e estudantis foram presos já no dia 31 de março de 1964. A sede da UNE no Rio de Janeiro foi incendiada no dia seguinte e, em São Paulo, os estudantes da Universidade Mackenzie, com armas de fogo, caçavam os "comunistas" nas faculdades vizinhas. No Recife, o líder camponês Gregório Bezerra foi arrastado seminu pelas ruas, operação militar saudada nos lares onde a tudo se assistia pelas imagens da televisão, enquanto no interior do estado os dirigentes das ligas camponesas e dos sindicatos dos trabalhadores rurais eram presos e submetidos a interrogatórios sob tortura.

As embaixadas da nova e da antiga capital do país abrigavam pessoas que buscavam asilo, e as ruas do Rio de Janeiro se encheram de centenas

26 LUIZ ANTÔNIO CUNHA

de milhares de pessoas que a 2 de abril participaram da "Marcha da Família com Deus pela Liberdade", uma espécie de celebração político-religiosa do triunfo do golpe.

As repartições públicas, as universidades e as empresas estatais passavam a ser vasculhadas por comissões de investigação em busca de subversivos e/ou de corruptos ligados à política janguista. No primeiro ano do novo governo, 409 sindicatos, 43 federações e quatro confederações sindicais sofreram intervenções, tendo suas diretorias destituídas e ocupadas por pessoas nomeadas pelo Ministério do Trabalho. Até o fim de março de 1964, a primeira onda repressiva baseada no ato institucional 1 implicou a suspensão dos direitos políticos de 378 pessoas (até três ex-presidentes da República e 55 membros do Congresso); na demissão de 10 mil funcionários públicos (também de militares); na colocação de 50 mil pessoas sob investigação da polícia política; e na apreensão de milhares de exemplares de livros e revistas (só em São Paulo, o Departamento de Ordem Política e Social – Dops – recolheu 25 mil livros de 25 autores diferentes).

Os serviços de espionagem, propaganda e contrapropaganda criados pelos conspiradores foram institucionalizados no Serviço Nacional de Informações, tendo sido reforçados os órgãos de informações das Forças Armadas que, além de usados contra os civis, tinham nos próprios militares seu alvo principal. Eles foram vítimas de uma violenta e sistemática espionagem, o que facilitava o controle dos dissidentes. Isso, mais a mudança das normas de promoção, principalmente a diminuição para dez anos do tempo máximo de permanência de oficiais generais na ativa, visava impedir a formação de lideranças que pudessem servir de polarização do descontentamento, mantendo-se assim, artificialmente, a "unidade das Forças Armadas", base política imediata do novo regime.[6] As universidades federais também foram atingidas por essa rede oficial de espionagem, incluindo em suas estruturas as assessorias de informação e segurança, coordenadas por uma divisão especializada do Ministério da Educação, rede essa que se montou à semelhança das dos outros ministérios.

O tremendo aumento do poder dos militares levou-os à ocupação da própria burocracia governamental. As empresas estatais e os ministérios

---

6 No dia 10 de abril de 1964, o ato institucional levou à suspensão os direitos políticos de cem pessoas e à cassação dos mandatos de 40 parlamentares; no dia seguinte, 122 oficiais das Forças Armadas foram transferidos para a reserva, pelo mesmo ato.

se encheram deles: de ministros ou diretores a chefes da segurança ou do almoxarifado, generais, almirantes, coronéis e comandantes encontravam lugar para aplicar seus "conhecimentos técnicos", sua ânsia de poder e zelo "revolucionários" ou, simplesmente, fonte de remuneração adicional. Mais tarde, as universidades também receberam seus coronéis e comandantes.

A caça imediata aos membros e simpatizantes do governo deposto não foi, entretanto, a única nem a principal característica do golpe de Estado, embora essa fosse a suposição mais comum dos participantes dos acontecimentos.

Até mesmo parlamentares que não participaram da trama golpista pensavam que, como nas outras intervenções, os militares voltariam aos quartéis tão logo fosse recomposta a correlação de forças políticas. Nessa linha de raciocínio, o presidente provisório, Ranieri Mazzilli, nomeou os membros do "Comando Supremo da Revolução" – general Arthur da Costa e Silva, brigadeiro Francisco Correia de Mello e almirante Augusto Rademaker – ministros da Guerra, da Aeronáutica e da Marinha. Pensava-se que, assim, eles seriam absorvidos pelo governo civil. Uma caravana de parlamentares apresentou aos três oficiais-generais uma proposta de ato institucional a ser baixado pelo Congresso Nacional, que o manteria como fonte de poder, dirigindo o processo de rearticulação política. O que aconteceu foi o inesperado, pois essa intervenção tinha características bem diferentes das anteriores. O Comando Supremo da Revolução foi quem baixou seu próprio ato institucional, a 9 de abril de 1964, dando início a um longo período no qual o Congresso era utilizado apenas para legitimar a arbitrariedade do governo. A 11 de abril, já mutilado pela primeira onda de cassações de mandatos de parlamentares, o Congresso Nacional elegeu presidente da República o candidato do Comando Supremo da Revolução, o chefe do Estado-Maior do Exército, general Humberto de Alencar Castello Branco, para cumprir o tempo restante do mandato de João Goulart.

O Congresso Nacional foi progressivamente perdendo suas prerrogativas pela aplicação do primeiro ato institucional e de outros atos baixados pelos militares (até mesmo sob a forma de emendas constitucionais). Citamos três exemplos: o orçamento da União não pôde mais ser emendado pelo Congresso, nem poderiam ser aprovadas leis que acarretassem aumento de despesa; as comissões parlamentares de inquérito ficaram limitadas a um pequeno número; os projetos de lei enviados pelo Executivo teriam de ser votados num tempo reduzido, sob pena de serem aprovados por decurso de prazo. A maior prerrogativa perdida foi, sem dúvida, a inviolabilidade dos mandatos parlamentares, permanentemente ameaçados de cassação por atos arbitrários do governo militar. Todas essas práticas ditatoriais, somadas ao crescente envolvimento dos militares com a administração pública, resultavam de dois vetores.

Primeiro, da antiga e sublimada herança da ideologia positivista que pregava a defesa da "ordem" como o mais elevado objetivo do Estado, transfigurada, então, na "segurança nacional". Seu contraponto deixava de ser o "progresso", como no dístico inscrito na bandeira nacional, para aparecer sob a forma moderna de "desenvolvimento". Essa ideologia justificava a necessidade da "ditadura republicana" (que os novos ditadores escondiam sob a fachada de "democracia") para fazer frente à "atuação impatriótica e corrupta dos políticos", reforçada, então, pela "infiltração dos agentes da subversão internacional". O sentimento de monopólio do patriotismo e da honestidade que os militares brasileiros atribuíam a si próprios, desde os primeiros tempos da República, era reforçado pela ação do imperialismo norte-americano, cooptando as Forças Armadas dos países latino-americanos, para que elas não deixassem de apoiar seus interesses em escala mundial e no interior dos seus próprios países. *Segundo*, da aliança dos militares com os capitalistas brasileiros e estrangeiros, bem como de setores da burocracia governamental, empenhados em usar as Forças Armadas para implantar as reformas econômicas que propiciassem o desenvolvimento associado com o capitalismo internacional, ao contrário das pretensões autonomistas das forças políticas que apoiavam o governo deposto.

Para aumentar os lucros do capital, o novo governo tomou várias medidas, algumas disfarçadas sob o objetivo abstrato de baixar os "custos de produção". Foi promulgada uma lei de greve (melhor seria chamá-la de antigreve), tornando extremamente difíceis as condições de uma paralisação do trabalho serem consideradas legais. Complementarmente, as greves declaradas ilegais propiciaram a demissão dos grevistas por justa causa e a intervenção do Ministério do Trabalho no sindicato da categoria. Os reajustes dos salários dos trabalhadores passaram a ser anuais, calculados de modo que o poder aquisitivo foi sendo diminuído a cada ano: era o "arrocho salarial". Foi extinta a estabilidade do emprego para os que tivessem mais de dez anos na mesma empresa, assegurada pela legislação trabalhista, substituída por um Fundo de Garantia por Tempo de Serviço (FGTS), mais barato para as empresas do que as indenizações aos empregados antigos demitidos, medida propiciadora de mais elevada rotatividade da mão de obra. O congelamento dos aluguéis terminou, justificado pela necessidade de incentivar o investimento de capital na construção de residências e, em consequência, aumentar o número de empregos. A alta do custo de vida acarretada por essa medida foi reforçada pela retirada dos subsídios governamentais à importação de trigo, petróleo e papel de imprensa.

Os grandes grupos econômicos constituídos de capital multinacional foram duplamente favorecidos pela política econômica da ditadura. Imediatamente foram contemplados com a mudança da regulamentação da lei de remessa de lucros para o exterior. O presidente João Goulart havia baixado decreto, em janeiro de 1964, limitando a parcela dos lucros que poderiam ser remetidos para as matrizes. Em setembro desse ano, o general Castello Branco baixou outro decreto liberando as remessas de lucros e tornando a taxa cobrada bem mais leve. Mediatamente, esses grupos econômicos foram favorecidos pelas restrições do crédito, o que levou à falência numerosas empresas, justamente as de pequeno porte ou de grupos nacionais sem acesso ao crédito de matrizes situadas no exterior. O processo de monopolização avançava, induzido pela política econômica do próprio governo.

O apoio do Estado aos interesses mediatos e imediatos dos grupos econômicos constituídos de capital multinacional se juntava ao abandono da política externa independente, pelo alinhamento incondicional com o "mundo livre", isto é, com os Estados Unidos, na predisposição dos novos detentores do poder para com a busca de ajuda técnica e financeira para mudar a face do Brasil, de modo que a tornasse cada vez mais parecida com a do "país líder do ocidente". Em resposta, generosos empréstimos do Fundo Monetário Internacional, do Banco Mundial, do Banco Interamericano de Desenvolvimento, da Agência Norte-Americana para o Desenvolvimento Internacional, além de outras instituições, públicas e privadas, acompanharam consultores técnicos para atuar junto aos governos federal e estaduais, às superintendências regionais de desenvolvimento e às empresas estatais. Ao mesmo tempo em que centenas de intelectuais, professores, cientistas, técnicos e artistas brasileiros deixavam o país por causa da perseguição política, da falta de condições de trabalho ou de ambas as coisas, milhares de consultores norte-americanos aqui desembarcavam como agentes do desenvolvimento e da modernização. A universidade brasileira também sofreu os efeitos da atuação desses consultores, indiretamente, pelo seu emprego no Ministério da Educação; e diretamente, pelos

30 LUIZ ANTÔNIO CUNHA

cursos, seminários e treinamentos voltados para o seu corpo docente e administrativo, quando não pelo seu ansiado emprego como professores.

A luta contra a ditadura e suas políticas começou tão logo se amorteceu o primeiro impacto do golpe, ampliando-se essa luta com a intensificação das medidas repressivas antipopulares.

No Congresso, parlamentares do Partido Trabalhista Brasileiro e do Partido Social Democrático, os que tinham apoiado a eleição de João Goulart para vice-presidente, forneceriam as principais bases de oposição ao novo governo.

Na canalização política da crescente potencialidade oposicionista, artistas e intelectuais desempenharam importante papel. Já em 1964, foram montados espetáculos teatrais e musicais de contestação política, como *Opinião*, de Ferreira Gullar, Oduvaldo Viana Filho e Armando Costa, sob a direção de Augusto Boal, no Teatro de Arena do Rio de Janeiro.[7] Livros de crônicas contestavam o regime, às vezes de forma satírica, como os de Stanislaw Ponte Preta (Sérgio Porto), nos quais fazia a crítica das prisões tragicômicas, das denúncias levianas e da inexperiência administrativa dos novos ocupantes do poder (Ponte Preta, 1966).

Órgãos de grande imprensa, que tinham se empenhado na campanha de desmoralização do governo de João Goulart, passaram a se opor ao regime militar, à medida que iam percebendo não ser aquela a "revolução" por eles esperada: ao invés da democracia, a ditadura militar; ao invés da liberdade, a censura; ao invés da retomada do desenvolvimento, uma política de favorecimento do grande capital, particularmente o multinacional. Ao lado desta, desenvolveu-se uma imprensa dedicada à oposição à ditadura, com jornais que nem sempre tiveram vida longa, e revistas de cultura, com destaque para a *Revista Civilização Brasileira* e *Paz e Terra*, título homônimos de suas editoras.

A reconstituição da UNE como entidade dirigente do movimento estudantil foi empreendida logo nos primeiros meses que se seguiram ao golpe (cf. Poerner, 1968). Numa reunião extraordinária do Conselho

---

7   O espetáculo reunia artistas como os compositores Zé Kéti e João do Vale, e a cantora Nara Leão (depois Maria Bethânia). A música *Opinião*, que deu nome ao show, cantava a resistência dos favelados do Rio de Janeiro contra a remoção para os distantes subúrbios, situação logo transposta para o plano político nacional, principalmente os primeiros versos: "Podem me prender / Podem me bater / Podem até deixar-me sem comer / Que eu não mudo de opinião".

A UNIVERSIDADE REFORMANDA   31

Nacional de Estudantes, realizada em junho de 1964, no Rio de Janeiro, compareceram representantes de 12 uniões estaduais de estudantes, sendo eleita uma Junta Governativa formada de presidentes de entidades que, por serem considerados "reacionários" pela antiga diretoria – esta sim visada pela polícia política –, não sofreram o impacto da primeira onda repressiva. No início de 1965, outra reunião do Conselho Nacional de Estudantes elegeu presidente da UNE o universitário Alberto Abissâmara, do Rio de Janeiro, com o mandato de seis meses para preparar o XXVII Congresso da entidade, a ser realizado em julho daquele ano. Abissâmara, oriundo do Partido Trabalhista Brasileiro, era sustentado por uma frente que reunia estudantes de tendências muito variadas, mas não incluía os da Ação Popular, os mais visados pela repressão, por deterem a hegemonia no movimento estudantil e o controle da UNE desde 1961.[8]

O XXVII Congresso Nacional de Estudantes foi realizado em São Paulo, justamente onde a AP era mais forte, na sede do Grêmio da Escola Politécnica da Universidade de São Paulo, a poucos metros do principal quartel da Força Pública (Polícia Militar). Foi o primeiro congresso depois do golpe e o último realizado às claras. Nele, os 313 dos 450 diretórios acadêmicos existentes no país, à época, esvaziaram as comissões que discutiam as teses apresentadas e concentraram os debates em torno da Lei Suplicy, que restringia as atividades dos diretórios acadêmicos, obrigando-os a mudar seus estatutos. A questão era o que fazer com os diretórios existentes. A frente constituída no ano anterior, com a participação do Partido Comunista Brasileiro, defendia a tese de que não havia condições políticas para impedir o enquadramento dos diretórios. Enquadrados, eles deveriam, no entanto, constituir o instrumento de mobilização dos estudantes, apesar das proibições previstas pela nova lei. Mas a maioria dos estudantes sob a direção da AP, aliada à Organização Revolucionária Marxista-Leninista (Polop) e ao Partido Comunista do Brasil, defendia obstinadamente o não

---

8 O apoio da alta hierarquia da Igreja Católica ao governo instituído pelo golpe, por meio da Conferência Nacional dos Bispos do Brasil, facilitou o rompimento da direção da AP com o seu "superego" religioso explícito, embora continuasse a ter na Ação Católica, principalmente na Juventude Universitária Católica, sua fonte preferencial de suprimento de quadros e de mobilização de simpatizantes. Livre do controle dos bispos que condenavam a luta de classes e a violência revolucionária como instrumento de ação política, os jovens da AP reorganizaram-se, rapidamente, em busca da hegemonia perdida.

enquadramento. Se os diretórios existentes não fossem contidos e mutilados, melhor que fossem fechados. Paralelamente, os estudantes constituiriam seus diretórios livres, estes sim capazes de mobilizar a categoria na luta contra a ditadura. As teses da AP foram amplamente vitoriosas, assim como o candidato dessa organização à presidência da UNE.

Decidido o não enquadramento dos diretórios, passou-se para o boicote às eleições que deveriam ocorrer, obrigatoriamente, no dia 16 de agosto de 1965. A esperança era que o não comparecimento da maioria dos estudantes às urnas ou, então, o voto deles anulado ou em branco, levasse à anulação das eleições, com o consequente fechamento dos diretórios pelas direções das faculdades, abrindo caminho para os DAs-livres, o que acabou acontecendo em muitos casos.

A contestação estudantil ganhou terreno com as mudanças político-ideológicas operadas nas camadas médias. Embora elas tivessem apoiado o golpe movidas pelo medo do "comunismo", que tão bem lhes fora incutido, essas camadas começaram a ver o que a "democracia" e o "desenvolvimento" que lhes prometia o governo militar não correspondiam aos seus interesses. A inflação estava, de fato, baixando, mas o valor real dos salários baixava ainda mais, e o desemprego crescia em razão da quebra de grande número de empresas de pequeno porte, asfixiadas pela contenção do crédito e pelo favorecimento às empresas multinacionais. O funcionalismo público, que sempre havia gozado de certos privilégios (de horários facilitados a acumulações de cargos), passou a ser perseguido pelos pequenos torquemadas, ansiosos por encontrar razões para denúncias de "corrupção" e de subversão.

Com o aumento do ritmo da inviabilização dos pequenos negócios, correlativo ao da intensificação do crescimento dos monopólios industriais, comerciais e financeiros, as camadas médias deram forma ainda mais nítida a uma ideia que já se desenvolvia desde algumas décadas atrás: o futuro dos filhos passaria pela diplomação em grau superior. O resultado foi o crescimento ainda mais acelerado da procura de ensino superior, enquanto a oferta de vagas não correspondia a esse movimento. As camadas médias foram entendendo que o governo que ajudaram a instalar – a quem era dirigida essa procura, pois as escolas públicas superiores eram gratuitas – não visava à satisfação de suas demandas.

Quando os estudantes passaram a ser espancados e presos, mesmo dentro de salas de aula; quando padres, da mesma Igreja que, havia pouco, condenava o "comunismo ateu", sugerindo apoio ao golpe em

A UNIVERSIDADE REFORMANDA 33

preparação, os mesmos que mobilizaram as massas católicas para marcharem com Deus, pela "liberdade", passaram a ser perseguidos pela polícia política, o apoio ao governo começou a rarear. Mais do que isso, as camadas médias passaram a dar seu apoio a atividades políticas que desafiavam ou não eram as preferidas pelo novo regime, como no caso da eleição dos governadores dos estados da Guanabara e de Minas Gerais e da constituição da Frente Ampla.

Em outubro de 1965, foram realizadas eleições (diretas) para os governadores dos estados, como estabelecia o calendário eleitoral. Em Minas Gerais e na Guanabara a insatisfação popular com o governo militar foi canalizada para as candidaturas vitoriosas de Israel Pinheiro e Negrão Lima, ambos do Partido Social Democrático e muito ligados ao ex-presidente Juscelino Kubitschek, que aspirava a voltar ao cargo, coisa que os militares procuravam impedir. Diante dessa manifestação popular de rejeição da ditadura que tomava forma, os militares responderam com mais medidas repressivas. Suspenderam os direitos políticos do ex-presidente; prorrogaram o mandato de Castello Branco; tornaram indiretas as eleições dos governadores dos estados e do presidente da República. Os partidos políticos foram extintos e uma nova legislação dificultava ao máximo a organização partidária, impondo o bipartidarismo de fato: a Aliança Renovadora Nacional – Arena, partido feito sob medida para homologar os atos do governo militar; e o Movimento Democrático Brasileiro – MDB, partido que procurava reunir os opositores ao governo e ao regime.

As medidas repressivas e continuístas do governo levaram à oposição o ex-governador da Guanabara, Carlos Lacerda, e o de São Paulo, Adhemar de Barros, ambos com fortes aspirações presidenciais, então inviabilizadas. A pregação aberta contra essas medidas levou o governo a depor Adhemar de Barros e cassar os direitos políticos dos dois dirigentes políticos.

Lacerda, que tinha sido um dos mais combativos inimigos do presidente João Goulart e ativo participante da conspiração pela sua derrubada, passou à pregação aberta pela redemocratização e contra a política econômica que os tecnocratas do regime implantavam. Participou de dezenas de debates em diretórios acadêmicos, contribuindo para que os setores mais conservadores do movimento estudantil engrossassem a luta contra a ditadura que as entidades universitárias já vinham desenvolvendo.

A resistência dos parlamentares à progressiva implantação da ditadura crescia, apesar e por causa de cada onda de medidas repressivas.

Em 1966, o Congresso Nacional foi invadido por tropas armadas e posto em recesso porque os parlamentares se recusaram a aceitar novas cassações de mandatos. No ano seguinte, foi organizada a Frente Ampla, pacto entre as lideranças políticas mais expressivas, parlamentares ou não (incluindo João Goulart, Juscelino Kubitschek e Carlos Lacerda), para mobilizar o povo em busca de apoio político para se contrapor às pressões políticas sobre o Congresso Nacional. Em fins de 1967, a Frente Ampla já contava com o apoio da maioria dos diretórios regionais do MDB e dos seus deputados mais combativos. A resposta do governo militar foi declarar ilegal a Frente Ampla em abril de 1968.

Mas, por essa época, surgia no próprio partido governista, a Arena, um bloco de deputados insatisfeitos com o projeto dos militares de impedir as eleições dos prefeitos de numerosos municípios por serem considerados "áreas de segurança nacional". Esse bloco de arenistas independentes tendia a votar com a oposição em outras matérias, levando ao enfraquecimento do dispositivo homologatório do governo militar.[9]

Fora do Congresso Nacional, alimentando e sendo alimentado pela resistência que nele se desenvolvia, o movimento estudantil mostrava, desde 1966, um vigor inédito.

Nesse processo de radicalização ascendente, o movimento estudantil aparentava ter uma força cada vez maior: as dezenas de passeatas que reuniam milhares de pessoas, enfrentando o desânimo e a repressão policial. O clímax das passeatas foi no Rio de Janeiro, a 26 de junho de 1968, quando 100 mil pessoas percorreram o centro da cidade em protesto contra a violência policial, por mais verbas para a educação e "por uma universidade livre, gratuita e aberta a todo o povo".

Contudo, por baixo da aparente força havia a fraqueza da falta de base, só propiciada pelas entidades intermediárias e pela luta por questões imediatas que uniriam os estudantes, categoria de extração social muito diversa. Como dizia uma tese da UEE/SP que deveria ser apresentada no XXX Congresso da UNE: "O erro em se definir o papel do estudante *contra a ditadura*, em classificar a luta reivindicatória como sendo reacionária acabou num desligamento da liderança com as bases. Assim, a UNE não traçou seu programa a partir dos problemas, das lutas, da prática política

---

9 Foi o caso do projeto de um deputado do MDB que concedia anistia a todos os punidos por atos relacionados com manifestações populares. O projeto teve votos de dissidentes arenistas, pouco faltando para ser aprovado, em agosto de 1968.

dos estudantes e não pôde organizar os estudantes e ser entidade nacional".

Mesmo aceitando a "propaganda da violência organizada", o documento dizia ser preciso "preparar a luta dentro da atual universidade, mobilizando a massa estudantil, para que as suas ações ofensivas não caiam no erro do vanguardismo, desligadas da maioria dos estudantes".

Na verdade, quanto mais o movimento estudantil se afastava das suas bases, deslocando-se das faculdades para as ruas, menos os congressos da UNE eram representativos. Em 1966 e 1967, eles aconteceram clandestinamente, realizados em conventos religiosos, nos quais o sucesso, conseguido à custa da publicidade do despistamento da polícia, correspondia à superficialidade do debate e ao triunfo do voluntarismo. Até que, em 1968, o isolamento político e geográfico do XXX Congresso – instalado num sítio em Ibiúna (SP) – favoreceu a prisão de centenas de delegados e dos principais dirigentes da entidade.

Poucos eram os que, naquela circunstância, não pensavam que as camadas médias, pela via do movimento estudantil, tinham ocupado o lugar que, tradicionalmente, se atribuía à classe operária na revolução que se queria acreditar iminente. Esse pensamento era apoiado nos exemplos que mostravam a retração do movimento operário após o golpe, enquanto o movimento estudantil crescia em agressividade. Esses exemplos ganharam credibilidade com a participação de estudantes nas greves operárias de Contagem (MG) e Osasco (SP) em abril e maio de 1968, respectivamente, as primeiras realizadas desde 1964 (Weffort, 1972).

Nesse contexto, dois autores foram muito utilizados pelos estudantes como direcionadores do seu voluntarismo.

Regis Debray, intelectual francês que procurava teorizar a revolução cubana e a aventura de Ernesto "Che" Guevara na Bolívia, dizia que os partidos revolucionários da América Latina, pelas peculiaridades políticas da região, só poderiam ser organizados em pequenos grupos armados, que tomariam a dianteira dos camponeses na luta contra o latifúndio e o exército regular. O *foco* guerrilheiro seria a vanguarda armada da revolução e precederia o partido político revolucionário. Seu livro (Debray, 1967), informalmente traduzido, teve ampla divulgação em edições mimeografadas, e suas ideias foram assumidas por organizações políticas insurgentes, apesar do fracasso do "foquismo" nos países latino-americanos onde foi tentado.

Herbert Marcuse (1967) dizia que, na moderna sociedade industrial, o povo deixou de ser agente de transformação para se converter em fermento de coesão social. Mas, por baixo da base conservadora popular, existiria um substrato de párias, de estranhos, de explorados, de perseguidos, de desempregados e de inempregáveis. Estes, sim, é que poderiam fazer uma oposição revolucionária, pois atingiriam o "sistema" de fora para dentro, não sendo "desviados" pelas regras do jogo, como teria acontecido com a classe operária.

Essas ideias, vertendo de práticas sociais muito diversas, alimentavam as concepções a respeito de si próprios que havia muito os estudantes acalentavam de construir um grupo social "não comprometido". Assim, organizando um foco guerrilheiro ou, simplesmente, negando a ordem – qualquer ordem –, os estudantes abririam caminho para a mudança da sociedade, o que os partidos políticos, com suas teorias e práticas tradicionais, não seriam capazes de fazer.

Esse voluntarismo, tão amplamente assumido pelos jovens das camadas médias, foi expresso pela música de Geraldo Vandré, vencedora do III Festival Internacional da Canção, *Pra não dizer que não falei das flores*: "Vem, vamos embora / Que esperar não é saber / Quem sabe faz a hora / Não espera acontecer".

A pressa em fazer acontecer a ansiada hora de derrubada da ditadura pela força de vontade e das armas fez que o terrorismo fosse ganhando adeptos. Depois das primeiras tentativas fracassadas de guerrilhas na zona rural, o terrorismo urbano ganhou adeptos velozmente. Em 1968, houve 23 atentados, a maior parte em São Paulo (bombas em quartéis, assaltos a bancos, roubo de armas etc.).

No processo de acirramento e militarização da luta política, a direita ganhou a dianteira, patrocinando a ação de grupos paramilitares que perpetraram atentados contra intelectuais (bombas em teatros e livrarias) e tentaram usar unidades das Forças Armadas para assassinar dirigentes oposicionistas e desencadear atos terroristas provocadores.

Em agosto de 1968, os estudantes foram convocados a intensas manifestações de protesto contra a polícia do Distrito Federal, que, a pretexto de prender três estudantes, cercou a Universidade de Brasília e invadiu-a, constrangendo professores, estudantes e funcionários. Aproveitando a indignação dos parlamentares com essa invasão, os serviços militares de espionagem provocaram a ira castrense distribuindo nos quartéis cópia de um ingênuo e até então despercebido discurso do deputado Márcio Moreira Alves (MDB-RJ) concitando o povo brasileiro a boicotar a parada de 7 de Setembro como forma de protesto contra a ditadura.

A UNIVERSIDADE REFORMANDA   37

Diante do clamor dos oficiais, os ministros pediram à Câmara dos Deputados licença para a Justiça Militar processar o deputado. A negativa, proferida pela maioria dos parlamentares, foi utilizada pelo poder militar para baixar o ato institucional 5, pelo qual a ditadura assumiu sua forma mais dramática.

O governo militar avocou o poder de cassar mandatos parlamentares e direitos políticos dos cidadãos, suspendeu o instituto do *habeas corpus* nos casos de crimes políticos, pôs o Congresso Nacional mais uma vez em recesso e excluiu de qualquer apreciação judicial os atos e efeitos praticados de acordo com esse ato institucional e seus atos complementares. Foi nesse contexto que a universidade brasileira teve definidos os rumos do seu desenvolvimento.

Durante a república populista (1945-1964), o ensino superior brasileiro encontrava-se dilacerado por contradições, principalmente pela crise de realização social do seu produto mais valorizado pela sociedade: o profissional diplomado. A expansão das vagas e, consequentemente, dos diplomados levava ao mercado de trabalho, anualmente, muitos jovens à procura de emprego "compatível" com os padrões socialmente definidos de poder, remuneração e prestígio. Todavia, o crescimento das oportunidades de emprego não se dava no mesmo ritmo do aumento dos diplomados. Nos últimos anos da república populista, os efeitos do processo de monopolização sobre a estrutura de emprego foram ampliados pela radicalização política dos movimentos sociais e pela espiral inflacionária, que levaram ao retraimento dos investimentos privados e, consequentemente, à redução do mercado de trabalho, tanto no setor privado quanto no público. O resultado imediato foi a elevação dos requisitos educacionais, a desvalorização econômica e simbólica dos diplomas, o subemprego e o desemprego. Todo esse processo induziu um movimento estudantil voltado para a reforma do ensino superior, de modo que o adequasse às "exigências da sociedade", e, no limite, para a transformação profunda da sociedade.

Por tudo isso, a universidade (no sentido lato) era crítica nos dois sentidos do termo. No primeiro sentido, ela estava numa situação crítica. À medida que suas contradições internas se acirravam, a universidade tornava-se cada vez menos capaz de pretender a indispensável legitimidade para sua ação sociopedagógica. No segundo, a universidade era crítica de si própria e da sociedade como um todo. Esses dois sentidos da universidade crítica estavam articulados e se reforçavam mutuamente.

38 LUIZ ANTÔNIO CUNHA

Quanto mais a universidade mergulhava na situação de crise, maiores as condições objetivas para que se ampliasse o contingente daqueles que defendiam a tomada de uma posição crítica. À medida que esse contingente se ampliava e efetivava seus propósitos, a crise da universidade se aprofundava.

Por dentro desse duplo processo crítico, desenvolvia-se a modernização do ensino superior na direção do modelo norte-americano. Para uns, a modernização da universidade era vista como condição do desenvolvimento autônomo do país pela esperada capacidade de rompimento da dependência tecnológica. Para outros, essa mesma modernização era definida como requisito do desenvolvimento associado ao bloco político-econômico hegemonizado pelos Estados Unidos.

Eram esses os principais marcos delimitadores do quadro do ensino superior, que o governo instituído pelo golpe militar de março-abril de 1964 encontrou, e nele interveio, acelerando a implantação de um projeto já longamente amadurecido e profundamente assumido pela intelectualidade brasileira; freando as pretensões dos universitários de exercerem, de dentro da universidade, a crítica da sociedade e desestimulando, em grau variado, as veleidades autonomistas dos docentes-pesquisadores dos diversos ramos do saber universitário.

Nas páginas seguintes, o leitor encontrará a reconstrução do processo de explicitação do projeto de universidade, desde as raízes da modernização do ensino superior, fincadas na república populista, até a promulgação da Lei da Reforma Universitária, em novembro de 1968, com especial ênfase para a investigação do papel que os consultores norte-americanos desempenharam nesse processo.

2
A gestação política da reforma universitária

Como já apontamos nos livros anteriores, o processo de transformação do ensino superior no Brasil balizou-se pelos padrões vigentes nos Estados Unidos, os quais vinham progressivamente se firmando como os dignos de ser imitados. Mostramos, também, a existência de projetos de reforma universitária, dos quais vale destacar o da Universidade do Brasil e o do Instituto de Pesquisas e Estudos Sociais – Ipes. Do projeto da UB saiu a diretriz fundamental de bloquear o movimento estudantil pela separação entre a representação discente e os diretórios acadêmicos. Do projeto do Ipes saíram as diretrizes da modernização tecnocrática e da privatização, no duplo aspecto de "integração escola-empresa" e de pagamento do ensino nos estabelecimentos oficiais.

Mas antes que essas diretrizes fossem incorporadas pelo governo, como a política educacional, as forças políticas que fizeram a "revolução" de 1964 empenharam-se na repressão aos "focos de subversão" em que, no seu julgamento, as universidades tinham se transformado.

"DEPURAÇÃO" DAS UNIVERSIDADES

Vítimas preferidas e indefesas dos novos ocupantes do poder, professores e administradores universitários pagaram com a perda de seus cargos a acusação de serem "comunistas", ou simplesmente suspeitos de adotar "ideias exóticas" ou "alienígenas". O caso mais dramático ocorreu na Universidade de Brasília, justamente o símbolo da modernização do ensino superior brasileiro.[1]

---

1 Um quadro geral da crise da Universidade de Brasília está traçado nos seguintes textos: Machado Neto (1967); Ribeiro (1978) e Poerner (1968). Para referências adicionais, ver Brasil (1966).

40 LUIZ ANTÔNIO CUNHA

A localização da Universidade de Brasília junto à sede do poder foi sua força e sua fraqueza. Foi sua força quando os presidentes Kubitschek e Goulart apoiaram o projeto inovador contra toda a sorte de oposições. Foi sua fraqueza quando a mudança do regime trouxe seus inimigos para o primeiro escalão do governo.

Já em 1963, mal iniciados os cursos da jovem universidade, levantaram-se protestos contra o "caráter marxista" do ensino nela ministrado, destacando-se nessa campanha o deputado integralista Abel Rafael.[2] O câmpus[3] da Universidade de Brasília foi tomado como se fosse um reduto armado de tropas inimigas. Só isso explica por que 400 homens da Polícia Militar do Estado de Minas Gerais ocuparam a universidade no dia 9 de abril de 1964, secundados por tropas do exército oriundas de Mato Grosso. Os soldados procederam a ampla revista das pessoas e das instalações, interditando departamentos e bibliotecas, apreendendo livros considerados subversivos.

O então reitor da UnB, Anísio Teixeira, e o vice-reitor, Almir de Castro, foram destituídos de seus cargos, assim como todo o Conselho da Fundação da Universidade de Brasília, por decreto presidencial. As tropas tinham em seu poder uma lista de professores que deveriam ser presos, com o arquiteto Oscar Niemeyer em primeiro lugar. Uns foram levados para interrogatório preliminar no Teatro Nacional. Outros foram levados para um quartel, despidos, humilhados e longamente interrogados, permanecendo detidos por tempo variado, de alguns dias a muitos meses. Estudantes também foram presos, principalmente os que tinham participação mais ativa nos diretórios acadêmicos. Instalou-se

---

2 Um bom apanhado da questão da "doutrinação" na UnB é a exposição do reitor na Câmara dos Deputados, em maio de 1963, e os debates que se lhe seguiram. Ver Ribeiro (1963). Mais adiante serão comentados aspectos desse debate.

3 Chamamos a atenção do leitor para que, na grafia da palavra câmpus, usamos a sugestão do editor de *Ciência e Cultura* (v.34, n.11, novembro 1982, p.1533) de que, "em vez de nos referirmos ao câmpus universitário pela palavra latina com plural *campi*, aportuguesássemos a palavra, colocando acento circunflexo no 'a'. À maneira, por exemplo, de *ônus*. Por que apegar-nos à forma latina numa época em que não mais se estuda o latim e muitos dos que escrevem *campi* não seriam capazes de declinar essa palavra? Mais lógico seria usar a palavra portuguesa campo, não fosse o receio, que os defensores de *campus*, *i* parecem demonstrar, de confusão do câmpus universitário com outro qualquer, por exemplo, de futebol".

A UNIVERSIDADE REFORMANDA 41

um Inquérito Policial Militar que, em maio, foi arquivado por falta de provas para apoiar as denúncias de subversão.

Dois decretos[4] assinados pelo presidente da República e pelo ministro da Educação Gama e Silva nomearam Zeferino Vaz – colega deste na Universidade de São Paulo – reitor *pro tempore* e, em seguida, presidente da Fundação Universitária de Brasília, então reitor efetivo, *ad referendum* do Conselho Federal de Educação. Zeferino Vaz tinha se notabilizado pela criação e direção da Faculdade de Medicina de Ribeirão Preto e viria a ampliar sua fama de "semeador de universidades" com a criação da Universidade Estadual de Campinas, da qual foi feito reitor com vários mandatos sucessivos.

O Conselho Federal de Educação, do qual faziam parte Anísio Teixeira, reitor demitido, e Abgar Renault, membro demitido do Conselho Diretor, foi chamado pelo novo ministro, Flávio Suplicy de Lacerda, a legitimar a intervenção de Gama e Silva conforme determinava a legislação. (lei 4.024/61, at. 84)

De fato, o artigo 84 da Lei de Diretrizes e Bases da Educação Nacional (LDB), invocada pelo ministro da Educação para intervir na universidade e nomear seu reitor, determinava que a iniciativa e o controle do processo seria do CFE. Dizia o tal artigo:

O Conselho Federal de Educação, após inquérito administrativo, poderá suspender, por tempo determinado, a autonomia de qualquer universidade, oficial ou particular, por motivo de infringência desta lei ou dos próprios estatutos, chamando a si as atribuições do Conselho Universitário e nomeado um reitor *pro tempore*.

Ora, não houve inquérito administrativo algum *antes* das demissões e da nomeação do novo reitor, não foi o CFE quem tomou essas iniciativas, nem houve referência a qualquer infringência da LDB ou dos estatutos da universidade pela direção anterior.[5]

---

4 Decretos s/n., de 13 e 26 de abril de 1964.
5 Instrumento das intervenções nas universidades, o CFE foi, ele próprio, objeto da repressão. Quatro de seus membros foram destituídos e dois outros licenciaram-se, tendo seus lugares ocupados pelos quadros da ditadura. Vale destacar a licença de Helder Câmara, substituído por Vandick Londres da Nóbrega, um dos mais ativos membros da "linha dura" no campo educacional.

Em 28 de abril de 1964, o CFE aprovou a intervenção pelo parecer 106,[6] relatado por Clóvis Salgado. O parecer reconheceu a legitimidade da intervenção e apresentou duas alternativas de desdobramento para o caso. A primeira alternativa seria a recomposição imediata dos órgãos diretores da fundação e da universidade, com seus membros nomeados livremente pelo presidente da República. O novo Conselho Diretor elegeria, então, o reitor e o vice-reitor, conforme os estatutos existentes. E concluía: "os futuros dirigentes, emanados de novo Governo [sic] estariam em condições de apurar as irregularidades porventura existentes, e de normalizar a vida da Universidade". Na segunda alternativa, o CFE assumiria a responsabilidade do processo de intervenção, ratificando a nomeação de Zeferino Vaz como reitor *pro tempore*. Este teria um prazo de 60 dias, prorrogáveis, para apresentar um relatório conclusivo com a indicação das medidas que julgasse necessárias. Durante esse período, o CFE exerceria as atribuições do Conselho Universitário.

As discussões no CFE devem ter sido acaloradas, pois o parecer, embora aprovado, não optou por uma das alternativas. Além disso, recebeu três votos contrários e duas abstenções. A *Documenta* não registrou as declarações de votos contrários, se é que houve. Um dos conselheiros justificou sua abstenção por ter sido membro do Conselho Diretor da UnB, cargo exercido gratuitamente, fazendo questão de registrar que não tinha como atribuição opinar sobre a admissão de professores. Finalmente, o CFE prestou uma homenagem aos conselheiros demitidos, embora elogiasse apenas seu idealismo e suas intenções, calando sobre seus atos. Como se vê no texto do próprio parecer:

> O Sr. Conselheiro Padre José de Vasconcelos pede que conste de ato que o pronunciamento do Conselho nem direta nem indiretamente envolve qualquer juízo desabonador em relação ao Reitor Anísio Teixeira e ao membro do Conselho Diretor Prof. Abgar Renault, cujo idealismo pertinaz e cuja elevação de intenções todos estão acostumados a admirar e a respeitar. O Plenário aplaude, com palmas, as palavras de Sua Excelência, tendo o Senhor Presidente declarado exprimir sua manifestação, claramente, à aprovação unânime da proposta.

Esse desagravo aos conselheiros vítimas da intervenção e, ainda mais, a alternativa, se não escolhida pelo menos aprovada, de o CFE (até mesmo

---

6 *Documenta*, n.26, junho de 1964.

A UNIVERSIDADE REFORMANDA 43

seus membros Anísio Teixeira e Abgar Renault) assumir o controle da UnB deve ter irritado profundamente o temperamental e autoritário Suplicy de Lacerda. Não foi possível saber qual foi sua reação, nem como agiu sobre o Conselho, mas o fato é que o parecer 106/64 foi reproduzido no número seguinte de *Documenta*[7] por ter sido primeiramente "publicado com incorreções". Nas "correções", mudanças substanciais foram feitas no conteúdo do parecer. A demissão de todo Conselho Diretor e a nomeação do reitor *pro tempore* foram consideradas "fatos consumados porque se configuram juridicamente pelo Ato Institucional". A segunda alternativa desapareceu do texto que, então, registrava a opção clara do CFE pela livre nomeação dos membros do Conselho Diretor pelo presidente da República, com a consequente eleição do reitor e do vice--reitor. Estes já não eram definidos como "emanados do novo Governo", mas de uma forma atenuada, por ele "nomeados".

Ainda em 1964, o CFE interveio, por razões diversas, com a nomeação de reitores *pro tempore* em mais de três instituições: Universidade Federal de Pernambuco, Universidade Federal de Goiás e Universidade Federal do Estado do Rio de Janeiro (mais tarde Universidade Federal Fluminense).

Zeferino Vaz assumiu a reitoria da Universidade de Brasília demitindo, imediatamente, 13 professores, sem que qualquer acusação lhes fosse feita. Apesar disso, recebeu apoio dos professores sobreviventes, pois declarava-se disposto a defender o projeto original da universidade contra os ataques que ela sofria dos novos ocupantes do poder.

À depressão geral sucedeu uma fase de euforia, conformada e ampliada pela contratação de novos professores, muitos dos quais com experiência adquirida em universidades norte-americanas e europeias. Mas nova fase depressiva surgiu, quando Zeferino Vaz viu-se impossibilitado de resistir a pressões dos órgãos de segurança do Estado.

Em atendimento à sugestão do Departamento de Filosofia, Zeferino Vaz contratou o professor Ernani Fiori, que havia sido demitido da Universidade Federal do Rio Grande do Sul e compulsoriamente aposentado com base no ato institucional (n.1). As pressões para a demissão de Fiori da UnB não tardaram, levando professores e estudantes a se mobilizarem em sua defesa. No curso dos protestos contra a demissão iminente, um

---

7 *Documenta*, n.27, junho de 1964.

aluno foi expulso da universidade, motivando greve estudantil. O reitor esperou pelas férias de julho de 1965 para demitir o filósofo gaúcho, com base em parecer jurídico que dizia não ser empregável em instituição pública um demitido por "ato revolucionário". O segundo semestre desse ano começou com greve estudantil de protesto contra a demissão do professor e fechamento do restaurante. Submetido a pressões cruzadas, não podendo desempenhar o papel que viria a lhe dar sucesso na Universidade de Campinas, Zeferino Vaz demitiu-se do cargo de reitor, embora continuasse integrando o Conselho Diretor da Universidade de Brasília. Indicado pelo demissionário, assumiu a reitoria outro paulista, o professor Laerte Ramos de Carvalho, catedrático de Filosofia e História da Educação da FFCL da Universidade de São Paulo, que, dois anos mais tarde, veio a integrar a Equipe de Assessoria ao Planejamento do Ensino Superior, resultante de um dos convênios MEC-Usaid.

Como Zeferino Vaz, Laerte Ramos de Carvalho recebeu voto de confiança do corpo docente por suas declaração em apoio ao projeto original da Universidade de Brasília. Mas, como no caso anterior, as declarações não foram confirmadas pelos atos. Logo em setembro de 1965, o processo de esvaziamento da UnB tomou novos rumos. Como se não bastasse a drástica redução de recursos financeiros que lhe eram transferidos pelo governo federal e, até mesmo, a negação do pagamento de dividendos das ações que possuía da Companhia Siderúrgica Nacional, professores e funcionários cedidos por órgãos federais foram chamados de volta. Um desses professores, funcionário do MEC, preferiu continuar na universidade, de quem recebia todo seu salário, abrindo mão do cargo de funcionário. Em outubro, esse professor de Sociologia, Décio De Las Casas, secretário executivo do Instituto Central de Ciências Humanas, foi demitido por não querer retornar a sua repartição de origem. Os coordenadores das unidades universitárias, frustrados na tentativa de demover o reitor de seu ato, demitiram-se dos cargos que ocupavam. Em seguida, os professores e os estudantes entraram em greve de protesto contra o "reitor interventor". A Polícia Militar, por solicitação do reitor, ocupou por mais de uma semana a universidade, prendendo e espancando professores e estudantes. Sem merecerem sequer uma acusação formal, mais de 15 professores foram demitidos ou devolvidos às repartições públicas de onde tinham sido anteriormente requisitados.

Diante dos acontecimentos, os professores da Universidade de Brasília viram esboroar o projeto a que tinham aderido com tanto entusiasmo,

A UNIVERSIDADE REFORMANDA **45**

razão do apoio inicial aos dois reitores interventores. Sem vislumbrar a possibilidade de continuar esse projeto em vigor, no dia 19 de outubro de 1965, 210 professores, em protesto, entregaram ao reitor seus pedidos de demissão. Era a saída da quase totalidade do corpo docente: apenas 15 professores permaneceram em seus cargos, embora outros viessem a ser posteriormente recontratados.

Laerte Ramos de Carvalho não aceitou a sugestão da comissão de sindicância do Conselho Federal de Educação que investigava as causas da crise da universidade para que readmitisse os professores dispensados por ele e, com isso, obtivesse a volta dos demissionários. Persistiu na sua decisão e buscou novos professores para completar o quadro docente mutilado. Também não teve seguimento o pedido do ministro da Educação, Flávio Suplicy de Lacerda, para que a intervenção da UnB fosse mais incisiva, com a nomeação de um oficial diplomado pela Escola Superior de Guerra para reitor: "Para endireitar as coisas – afirmara – só mesmo um militar".[8]

A partir daí, começou a descaracterização estrutural da Universidade de Brasília, transformando a "universidade necessária", no dizer de seu criador, Darcy Ribeiro, em "utopia vetada" ou "ambição proibida" (Ribeiro, 1978, p.41). Quando esses golpes se abateram sobre a universidade, mais da metade de seus órgãos estava por implantar e o que já funcionava, o fazia experimentalmente. Isso facilitou a modificação do plano original. A Faculdade de Educação teve frustrado o objetivo de implantar escolas experimentais pré-primária, primária e média, tampouco foi implantada a projetada Escola Normal Superior. O Instituto de Tecnologia Católica foi destruído até mesmo em termos físicos, pois seu edifício, provisório, foi incendiado, coerentemente com a perseguição movida aos frades dominicanos por seu engajamento político. O Centro Militar foi outra unidade extinta. Encarregado de coordenar com as Forças Armadas o serviço militar obrigatório dos estudantes e a utilização dos recursos técnicos, científicos e de investigação das diversas unidades universitárias para a formação de especialistas em tecnologia militar, a concepção desse centro

---

8 *Correio da Manhã*, Rio de Janeiro, 12 out. 1965, Cad.1, p.3. Essa solução foi viabilizada, logo depois, com o capitão de mar e guerra, José Carlos de Azevedo (também doutor em física nuclear), sendo, em 1968, conduzido ao cargo de vice-reitor, mas reitor de fato, permanecendo na direção da UnB por uma década e meia, destacando-se pelas medidas repressivas que passou a tomar.

46 LUIZ ANTÔNIO CUNHA

ignorava ou não dava a devida importância ao projeto das Forças Armadas de desenvolverem elas próprias a tecnologia cuja necessidade definiam. O Centro Tecnológico de Aeronáutica já era um exemplo sólido dessa estratégia, seguida, mais tarde, pelo Instituto Militar de Engenharia. Em ambos os casos, ao invés de as universidades desenvolverem projetos de interesse militar, instituições militares vieram a desenvolver projetos de interesse civil e a formar engenheiros "civis" como subproduto de sua atividade principal.[9]

Regressões estruturais houve várias nos anos que se seguiram ao golpe de Estado. Uma das que mais nos chamaram atenção foi a junção da Geografia e da História num mesmo departamento, lembrando a concepção que se tinha dessas disciplinas no tempo em que Pedro II participava da fundação do Instituto Histórico e Geográfico do Brasil, revivida, ainda, na esdrúxula matéria Estudos Sociais que passou a integrar o núcleo comum do ensino de 1º grau após a reforma de 1971.

No que dizia respeito diretamente à organização didático-pedagógica, os estudantes da UnB foram obrigados a se definir, já na ocasião da candidatura aos exames vestibulares, por um dos cursos profissionais do reduzido e pouco flexível leque dos currículos mínimos aprovados pelo Conselho Federal de Educação. Os estudantes tiveram muito restringida sua participação, pois, antes mesmo que a Lei Suplicy fizesse sentir seus efeitos, deixou de existir, na prática, a Câmara dos Delegados Estudantis, com poderes até mesmo de convocar o Conselho Universitário, por meio do reitor, para apreciar matéria de interesse dos seus representados.

Durante toda a crise da Universidade de Brasília, não faltou aos professores e aos estudantes a solidariedade de deputados, de professores de universidades brasileiras e estrangeiras, da Sociedade Brasileira para o Progresso da Ciência e das entidades estudantis de vários estados, além da própria UNE.

Não se deve pensar, entretanto, que a Universidade de Brasília era apenas uma vítima da sanha da repressão política desencadeada pelo

---

9 Era a volta sobre a trilha percorrida pelo ensino de engenharia desde o início do século XIX. Na Academia Militar, fundada em 1810, não havia distinção entre a formação de engenheiros e de oficiais para o Exército. A engenharia civil, isto é, não militar, foi se distinguindo gradualmente na Academia e na Escola Central (que a substituiu, em 1858), até que, em 1874, foi criada a Escola Politécnica, nada tendo que ver com a formação de quadros militares (cf. Cunha, 1986, p.94-5).

A UNIVERSIDADE REFORMANDA **47**

golpe de Estado. Ela sofreu críticas tanto da direita quanto da esquerda, que mostraram sua inadequação à situação do país.

O jornal conservador *O Estado de S. Paulo* publicou uma série de reportagens sob o título "Radiografia da UnB",[10] que criticavam não apenas o conteúdo "comunista" dos cursos, os interesses "janguistas" e "juscelinistas" de dirigentes e professores, mas, também, a própria estrutura da instituição, bem como o desperdício de recursos. A maioria dos cursos, justamente os que teriam utilidade duvidosa ou, pelo menos, menor prioridade na capital nascente de um país subdesenvolvido, era a dos mais populosos (cerca de 65% das matrículas). Em 1965, dos 1.085 alunos regulares, 264 estudavam Direito; 146, Letras Brasileiras; 45, Biblioteconomia; 51, Jornalismo; 121, Artes; 35, Psicologia; 17, Cinema. O número de alunos seria, também, muito baixo em relação ao de professores: 3,8. Em cursos de alto custo havia um número injustificadamente pequeno de estudantes, como o de Química (6 estudantes). Além do mais, era muito criticado o fato de a Universidade de Brasília ter organizado uma Orquestra de Câmara, com músicos profissionais, apenas justificável numa instituição já mais antiga e estruturada.

Quanto à estrutura da UnB, a "radiografia" de *O Estado de S. Paulo* mostrava em um claro viés, definido pelas ideias que Fernando de Azevedo e Júlio de Mesquita Filho, entre outros, usaram para dar forma à Universidade de São Paulo, em 1934. Para o autor daquela "radiografia", qualquer pessoa que examinasse os estatutos da UnB se sentiria chocada com a ausência entre os Institutos Centrais, de um Instituto de Filosofia.[11] A Filosofia ocupava um departamento do Instituto Central de Ciências Humanas, ao lado da Sociologia, da Antropologia, da Ciência Política, da Psicologia, uma posição considerada "captis-diminuída", logo inadmissível numa universidade onde não se confundisse Ciência e Filosofia. A falta de um Instituto Central de Filosofia não teria sido um descuido dos criadores da universidade, mas um propósito que buscava elidir "a reflexão crítica do espírito, sempre aberta". Enquanto não fosse possível transformar a Filosofia no conjunto dos "dogmas ideológicos" dos que

---

10 *O Estado de S. Paulo*, 6 a 13 de fevereiro de 1966.

11 Os primeiros estatutos da Universidade de Brasília previam, além das faculdades, oito institutos centrais: Matemática, Física, Química, Biologia, Geociências, Ciências Humanas, Letras e Artes.

48   LUIZ ANTÔNIO CUNHA

visavam implantar no Brasil uma "república popular", a Filosofia seria apresentada como apenas mais uma ciência para, num segundo momento, ser identificada ao "marxismo-leninismo". Transformar toda essa situação era uma tarefa para a "pedagogia revolucionária de março", encarnada nos dois primeiros interventores da UnB, oriundos da USP. A propósito, o segundo interventor, Laerte Ramos de Carvalho, provinha de uma unidade onde as ciências humanas é que pertenciam, ao menos nominalmente, a uma Faculdade de Filosofia, ao contrário do que acontecia na UnB.

Pelo menos em um texto de dirigente estudantil (Bastos, 1968),[12] a Universidade de Brasília foi criticada duramente, mas por razões distintas das apresentadas anteriormente. O documento dizia que o conteúdo curricular e a direção da pesquisa propunham que a universidade devesse "chegar ao povo", mas a estrutura da própria universidade não permitia isso, mesmo após a abertura de cursos de extensão cultural e admissão de alunos especiais (ouvintes), dos quais não se exigiam certificados prévios nem a aprovação nos exames vestibulares. "Os trabalhadores que apareceram sentiram a distância de um mundo intelectual efervescente e a sua rigidez social. Ao invés da identificação intelectual-povo, os trabalhadores se afastaram." Isso porque chegaram a uma universidade nova, mas talhada sob medida para uma nova elite. Os organizadores da UnB,

> ao invés de elaborarem um plano de estrutura universal que fosse uma resultante de nossa experiência educacional, importaram um plano aceitável para o ensino, mas divergente de nossa realidade objetiva. Por quê? Porque deram mais importância a assimilação dos estágios do saber e da técnica internacionais do que à percepção de nossa realidade econômica interna.

Esse teria sido o desvio básico da concepção da Universidade de Brasília.

Preocupados com a criação de uma universidade modelo e que garantisse a experiência de uma reforma universitária e também garantisse o progressismo de uma nova elite, os criadores da UnB afastaram-se tecnicamente da realidade econômico-social do país. Uma estrutura altamente

---

12 A primeira versão desse texto foi escrita em 1966-67, mas só tivemos acesso à de 1968. O autor exerceu a presidência do Centro Acadêmico 21 de Abril (Direito) e do Conselho de Representantes Universitários em 1964-65.

A UNIVERSIDADE REFORMANDA 49

distanciada dos objetivos fundamentais de nossa gente, muito bem serviu para o enquadramento de bolsistas estrangeiros e para se levar ao cenário internacional uma dimensão desenvolvida de um país subdesenvolvido.

O documento do dirigente estudantil fazia, naquele ano em que viria a ser promulgada a lei da reforma universitária, uma previsão que destoava não só do movimento estudantil, como de boa parte do meio acadêmico brasileiro, empenhados ambos na defesa da estrutura da Universidade de Brasília:

> Se tomarmos as afirmações do acordo MEC-Usaid, veremos que são exatamente as mesmas que fizeram os professores fundadores da UnB. Só que a realidade política do Brasil (1962/1963) impôs-lhe um conteúdo humanista e revolucionário, uma firme vontade de modificação da ordem semicapitalista estabelecida, o que não se passa em nossos dias (1966/1968, LAC). A realidade política do Brasil procura impor-lhe um conteúdo técnico e subserviente numa firme vontade de integração continental.

A previsão do documento ia mais além, dizendo que tão logo a política educacional do governo militar fosse definida, a estrutura da Universidade de Brasília seria o seu modelo, esvaziada, naturalmente, do conteúdo político original.

A crítica do documento incidia, também, sobre o próprio movimento estudantil que, desde 1964, voltava-se com todas as forças para a defesa da estrutura da Universidade de Brasília. A confusão entre o conteúdo do ensino e a estrutura da universidade foi considerada um dos maiores erros teóricos e táticos da UnB.[13]

> Sem condições para diferenciar a estrutura daquilo que se ensinava, iniciaram uma luta que os comprometeu com a própria situação. Impossibilitados de defender aquilo que se ensinava, defendia-se a estrutura.

---

13 Um exemplo da louvação estudantil da UnB está num texto elaborado por comissão dos alunos do curso de arquitetura, assumido pela própria UNE, que o editou e divulgou: "Falar sobre a UnB é falar de uma experiência única que se faz no campo do ensino superior no Brasil. A Reforma Universitária é (um, LAC) dos fatores essenciais para a concretização de um futuro socioeconômico melhor. Brasília, numa comunhão orgânica total, vive as consequências de seu pioneirismo. Crises sucedem crises, visando à desintegração dos princípios iniciais como que tentando abafar essa semente" (União Nacional dos Estudantes, 1965, p.1).

50 LUIZ ANTÔNIO CUNHA

Sendo que um era completamente diferente do outro, até antagônicos. Um exemplo interessante deste fato é o paralelo entre a sucessão de reitores da UnB e o movimento estudantil. Sempre que ocorre uma sucessão de reitor, o movimento estudantil coloca-se ostensivamente contra o mesmo. Como os alunos acreditam-se defensores das estruturas e o reitor inimigo, a luta chega por vezes a pontos extremos. Isto por várias vezes motivou a ameaça e até a invasão por forças policiais e, nestes momentos, nota-se como os dois confluem para um ponto comum: a defesa da estrutura da UnB, que já se mistificou em autonomia universitária.

Por outro lado, à medida que o conteúdo do ensino da universidade foi se esvaziando como progressivo afastamento do projeto original de "chegar ao povo", as organizações político-partidárias preencheram aquele vácuo: "a universidade partidarizou-se, e a concepção de mundo de cada um destes partidos confundiu-se com o vulto da própria universidade". As plataformas, as doutrinas e teorias partidárias passaram a ser vistas como o conteúdo da universidade, o que não acontecia, de fato. E mais, essa confusão levaria os estudantes a defenderem "o modelo ocidental burguês de educação universitária" pensando que defendiam "os germes elaborados de uma teoria para ação universitária", chegando-se à "negação fática de tudo o que se fez no Brasil até hoje em termos de universidade".

Todavia, críticas como essa foram raras. Quando não era atacada como agência de formação de quadros "criptocomunistas", a Universidade de Brasília era o objeto de uma celebração tão maior quanto mais fortes a repressão policial e a intervenção do MEC. Machado Neto chegou até a comparar sua agonia à da Universidade do Distrito Federal, criada por Anísio Teixeira, também inspirador e reitor da UnB. Em ambos os distritos federais, no Rio de Janeiro (em 1935-38) e em Brasília (em 1964-66), os governos autoritários teriam feito abortar universidades diferentes dos modelos tradicionais nos quais a democracia, a ênfase na pesquisa e na realidade brasileira constituíam a tônica predominante (Machado Neto, 1968, p.265).[14]

A localização da Universidade de Brasília e a ousadia de seu projeto, contrariando amplos e fortes interesses educacionais, burocráticos e ideológicos, explicam a violência que se abateu sobre ela. Não foi, entre-

---

14 Para uma visão da crise da Universidade do Distrito Federal, no bojo da repressão que preparou o advento do Estado Novo, ver Cunha (1986, p.276-9) e Paim (1981).

A UNIVERSIDADE REFORMANDA 51

tanto, a única universidade a sofrer devassas, embora a invasão militar de que foi vítima não encontre similar em nossa história.

Tão logo o novo governo se instalou, o ministro da Educação, Suplicy de Lacerda, baixou portaria, a 20 de abril de 1964, determinando que os reitores das universidades e os diretores das faculdades instaurassem inquéritos para dar cumprimento ao ato institucional (que veio a ter o n.1). A pressa era grande. A Divisão de Pessoal do MEC deveria comunicar, por telegrama, o teor da portaria às universidades e escolas isoladas, de modo que não precisassem esperar pela sua publicação no Diário Oficial. Dentro do prazo de 30 dias, improrrogáveis, os relatórios, com *pareceres conclusivos*, deveriam ser remetidos ao ministro.

Com base nessa portaria, reitores e diretores das instituições públicas de ensino superior (as particulares nunca precisaram de ato institucional para promover as suas) passaram a instalar as comissões de inquérito, cujo efeito não foi ainda avaliado em todas. Na Universidade de São Paulo e na Universidade Federal do Rio Grande do Sul, as associações de docentes fizeram amplo estudo de sua atuação, fonte da maior parte de nossos dados.

Na Universidade de São Paulo, antigo bastião das ideias liberais, aconteceu algo nunca visto até então na história do ensino superior brasileiro: o terrorismo cultural[15] promovido pelo próprio reitor, com a colaboração ativa ou a conivência de membros do corpo docente.

Tirando proveito da nova situação, o reitor da USP, Luiz Antônio da Gama e Silva (ministro da Justiça e da Educação até a eleição de Castello Branco), tratou de consolidar seu poder na universidade. Eleito reitor por uma composição entre a corrente que defendia a modernização do ensino superior liderada por seu antecessor, Ulhoa Cintra, e a corrente mais conservadora, tratou de promover o expurgo dos líderes da primeira. Para isso, nomeou uma comissão secreta de investigação que denunciou os "subversivos" das várias faculdades e institutos, com super-representação da Faculdade de Medicina, base do ex-reitor. O "vazamento" dos nomes da comissão e do teor do seu relatório, publicado pelos jornais, levou a uma onda de indignação dos setores liberais da universidade.

---

15 O termo "terrorismo cultural" foi consagrado pela crônica de Alceu de Amoroso Lima no *Jornal do Brasil*, em maio de 1964, transcrita em Lima (1964, p.231-2). As informações sobre a universidade paulista foram extraídas, na maior parte, de *O livro negro da USP* (1978).

52 LUIZ ANTÔNIO CUNHA

A legalização do expurgo pretendido foi tentada com a organização de uma Comissão Geral de Investigação que instalou inquéritos policiais militares em todas as unidades. Em poucas delas, como na Faculdade de Higiene e Saúde Pública e na Faculdade de Medicina de Ribeirão Preto, os diretores impediram que o IPM funcionasse em suas próprias instalações. Os professores, os funcionários e os estudantes eram chamados e inquiridos sobre suas atividades "subversivas" com base, frequentemente, em cartas anônimas.

Esse processo obedecia à lógica própria de todo expurgo. Em primeiro lugar, o que está basicamente em questão é a existência de *ideias*. Trata-se de afastar e punir portadores de ideias consideradas *marxistas* ou *subversivas*, duas qualificações notoriamente elásticas e imprecisas, o que torna o julgamento obrigatoriamente subjetivo. O próprio de todo o expurgo é o vício fundante de envolver necessariamente no processo as referências pessoais, os ódios, as antipatias, a parcialidade dos acusadores. Por isso mesmo é que o expurgo possui uma afinidade com o fascismo. Dependendo da denúncia anônima e da calúnia, mobiliza a mesquinhez, o espírito vingativo e abre para todo tipo de oportunismo. Por sua própria natureza, o processo de expurgo constitui instrumento político que favorece a ascensão às posições de mando, de um lado, dos espíritos mais tacanhos e intolerantes, de outro, dos oportunistas com o que não se quer dizer, obviamente, que as duas coisas sejam mutuamente exclusivas. (Associação dos Docentes da Universidade de São Paulo, 1978, p.17)

Por medo, vingança, inveja ou interesses pessoais, a delação passou a fazer parte da vida da universidade, misturando-se com as práticas acadêmicas. Na Faculdade de Medicina, o professor Isaias Raw, generosamente financiado em suas pesquisas pela Fundação Rockefeller e candidato tido por imbatível à cátedra de Química Biológica, foi preso por denúncias de interessados no adiamento do concurso. Na Faculdade de Filosofia, o professor Florestan Fernandes, candidato à cátedra de Sociologia I, foi preso por interessados em promover a aprovação de um candidato ligado ao governador Adhemar de Barros. Nos dois casos, o clamor de intelectuais brasileiros e estrangeiros contra as prisões arbitrárias e o impedimento dos processos normais de acesso aos quadros acadêmicos levou à sua libertação, tendo Raw e Fernandes conquistado as cátedras pretendidas. Na Faculdade de Filosofia, as delações só terminaram quando Fernando de Azevedo, fazendo uso de sua imensa força moral de

A UNIVERSIDADE REFORMANDA 53

fundador da USP e decano informal da faculdade, passou a assistir aos depoimentos dos professores.[16] A imensa maioria dos denunciados pela comissão secreta foi absolvida, mesmo os inquiridos pelos IPMs. Mas seis professores, todos da Faculdade de Medicina, foram demitidos por decreto do governador, em outubro de 1964, garantindo de imediato a recondução de Gama Silva à reitoria, em 1966. Os outros perseguidos tiveram de esperar pela aposentadoria compulsória em 1968/69, com base no ato institucional 5, redigido pelo próprio Gama e Silva, então ministro da Justiça do presidente Costa e Silva.

Na Universidade Federal do Rio Grande do Sul, o reitor José Carlos Fonseca Milano enviou ofício a cada faculdade e instituto determinando a averiguação de "atos de subversão" em seu interior. Como as congregações das unidades responderam dizendo não ter havido qualquer ato desse tipo, foi criada junto à reitoria uma Comissão Especial de Investigação Sumária, com 16 membros, indicados pelas congregações, mais um oficial de ligação com o Comando do III Exército e a Comissão Geral de Investigações.

Houve de tudo na Comissão Especial de Investigação Sumária: candidato derrotado a concurso de cátedra que se vingou do rival; instrutores de ensino que se vingaram de catedráticos; membro da própria comissão demitido por não merecer a "confiança" do Comando III do Exército.

Em consequência da investigação sumária, foram excluídos da UFRGS 17 professores: 11 catedráticos, três instrutores de ensino e três contratados. Entre eles estava Ernani Maria Fiori, catedrático interino de Filosofia, pivô de uma das crises da Universidade de Brasília.

Por baixo das delações por motivo pessoal e das acusações de subversão da ordem, estava a tentativa de frear a renovação pedagógica da universidade.

O critério essencialmente político adotado para a indicação dos professores a serem expurgados esteve inequivocadamente associado às novas experiências que vinham sendo adotadas na orientação do ensino. A modernização do ensino formulada em bases democráticas, com ampla participação de

---

16 Informação prestada por um professor da universidade, participante dos acontecimentos.

professores e estudantes, a adoção de metodologias não burocratizadas, desenvolvidas num ambiente de ampla liberdade e espírito crítico, trazia à tona a permanente e crônica problemática entre uma noção mais ampla de ensino e a estrutura social; entre as exigências para uma formação adequada do estudante e o arcaísmo da cultura universitária. (Associação dos Docentes da Universidade Federal do Rio Grande do Sul, 1979, p.57-8)

Na Faculdade Nacional de Filosofia da Universidade do Brasil, pelas mesmas razões, foi fechado o curso pré-vestibular mantido pelo Diretório Acadêmico, extintos os cursos noturnos e eliminado o critério classificatório nos exames vestibulares. Paradoxalmente, esse critério veio a ser obrigatório, mais tarde, como medida complementar à reforma universitária de 1968.

ESTUDANTES: ENQUADRAMENTO E TRABALHO

O primeiro efeito do golpe de Estado no campo educacional foi a desorganização do movimento estudantil. Alguns líderes estudantis refugiaram-se em embaixadas, seguindo depois para o exílio; outros foram presos ou simplesmente tiveram de se esconder da polícia política. Além da destruição da sede da UNE, as sedes de diretórios acadêmicos e de UEEs, em quase todos os estados, foram invadidas pela polícia ou por grupos de estudantes direitistas que depredaram as instalações, confiscaram arquivos, máquinas de escrever e mimeógrafos. Alguns reitores e diretores de faculdades aproveitaram para fechar as sedes de diretórios e expulsar ou suspender estudantes "incômodos". Na Faculdade Nacional de Filosofia da Universidade do Brasil, 19 estudantes foram imediatamente expulsos. Infelizmente, não dispomos de um levantamento abrangente do número de estudantes punidos com expulsões e suspensões após o golpe.

Foi o reitor Gama e Silva quem, aproveitando o curto período em que ocupou o Ministério da Educação, retirou os representantes estudantis do Fórum Universitário.

Esse órgão colegiado de assessoria ao ministro da Educação, seu presidente, foi criado em 1962.[17] Dele faziam parte os reitores de todas as universidades do país, o diretor de ensino superior do MEC e um

---

17 Portaria 67, de 27 de fevereiro de 1962.

A UNIVERSIDADE REFORMANDA 55

representante da União Nacional dos Estudantes. Com a ascensão ao Ministério da Educação do deputado paulista Paulo de Tarso Santos, que tinha no movimento estudantil sua base política, a participação dos universitários foi bastante ampliada. Em 1963, Paulo de Tarso introduziu no Fórum Universitário os presidentes dos Diretórios Centrais de Estudantes, em número de um terço das universidades, que seriam indicados pela UNE, em sistema de rodízio, atendendo ao critério de representação proporcional em termos regionais.[18] Essa conquista do movimento estudantil foi efêmera. Quinze dias após o golpe de Estado, uma curta portaria de Gama e Silva retirou toda a representação estudantil do Fórum Universitário, tanto a da UNE quanto a dos DCEs. Ficaram apenas os reitores, sob a presidência do ministro.

No dia seguinte à promulgação pelo Congresso Nacional da Lei Suplicy, regulando as entidades estudantis (do que trataremos mais adiante), o ministro aprovou novo regimento do Fórum Universitário, restituindo a primitiva participação discente.[19] Mas simplesmente ignorando a existência da UNE, que, então, se reconstituía, a portaria dizia que além dos reitores e do ministro fariam parte do órgão colegiado o diretor do ensino superior, como secretário geral, e um estudante, "indicado pelo órgão nacional de representação estudantil", que, pela Lei Suplicy, deveria ser o Diretório Nacional de Estudantes, facultando-lhe, como a qualquer outro membro, fazer-se acompanhar por assessores, "sempre que julgar conveniente", mas apenas os que assessorassem os reitores poderiam ter direito a voz no plenário. Coerente com essa restrição da participação estudantil, já contida pela própria lei, os reitores também ficaram limitados a só debater os temas constantes da agenda previamente preparada pelo ministro.

Mais do que exclusão e repressão, o novo governo pretendeu montar um sistema de entidades paralelas às que congregavam os estudantes em todos os níveis. Esperava-se que o reconhecimento da representação desse sistema paralelo, mais a repressão ao sistema existente, pudesse quebrar o ímpeto do movimento estudantil.

Embora a União Nacional dos Estudantes tivesse sido reconhecida por decreto de Vargas, em 1942, como representante exclusiva dos estudantes de nível superior de todo país,[20] o novo governo procurou ignorá-la, mesmo

---

18 Portaria 157, de 20 de junho de 1963.
19 Portaria 715, de 10 de novembro de 1964.
20 Decreto-lei 4.080, de 11 de fevereiro de 1942.

56   LUIZ ANTÔNIO CUNHA

depois de a entidade ser reconstituída, ainda em 1964. Os jornais eram instados a referir-se à "ex-UNE", ou à "extinta UNE", embora a entidade existisse de direito e de fato. O mesmo acontecia com UEEs e com DCEs que não tinham sede nas instalações da universidade, ficando, assim, fora do alcance imediato da repressão acionada pela direção universitária por serem sociedades civis. Com a ascensão do movimento estudantil, o governo suspendeu, por seis meses, em 1966, as atividades da UNE e da UEE-MG, determinando que o Ministério Público promovesse a dissolução judicial das duas entidades.[21] As "considerações" que justificaram a suspensão da entidade estadual são elucidativas do propósito de bloquear o movimento estudantil:

> segundo dados colhidos pelo Serviço Nacional de Informações, a União Estadual de Estudantes de Minas Gerais, sociedade civil com sede em Belo Horizonte, vem desenvolvendo atividades de caráter subversivo; essa atividade consiste no aliciamento de adeptos em várias cidades de Minas Gerais, como Juiz de Fora, Ouro Preto, Viçosa, Alfenas, Montes Claros, Diamantina, Santa Rita, Pouso Alegre, Uberaba e Uberlândia; a partir de fevereiro de 1965 tem convocado reuniões e congressos estudantis, com o propósito de discutir temas de cunho exclusivamente político, de tudo estranhos às atividades escolares; nessas reuniões, da escolha dos assuntos a debater, ressalta inequívoca inspiração comunista; a referida entidade está propiciando, por todos os meios, a realização de um congresso em Belo Horizonte, promovido pela União Nacional de Estudantes, entidades cujas atividades foram suspensas.

O governo formado em 1964 encontrou a representação estudantil junto às direções das faculdades e das universidades regulada por decretos presidenciais. E tratou de regulamentá-los.

Um decreto de dez anos antes havia reforçado dispositivos legais ainda mais antigos com o objetivo de fazer valer a obrigatoriedade da existência de diretórios dos estudantes para o funcionamento de toda e qualquer instituição de ensino superior. "Os estudantes de cada instituto serão representados por um Diretório. A existência do Diretório é obrigatória para reconhecimento e equiparação do respectivo estabe-

---

21 Decreto 57.634, de 14 de janeiro de 1966, e decreto 58.921, de 27 julho de 1966, respectivamente. Entretanto, nenhuma das duas entidades foi juridicamente dissolvida, pois a força da repressão tornou isso desnecessário.

A UNIVERSIDADE REFORMANDA   57

lecimento de ensino, bem como seu regular funcionamento."[22] A forma dessa representação era bem clara:

O presidente do Diretório Acadêmico representará o corpo discente junto à direção do estabelecimento e ao Conselho Técnico Administrativo. Poderá ser convidado para as sessões da Congregação em que se tratar de reforma regimental interessando expressamente ao corpo discente, ou em casos especiais, a juízo da direção.[23]

Mais ainda, estipulava que o Conselho Técnico Administrativo previsse, em cada orçamento anual, uma subvenção ao diretório acadêmico da escola/faculdade.

Em 1964, o anteprojeto de lei regulando a representação estudantil enviado pelo Governo ao Congresso foi rapidamente aprovado, mesmo com escassa maioria de nove votos, transformando-se na famosa Lei Suplicy, nome do ministro seu patrono.[24] Para tanto, o governo contou com o apoio dos dirigentes das instituições de ensino superior, como se vê no texto de moção aprovada no Fórum Universitário, se não proposta, pelo menos justificada pelo reitor da Universidade Federal do Ceará, Martins Filho.

O Fórum Universitário, com a participação dos diretores de todas as faculdades isoladas brasileiras, oficiais e particulares, tomando conhecimento do anteprojeto governamental de lei sobre a organização dos representantes estudantis, decide manifestar e tornar público que o citado anteriormente merece e recebe os seus aplausos porque: restaura a dignidade perdida pelos órgãos de representação estudantil; instaura a prática de vida democrática nas entidades estudantis, com a obrigatoriedade do voto; cria condições para que o estudante, integrado na comunidade universitária, participe da elaboração do pensamento político da Nação; transfere a atividade política estudantil, como convém à autenticidade da vida democrática, para os partidos políticos; estabelece, pela primeira vez, uma sistemática para os órgãos de representação estudantil; empresta ao estudante a responsabilidade que ele deve ter no manejo dos dinheiros públicos e afasta as possibilidades de atentados contra a autonomia das Universidades e dos Estados. E assim

---

22 Decreto 37.613, de 19 de julho de 1955, art.6º O termo "instituto" era utilizado, na época, como sinônimo de escolas isoladas ou incorporadas a uma universidade.
23 Decreto 37.613, de 19 de julho de 1955, art.12.
24 Lei 4.464, de 9 de novembro de 1964.

58   LUIZ ANTÔNIO CUNHA

pensando e decidindo, o Fórum Universitário também se dirige, com o maior respeito ao Congresso Nacional, garantia mais viva da existência democrática do Brasil, manifestando a confiança em que não permitirá que se desnature, mais uma vez, a vida universitária brasileira.[25]

Foi o primeiro momento da luta contra a organização do movimento estudantil em seu próprio campo.

A lei determinou que aos diretórios acadêmicos e aos DCEs organizados segundo suas normas competia *privativamente* o patrocínio dos interesses dos estudantes assim como dos representantes nos departamentos e demais órgãos de deliberação coletiva. Com isso, acenou para a separação entre a figura do representante estudantil e a do presidente da entidade, até então coincidentes; e procurou, sem extingui-las, retirar a força das entidades estudantis que não fossem reconhecidas como representativas.

Cada escola/faculdade, isolada ou fazendo parte de universidade, deveria ter seu diretório acadêmico, com diretoria eleita pelos estudantes, mediante voto obrigatório: quem não o fizesse, "salvo por motivo de doença ou de força maior, devidamente comprovada", ficava impedido de prestar exames. A composição da diretoria era bastante restritiva. Não poderiam integrá-la os primeiranistas, os estudantes repetentes, dependentes ou em regime parcelado. Imaginava-se, com essas restrições, impedir que os "maus alunos", entre os quais sairiam os "agitadores", integrassem as diretorias das entidades. Para evitar decaídas, a lei dizia que o exercício da representação "não exonera os estudantes do cumprimento de seus deveres escolares, inclusive da exigência da frequência".

Em cada unidade da Federação deveria haver um Diretório Estadual de Estudantes, composto de representantes de cada DA ou grupos de DAs e, por fim, um Diretório Nacional de Estudantes, "órgão coordenador das atividades dos Diretórios Estudantis, que cuidará da aproximação entre os estudantes e o ministério da Educação". O DNE, constituído de um representante de cada DEE, somente poderia se reunir em Brasília, distante de suas bases, mas bem perto do ministro da Educação, nas férias escolares, "para debates de caráter técnico".

Todo esse conjunto de entidades ficava impedido de exercer as suas atividades que propiciaram a organização do movimento estudantil até

---

25 *Documenta*, n.29, setembro de 1964.

A UNIVERSIDADE REFORMANDA 59

então, pois a lei determinava: "É vedada aos órgãos de representação estudantil qualquer ação, manifestação ou propaganda de caráter político-partidário, bem como incitar, promover ou apoiar as ausências coletivas aos trabalhos escolares".

As entidades existentes poderiam adaptar seus regimentos aos ditames da lei, submetendo-se às autoridades previstas (Congregação, Conselho Departamental, Conselho Universitário ou Conselho Federal de Educação) num prazo de dois meses após o que perderiam seu caráter representativo. Essas mesmas instâncias teriam a competência para examinar as prestações de contas das diretorias das entidades ao fim de cada gestão.[26]

Mas a Lei Suplicy era também implacável com as direções das instituições de ensino, obrigando-as a servir de instrumentos de sua aplicação: "O Diretor de Faculdade ou Escola e o Reitor de Universidade incorrerá em falta grave se, por atos, omissões ou tolerância, permitir ou favorecer o não cumprimento desta lei".

No entanto, cinco meses após a promulgação da Lei Suplicy, como seus dispositivos não estivessem sendo seguidos, sua regulamentação baixada por decreto[27] estendeu um pouco os prazos para a adaptação dos regimentos e marcou as datas para as eleições: no dia 16 de agosto de 1965, deveria haver (como houve) eleições para a constituição das diretorias dos DAs e no 30 de agosto, para os DEEs (o que não houve na quase totalidade dos Estados). Além disso, o decreto elevava o tom das ameaças às direções das instituições de ensino que deveriam proceder às tais adaptações, convocar e presidir as eleições: "Serão destituídos os Diretores que não observarem ou não fizerem observar os prazos fixados neste decreto e o Conselho Federal de Educação intervirá nas Universidades que não tiverem observado as presentes normas ou os prazos fixados pelo decreto".

No início de 1967, com a ascensão do movimento estudantil, a Lei Suplicy foi revogada pelo decreto-lei 228, conhecido como Decreto Aragão,

---

26 Não satisfeito com o controle posterior dos recursos financeiros dos diretórios, o governo baixou um decreto (55.057, de 24 de novembro de 1964) pelo qual as verbas governamentais recebidas pelos DAs e DCEs, sempre por meio das faculdades ou universidades, só poderiam ser gastas mediante planos de aplicação aprovados pelas congregações ou conselhos universitários, devidamente encaminhados ao MEC. Para as faculdades e universidades não federais, o ministério se resumiria a receber e tomar conhecimento dos planos de aplicação das verbas, mas teria o poder de aprová-los ou de reprová-los.

27 Decreto 56.241, de 4 de maio de 1965.

por ter sido patrocinado por Raymundo Moniz de Aragão, então ministro da Educação.

Com o objetivo de evitar possíveis rearticulações do movimento estudantil e contornar as dificuldades imediatas de constituição dos DEEs e do DNE, o Decreto Aragão extinguiu essas entidades, assim como todos os órgãos estudantis de âmbito estadual, "ainda que organizados como entidades de direito privado", numa clara alusão às UEEs. Os bens das entidades dissolvidas deveriam ser incorporados à universidade federal do respectivo estado, para utilização pelo DCE. Entre os DAs e DCEs, e o nível nacional, não haveria entidade alguma. No lugar do DNE, que se pretendeu substituísse a UNE, seria instituída uma Conferência Nacional do Estudante Universitário, que não chegou a se reunir. Ela deveria ser constituída à imagem das conferências nacionais de educação, que o MEC convocaria, com um representante de cada DCE e de cada grupo de dez escolas superiores isoladas dos estados, quando houvesse, em cada um, número superior a esse. Suas reuniões, de duração não superior a uma semana, seriam realizadas uma vez por ano, em Brasília, sob olhar vigilante do Ministério, para "o exame e o debate *objetivo* de problemas universitários, para a elaboração de *teses,* sugestões e reivindicações a serem apresentadas às autoridades e órgãos *competentes*, sendo vedados os temas de cunho religioso, *político-partidário* ou racial" (grifos nossos).

No mais, o Decreto Aragão trouxe o aumento das restrições e dos mecanismos de coação previstos pela Lei Suplicy.

O objetivo de DAs e DCEs continuava a ser, dentre outros, o de "defender os interesses dos estudantes", só que, agora, "nos limites de suas atribuições". O "aprimoramento das instituições democráticas" continuava a ser outro objetivo, mas, ao invés de os diretórios serem chamados a "lutar" deveriam "concorrer" para seu "aprimoramento". Como não estava dando resultado impedir de prestar exames os estudantes que não votassem nas eleições para os DAs, porque os exames estavam caindo em desuso, a punição passou a ser de 30 dias de suspensão. Também suspensos ou dissolvidos pelas congregações ou conselhos universitários deveriam ser os DAs ou DCEs que não se enquadrassem nos dispositivos desse decreto, eliminando a possibilidade de existência de entidades paralelas. Como as direções das entidades não estavam dando conta de organizar as entidades estudantis, apesar das severas ameaças, o Decreto Aragão possibilitava ao ministro da Educação, "em caso de omissão das autoridades acadêmicas", convocar eleições para a constituição dos diretórios.

A UNIVERSIDADE REFORMANDA 61

A luta dos estudantes contra a Lei Suplicy foi bastante intensa e generalizada, reforçando-se com a tentativa de enquadramento de *todas* as entidades pelo decreto-lei 228/67. Um plebiscito chegou a ser realizado pela UNE, pelo qual os estudantes repudiaram a legislação que bloqueava seu movimento.[28]

Com efeito, a repressão continuada, desde o 1º de abril de 1964, não havia conseguido pôr fim ao movimento estudantil, nem enquadrá--lo. No período imediato ao golpe, as Uniões Estaduais de Estudantes, embora tivessem suas sedes varejadas por forças policiais e com parte dos dirigentes presos, puderam se recompor. Isso permitiu que doze presidentes de UEEs reunidos no Rio de Janeiro, em junho de 1964, elegessem uma junta governativa para dirigir a UNE, então apenas uma legenda. Seus objetivos eram a derrota, no Congresso Nacional, do projeto de lei que enquadrava as entidades estudantis, a recuperação da sede e a realização, em 1964, do XXVII Congresso Nacional dos Estudantes. Logo no início de 1965, aquela junta deu lugar a uma diretoria eleita pelo Conselho Nacional dos Estudantes, a qual tinha na União Metropolitana dos Estudantes, do Rio de Janeiro, sua base de operações. Em julho desse ano, realizou-se em São Paulo, nas dependências do Grêmio Politécnico, o XXVII Congresso, o primeiro após o golpe e o último não clandestino.

Duas tendências se definiram, já em 1964: de um lado, o boicote aos "diretórios Suplicy" mantendo os estudantes seus "diretórios livres", embora não fossem reconhecidos pelas direções universitárias; de outro, a participação naqueles diretórios, para ocupar o espaço disponível, mantendo-se entidades paralelas, quando possível.[29] No Congresso da UNE de 1965, em São Paulo, a posição que defendia o boicote era hegemônica. Os estudantes definiram, então, como palavra de ordem, a defesa dos diretórios livres e a não participação nas eleições das entidades oficiais ou não oficializadas. Assim, não foram poucos os diretórios fechados pelas direções universitárias, simplesmente porque os estudantes não apresentaram candidatos às eleições, perdendo eles o uso de salas, máquinas de escrever, mimeógrafo, telefone, arquivos. Poucos foram os casos em que

---

28 À pergunta "você concorda com a lei 4.464 (Lei Suplicy), que restringe a autonomia das entidades estudantis?", responderam *não* 92,5% dos votantes (Poerner, 1968, p.273).

29 Em São Paulo, a luta definiu-se como a oposição dos *centros acadêmicos*, denominação aí tradicional, aos *diretórios*, termo associado à Lei Suplicy.

"diretórios livres" puderam funcionar efetivamente. Mas para a corrente hegemônica entre os estudantes, isso parecia não ter importância: as passeatas, as grandes mobilizações descoladas de faculdades e até mesmo de universidades ganhavam força sobre o estilo que até então caracterizava o movimento estudantil, sempre enraizado na faculdade e na turma. O resultado não se fez esperar: o progressivo isolamento das lideranças e entidades da massa estudantil. Mesmo tendo sucesso no seu intento de voltar o movimento estudantil para fora do espaço universitário – para as ruas, que se apinhavam de descontentes com a situação de ensino –, entre as avançadas lideranças e a massa dos estudantes interpunham-se frágeis entidades, às vezes apenas siglas mantidas vivas à custa do passado.

Mesmo assim, sucederam-se greves, passeatas, ocupações de faculdades num clima de sectarização alimentado pela campanha do voto nulo nas eleições de 1966 e pela pregação do confronto armado com a ditadura; do outro lado, a sectarização atiçada pela violenta repressão policial, que culminou com a morte de um estudante no Rio de Janeiro.

O desfecho desse processo de sectarização, no qual, frequentemente, a insatisfação estudantil foi manobrada em proveito de grupos militares da "linha dura", beneficiou os que defendiam o fechamento ainda maior do regime. O ato institucional 5, de 13 de dezembro de 1968, e a repressão política e ideológica nele respaldada foram a tenebrosa consequência desse processo.

O movimento estudantil não foi, entretanto, apenas objeto de contenção. As universidades, o empresariado e o próprio governo procuraram canalizar as demandas de participação política, de crítica ao subdesenvolvimento e ao imperialismo, de superação pela prática das insuficiências dos currículos escolares, para objetivos que reforçassem a ordem social e o próprio regime. Por baixo das várias iniciativas desse tipo estava o pressuposto de que o estudante que trabalha não tem tempo para se engajar em movimentos subversivos.

Uma semana antes do golpe, foi fundado o Centro de Integração Empresa-Escola de São Paulo, modelo para outros fundados no Rio de Janeiro (outubro de 1964), no Paraná (agosto de 1967), no Rio Grande do Sul (abril de 1969) e em Minas Gerais (dezembro de 1969). Os objetivos proclamados dos CIE-Es eram bastante variados, mas podem ser sintetizados na tentativa de levar às empresas a contribuição teórica dos estudantes universitários (e dos professores, eventualmente) e às escolas superiores e de nível médio o espírito prático das empresas, assim como as mudanças que a produção estaria imprimindo no perfil desejado para os formandos. Os CIE-Es foram criados por empresários, e seus recursos financeiros provinham das doações de empresas públicas e privadas. O principal modo de atuação foi a colocação de estudantes como estagiários nas empresas, os quais podiam receber uma "bolsa-auxílio", em adição à "bolsa-treinamento" oferecida pelas empresas onde estagiavam. O artigo 5º dos estatutos do CIE-E do antigo Estado da Guanabara via assim a função do estágio:

> A condição do estagiário é a que realmente propicia a verdadeira aproximação da teoria com a prática, o que permite, quando bem programada e orientada funcionar como auxiliar eficiente das escolas. Por outro lado, o estágio permite enriquecer o mercado de trabalho com mão de obra categorizada de 2º grau e de nível superior, o que beneficiará as empresas, em termos de eficiência e produtividade.

Os panfletos enviados por esse CIE-E aos empresários é elucidativo dos interesses econômicos que procuravam suscitar. Um prospecto de propaganda apelava:

> *Pare de se queixar da falta de mão de obra especializada.* O CIE-E da GB existe para tirar essa preocupação da sua cabeça. Se você não o utiliza, não se queixe. Possuímos o mais completo cadastro de mão de obra de classe A, composto por estudantes de níveis superior e técnico. Oferecendo estágios a jovens você está encerrando o problema. E reduzindo o investimento de tempo, de meios de trabalho e de salário a que estão sujeitas as empresas quando da contratação de recém-formados. Procure o CIE-E e acelere a preparação prática e efetiva dos recursos humanos necessários ao desenvolvimento social e econômico do país (e os da sua empresa também).

A dimensão político-ideológica do estágio também estava presente em pressuposto do CIE-E/GB. Um deles dizia:

> Depende de você transformar alienação, insegurança, desperdício de tempo e de energia, falta de perspectiva da juventude estudantil em entusiasmo, participação, atitude construtiva e integração profissional. Você pode canalizar a energia, a potencialidade criativa do jovem estudante, despertando vocações, com reais e relevantes benefícios para você, para o estudante, para sua Empresa, para a comunidade onde a mesma opera e para a nação.

O CIE-SP, o primeiro e mais operoso de todos, colocou 105 mil estudantes como estagiários de junho de 1964, quando começou a funcionar, até julho de 1981. Nesse mesmo período, concedeu 504 mil bolsas-auxílio, em dinheiro, a estudantes estagiários, encaminhados por diversas instituições às empresas.

Outro movimento desse processo de sublimação consistiu na chamada extensão universitária, ideia há muito proclamada de que a universidade deveria colocar seus recursos materiais, humanos e de pesquisa a serviço da "comunidade", sem a intermediação do mercado de trabalho no qual seus formandos ingressariam. Uma constatação que teve muito peso na adaptação ao Brasil dos anos 1960 da antiga ideia anglo-americana da extensão universitária foi a de que as "forças espontâneas" do mercado de trabalho atraíam para os grandes centros urbanos os profissionais formados pela universidade, como os oriundos de pequenas cidades do interior. Diante disso, a universidade teria a missão de "remar contra a corrente" do mercado de trabalho. Os Crutacs e o Projeto Rondon foram dois empreendimentos que caracterizaram bem esse movimento.

A organização de um Centro Rural Universitário de Treinamento e Ação Comunitária (Crutac), pela Universidade Federal do Rio Grande do Norte, inspirou-se nos Projetos Rita, de orientação e financiamento norte-americano que buscavam colocar recursos universitários a serviço da pequena empresa manufatureira.[30] O Crutac, nascido em 1966, pretendia propiciar aos estudantes da área de biomédica oportunidades de treinamento em um hospital localizado em município pobre do interior potiguar. Com a posterior ampliação dos alvos do Crutac e dos locais de atuação, formaram-se equipes interdisciplinares de profissionais e estudantes, que passaram a atuar, também, na formação de grupos comunitários, na educação de adultos, na assistência técnica às prefeituras em

---

30 Os Projetos Rita (Rural Industrial Technical Administration) foram concebidos por Morris Asimov, professor da Universidade da Califórnia. Os projetos Rita ou projetos Asimov, rebatizados no Brasil de Programas Universitários de Desenvolvimento Industrial do Nordeste/Pudine, iniciaram-se no vale do rio Cariri, frutos de convênios entre a Universidade Federal do Ceará e aquela universidade norte-americana, com recursos do Ponto IV e da Usaid. Consistiam no treinamento de gerentes e no fomento à implantação de pequenas e médias empresas industriais a partir de uma "mudança da mentalidade das populações rurais dedicadas a atividades de sobrevivência na agricultura". Do Ceará, os projetos Rita estenderam-se aos estados da Paraíba, de Alagoas e da Bahia.

A UNIVERSIDADE REFORMANDA   65

assuntos de administração e engenharia. Com essa ampliação, o estágio tornou-se obrigatório para todos os estudantes do último ano dos cursos da UFRN. Os benefícios seriam amplos: de um lado, suprir as populações interioranas, carentes e desassistidas; de outro, para os estudantes, juntar os estudos à experiência profissional concreta. Permeando tudo isso, a dimensão político-pedagógica:

> O que se buscava era mostrar, também, aos universitários, o quanto o governo militar se interessava pelo povo, patrocinando programas como o Crutac, por exemplo, e difundir entre eles as ideias que servem de base à atividade de extensão universitária. Tratava-se de difundir, entre os estudantes, a convicção de que a pobreza, o pauperismo dominante no Estado, não era consequência da estrutura da sociedade, mas da falta de conhecimentos técnicos da população rural e da apatia do homem do campo. (Paiva, 1974, p.671)[31]

Já em 1965, Rudolph Atcon, no famigerado relatório em que apontava os rumos para a reformulação da universidade brasileira, louvava o Crutac da UFRN, ainda não implantado – "uma espécie de Corpo da Paz universitário nacional" –, e recomendava sua adoção por outras instituições de ensino.[32] Pela promoção de Atcon, ou por outras vias, o certo é que várias universidades nordestinas instalaram seus Crutacs e o MEC chegou a organizar uma repartição para coordenar a multiplicação desses centros.

No ano em que nasceu o Crutac na UFRN, 1966, realizou-se na Universidade do Estado da Guanabara (atual Universidade do Estado do Rio de Janeiro) o 1º Seminário de Educação e Segurança Nacional. Surgiu aí a ideia de mobilizar os estudantes para a participação política e social, mas de uma maneira tal que evitasse a passagem da "fase da politização", considerada positiva, em princípio, para a "fase de estabelecimento de

---

30 Essa autora mostrou como o sucesso do Crutac foi função, no Rio Grande do Norte, das disputas entre os setores oligárquicos, arrefecendo-se após os arranjos políticos propiciados pelas eleições indiretas para governador, em 1970.

31 Atcon fazia alusão a uma entidade norte-americana, o Peace Corps, que enviava jovens universitários para, em lugar do serviço militar, prestar serviços comunitários nos países subdesenvolvidos, em suas regiões mais pobres e explosivas. No Brasil, imediatamente antes e depois do golpe de 64, não foram poucos os membros do Corpo da Paz acusados de espionagem política para a Central Intelligence Agency (CIA) (ver Poerner, 1968, passim).

66 LUIZ ANTÔNIO CUNHA

vínculos político-partidários", considerada negativa, a par do niilismo, da toxicomania e de outras formas de comportamento marginal. A ideia consistia em utilizar a técnica militar das "operações" para organizar expedições de estudantes e professores para, nas férias escolares, desenvolverem atividades assistenciais no interior do país, principalmente na área biomédica.

A primeira dessas expedições foi organizada por Wilson Choeri, um dos idealizadores do projeto, e Onir Fontoura, em julho de 1967, com 30 estudantes da Universidade do Estado da Guanabara, da Universidade Federal Fluminense, da Universidade Federal do Rio de Janeiro e da Pontifícia Universidade Católica do Rio de Janeiro, transportados para Porto Velho, no Território de Rondônia, por uma avião do Departamento Nacional de Obras Contra as Secas e alojados no 5º Batalhão de Engenharia e Construções do Exército. Essa primeira expedição veio a ser chamada, posteriormente, de Projeto Zero.

Embora esse projeto contivesse a mesma base ideológica assistencialista que justificava o Crutac, dele diferia pelo caráter explícito com que apresentava seus objetivos políticos na conjuntura de busca de sedimentação do novo regime político.[33] A educação era definida como instrumento de consecução dos "Objetivos Nacionais Permanentes" na "área psicossocial", conforme a doutrina da Escola Superior de Guerra. A "integração" do território era um desses "Objetivos Nacionais Permanentes". Assim, procurava-se absorver, reinterpretada, a crítica dos nacionalistas à ocupação da Amazônia por grupos estrangeiros. A instalação de unidades militares nessa vasta e pouco habitada região do país seria um meio de marcar a presença nela do Estado. A assistência às populações carentes e desassistidas, para quem a ideia de pátria nem chegaria a fazer sentido, com a participação dos estudantes, seria o modo de incorporá-los à "comunidade nacional". Para os estudantes, ficaria a constatação da possibilidade de cooperação civil-militar, do interesse das Forças Armadas pela (má) sorte das populações pobres e, principalmente, a imagem anti-imperialista que certos setores do Exército cultivavam. Por isso, o projeto foi batizado com o nome do Marechal Cândido Rondon, que se destacou

---

33 O Projeto Rondon diferia, também, do Crutac pela escala de seu assistencialismo. O Crutac partia da capital, onde estava em geral a universidade, para o interior do estado. O Projeto Rondon procurava, inicialmente, fazer que as universidades do "rico" Centro-Sul ajudassem a "pobre" Região Amazônica.

na instalação de linhas telegráficas ligando distantes cidades do país, bem como na "pacificação dos índios", incorporando-os à "comunidade nacional". Essa dupla imagem de Rondon era explicitada no agressivo lema do projeto: "integrar para não entregar (a Amazônia)". O Projeto Rondon foi logo assumido pelo Ministério do Interior, que manteve, entretanto, militares na sua direção. Os estudantes eram chamados a se inscrever em cursos preparatórios nos quais eram selecionados. Comprometendo-se a cumprir um "código de ética", no qual se proibiam manifestações políticas contrárias ao regime, muitos estudantes engajaram-se no Projeto Rondon para conhecer regiões distantes permanecendo impermeáveis à sua ideologia. Não foi à toa que o projeto chegou a ser chamado de "Rondontour"! Mas, como nos conta Vanilda Paiva (1974, p.77), os estudantes que procuravam ser coerentes com os propósitos desenvolvimentistas do projeto criticavam seu caráter marcadamente assistencialista e também descontínuo. Em reação a essa crítica,[34] o Projeto Rondon passou a projetar a ideia do câmpus avançado: uma universidade (de preferência do Centro-Sul) instalaria, numa região "carente" (de preferência na Amazônia), uma "base de operação" que funcionaria todo o ano, com um professor residente e os estudantes fazendo rodízio. O câmpus avançado reuniria aos objetivos desenvolvimentistas os de treinamento dos estudantes na sua especialidade profissional.

A MODERNIZAÇÃO INSTITUCIONALIZADA

Transformar as tradicionais instituições de ensino superior em instituições modernas era cogitado pelos técnicos do novo regime. Nesse sentido, o Programa de Ação Econômica do Governo – 1964/1966, elaborado sob a direção de Roberto Campos, consistiu no detalhamento do projeto que o Ipes havia elaborado para o país antes de 1964 como alternativa às *reformas de base*.

---

34 A reação não fez encerrar as chamadas operações nacionais, sempre utilizadas nas férias de janeiro e fevereiro. Até 1977, 37 mil estudantes participaram delas, em 120 municípios do Piauí, do Ceará, de Goiás e de Mato Grosso. Em complementação às operações nacionais foram organizadas as operações regionais, nas férias de julho, no próprio estado onde as instituições de ensino superior se localizam. De 1968 a 1977, cerca de 30 mil estudantes participaram das operações regionais.

68 LUIZ ANTÔNIO CUNHA

Apresentado em maio de 1965, foi nesse plano que a educação passou a ser oficialmente definida como "capital humano", razão da sua inclusão como item de um plano de ação *econômica*, elaborado pelo Ministério do Planejamento e da Coordenação *Econômica*.[35] No que se refere ao ensino superior, a orientação economicista do plano é marcante. Dizia ser necessário refrear o ritmo de "multiplicação desordenada no setor de formação profissional sistemática". Seria necessário abandonar o critério da demanda social, que teria presidido a expansão do ensino superior, por um critério econômico regionalizado que levasse em conta a demanda dos três setores da produção; as condições de eficácia das instituições de ensino; e, principalmente, as "condições mínimas do fator da organização, compreendendo estruturação, sistema de financiamento e recursos financeiros".

Apesar de todas essas restrições para a expansão do ensino superior, o Paeg julgava haver um déficit de vagas. Para estimar esse déficit, arbitrou que apenas os jovens de uma certa faixa etária das cidades de um certo porte poderiam ter reconhecido seu direito de candidatura ao ensino superior; admitiu a necessidade de um aumento de 180 mil matrículas até 1970 para atender a critérios que permitissem que a população das cidades com mais de 50 mil habitantes tivessem um aluno matriculado para cada 100 habitantes, ou uma matrícula para 11 habitantes de 20 a 24 anos (Brasil, 1965a, p.215). Com isso, previa a matrícula de 300 mil alunos no ensino superior, em 1970, cerca de três alunos por mil habitantes.

É curioso observar que, depois de apresentar tais restrições à expansão do ensino superior segundo o critério da demanda social, o plano usasse exatamente esse critério, não levando em conta as "demandas dos setores econômicos" nem as "condições mínimas do fator organização".

O Paeg estipulou, também, o entrosamento dos estabelecimentos de nível superior com os estabelecimentos produtivos, "a fim de assegurar-se a adequação da aprendizagem à necessidade do meio, economizando recursos pelo treinamento em serviço. Sem maiores detalhamentos nem justificativas, dizia ser prioritária a formação de técnicos em nível intermediário, situados entre o técnico de nível médio e o de nível superior,

---

35 Para a análise do Paeg utilizamos não só o resumo impresso (Brasil, 1965a) como, também, uma versão preliminar detalhada.

A UNIVERSIDADE REFORMANDA 69

"visando corrigir um dos fatores de estrangulamento mais graves da economia nacional".

O financiamento do ensino superior mereceu atenção especial do plano. Dizia que o financiamento do ensino superior deveria ser equacionado "em função do seu custo e do alto incremento que traz os diferenciais de rendimento". Esse equacionamento teria solução na adoção do ensino pago nos estabelecimentos oficiais, sob a forma da contribuição direta ou da bolsa restituível, sendo esta para a manutenção do estudante e/ou para a cobertura das anuidades. As bolsas somente deveriam ser concedidas aos estudantes dos cursos julgados prioritários aos que provassem um aproveitamento mínimo e que proviessem de famílias com incapacidade financeira comprovada. O dispêndio do Estado para com o estudante deveria ser por este restituído à base de uma "percentagem módica de seus rendimentos futuros".

A orientação economicista da Paeg articulava-se com as perspectivas dos novos detentores do poder no campo educacional. Um bom exemplo dessa articulação foi a I Conferência Nacional de Educação, realizada em Brasília de 31 de março a 2 de abril de 1965.

Aberta no dia em que se comemorava o primeiro aniversário do golpe do Estado, a conferência, organizada pelo Instituto Nacional de Estudos Pedagógicos, reuniu toda a cúpula da burocracia educacional, além de membros de entidades nacionais e internacionais.[36]

O tema da conferência era a coordenação de recursos e de medidas para o desenvolvimento da educação nacional, enfatizando-se a articulação do Plano Nacional de Educação com os planos estaduais. As recomendações aprovadas pelos participantes consideravam "a conveniência de adotar técnicas e modelos utilizados no planejamento por outros povos,

---

36 Em 1964, o governo federal instituiu as Conferências Nacionais de Educação para substituir as desenvolvidas pela Associação Brasileira de Educação, uma sociedade civil que promoveu a primeira de suas conferências em 1927. Participaram da I Conferência da série iniciada em 1965 o ministro da Educação, os diretores de divisões e de institutos do MEC, os membros da CFE, secretários de Educação e membros de Conselhos Estaduais de Educação, e reitores de universidade. Participaram, também, mas de fora do Estado, representantes da União Nacional das Associações Familiais, da Associação Brasileira de Educação, da Federação Nacional dos Professores em Estabelecimentos Particulares de Ensino e observadores da Usaid, da OEA, de vários órgãos da ONU e da Fundação Ford. Para outras informações, ver Cunha (1981).

70 LUIZ ANTÔNIO CUNHA

como ponto de referência para eventual adaptação no país". Para isso, recomendava, também, a mobilização da "cooperação e da experiência internacionais para a assistência técnica ao planejamento". Essas recomendações não foram feitas em abstrato. Referiam-se à Usaid, à OEA e à Unesco e às técnicas e modelos do *manpower approach* utilizados no Projeto Mediterrâneo; e do conceito de capital humano, já empregados pelo Paeg, pelo menos em termos retóricos.

O Plano Nacional de Educação, de 1962, foi revisto, em 1965, pelo CFE, seu autor. No tocante ao ensino superior, a revisão manteve os objetivos anteriores de se admitir nesse grau, em 1970, pelo menos a metade dos concluintes de grau médio em 1969, assim como de se manterem pelo menos 30% de professores e alunos em regime de tempo integral. Mas trazia uma novidade quanto à destinação dos recursos do Fundo Nacional do Ensino Superior. Embora não ficasse explícito na versão de 1962, esses recursos deveriam ser aplicados nas instituições federais já existentes, procurando aumentar suas matrículas por ganhos de produtividade. A revisão de 1965, retratando o ganho de força dos setores privatistas do novo regime, passou a destinar 4% dos recursos do fundo para bolsas de estudo e residências de estudantes, e 5% para subvenções às universidades e estabelecimento isolados particulares.[37]

A partir dessa data, a proporção dos recursos públicos transferidos ao setor privado só fez aumentar a ponto de ser, em 1974, uma das razões apontadas pelo General Accounting Office, do governo dos Estados Unidos, para a cessação da ajuda financeira à educação no Brasil, por intermédio da Usaid. Em 1973, de acordo com aquele órgão, 39% dos recursos públicos dispendidos com o ensino do grau superior consistiam em subsídios a escolas particulares.

As ideias do Instituto de Pesquisas e Estudos Sociais a respeito das "reformas de base", no campo educacional, foram aprofundadas e ampliadas em um simpósio sobre a reforma da educação que a entidade promoveu de dezembro de 1964 a janeiro de 1965. Contando com a

---

37 Não deixou de haver resistência no CFE ao aprofundamento da orientação privatista. Um estudo especial do Conselheiro Durmeval Trigueiro, apresentado em 8 de março de 1965, "Sobre planejamento do ensino superior – esboço de uma metodologia", propunha só se dar subsídio a escolas que estivessem de acordo com o Plano Nacional de Educação, seletivamente, mediante apreciação do Conselho (Brasil, 1965b, p.39-57).

A UNIVERSIDADE REFORMANDA 71

participação ativa de especialistas em educação como J. Roberto Moreira e Peri Porto, o simpósio permitiu a sistematização de ideias que viriam a ser defendidas por outros caminhos, algumas delas transformadas em política de governo.[38]

O modelo proposto para o ensino superior brasileiro nos textos preliminares, preparados para o simpósio, era o vigente nos Estados Unidos, às vezes difratado pelos "países europeus" ou oculto pelos "países ocidentais". A estrutura administrativa e pedagógica das universidades norte-americanas era enaltecida. Delas se propunha copiar ou adaptar vários aspectos, como os *colleges* e os *teachers' colleges*. O curso de graduação deveria ser fragmentado em três: o bacharelado superior, a licenciatura e o doutorado. O primeiro, equivalente ao *college*, seria a primeira graduação universitária, obtida em cursos de três anos de duração, em universidades ou em faculdades isoladas de Filosofia, Ciências e Letras. Seu objetivo seria o de fornecer uma "base de conhecimentos, suficientes para o exercício de um sem-número de profissões não especializadas, mas de *nível superior*, em atividades econômicas secundárias e terciárias" (Moreira, 1964, p.43). Os *teachers' colleges* deveriam servir de base para a extração, de dentro das faculdades de Filosofia, Ciências e Letras, das faculdades de Educação ou Escolas Normais Superiores. Essas unidades teriam seus cursos divididos em dois ciclos, cada um com dois anos de duração. O primeiro ciclo formaria bacharéis em Ciências da Educação. O segundo ciclo, visando à licenciatura, forneceria capacitação profissional para o ensino de matérias nos campos das Artes, das Letras, das Ciências Físicas e Matemáticas, das Ciências Naturais e Biológicas, das Ciências Sociais etc.

A estrutura das "melhores universidades norte-americanas" era colocada como a que deveria orientar a reforma das brasileiras. Naquelas, a direção seria dividida entre dois conselhos: o técnico-científico, com predominância de representantes da reitoria e do corpo docente, e o administrativo, com a maioria dos representantes do "mundo-econômico-social", principalmente das organizações privadas e das pessoas que contribuíssem financeiramente para o patrimônio e a manutenção da universidade. Sugeria-se que os estudantes estivessem representados apenas ao nível dos departamentos, dos institutos e das faculdades, por

---

38 Para uma análise da constituição e atuação do Ipes, consultar Dreifuss (1981). Para uma visão das propostas dessa entidade no campo educacional, ver Souza (1981).

meio de seus "professores conselheiros" ou de colegas eleitos, mas "sem direito a propor e a votar".

O regime jurídico de fundação, apesar dessa clara orientação privatista, não era indicado. Moreira assim manifestava suas dúvidas sobre sua oportunidade:

> Conheço várias fundações brasileiras e estrangeiras que apresentam vícios semelhantes aos da administração pública da universidade. Às vezes, ou quase sempre, uma fundação, quando não obedece a controles externos e internos simultânea e coerentemente, se transforma em uma espécie de "panela", em que se cozinham a fogo lento os interesses culturais e científicos de um povo, em benefício do grupo que maneja a fundação. E, desta forma, todas as regras que se estabeleçam para o contrato de professores, admissão de alunos, ensino, pesquisa e experimentação, organização de currículos e divisão de trabalho, podem ser burlados. (ibidem, p.38)

Mas, permanecendo autarquias, as universidades deveriam cobrar anuidades, proporcionais à renda das famílias dos estudantes, buscar doações financeiras de pessoas e de empresas, e vender sua produção no mercado: pesquisas, serviços, livros etc. Com essas fontes de recursos, mais as provenientes de títulos doados pelo governo, as universidades poderiam garantir sua autonomia econômica.

Ideias como as acima, inspiradas nos países mais avançados do mundo capitalista, misturavam-se, nos textos preliminares ao simpósio do Ipes, a ideias arcaicas, que soavam como sobreviventes do Estado Novo. Foi o que percebemos na passagem abaixo, criticando a não obrigatoriedade da Educação Física nos estabelecimentos de ensino:

> É difícil avaliar em toda a sua extensão os danos que dessa orientação resultarão para a formação do homem brasileiro do ponto de vista físico e também moral; pois a educação física e principalmente os esportes coletivos, além de fortalecerem o organismo e desenvolverem sua resistência à fadiga, têm notável ação sobre o moral, desenvolvendo a tenacidade e o espírito de luta, assim como a solidariedade, a lealdade e o espírito associativo. Para a adolescência e a juventude estudantil eles constituem, além disso, uma necessidade higiênica. No Brasil, a menos que se aproprie da via pública, arrastando a repressão policial, não encontra a juventude onde praticar os exercícios físicos que a idade exige – já que as municipalidades também se omitem – não sendo de admirar, portanto, que o excesso de energia seja desviado para atividades perniciosas. É indispensável, pois,

A UNIVERSIDADE REFORMANDA 73

que a educação física seja introduzida sem demora nas atividades escolares de todos os níveis, se não quisermos que as qualidades físicas e morais do homem brasileiro se amesquinhem. (Instituto de Pesquisas e Estudos Sociais, 1964, p.29-30)

Essas duas orientações presentes nos textos que foram elaborados para o simpósio do Ipes realizado ao fim do primeiro ano que sucedeu ao golpe de Estado marcaram profundamente a política educacional do novo regime.[39]

A presença de Raymundo Moniz de Aragão no Ministério da Educação, primeiro como ministro interino, substituindo Flávio Suplicy de Lacerda (desde março de 1965), depois como ministro titular, posto que ocupou até o fim do governo Castello Branco (em março de 1967), abriu caminho para que a reforma das universidades federais se desenvolvesse segundo os padrões de modernidade já firmados na Universidade de Brasília.

Não queremos dizer que a Universidade de Brasília tenha sido a única nem a primeira instituição de ensino superior a se orientar segundo os padrões organizacionais das universidades norte-americanas. Como já mostramos, esses padrões estavam presentes em outras instituições – o Instituto Tecnológico de Aeronáutica e a Faculdade de Medicina de Ribeirão Preto – e profundamente interiorizados por professores, estudantes e administradores universitários. Mas, como havia dito o próprio Moniz de Aragão, aquela universidade modelo deixou de ser um ponto de atração para a mudança das outras, passando a ser utilizada para uma espécie de crítica destrutiva das instituições mais antigas. Para estas, portanto, deixou de ser ponto de atração para se transformar em ponto de rejeição.

Partindo as propostas modernizantes de um ministro oriundo da mais antiga das universidades brasileiras – não só dentre as federais –, aquelas resistências seriam dissolvidas.

Em 3 de agosto de 1966, o ministro da Educação solicitou formalmente ao Conselho Federal de Educação parecer sobre a reformulação das

---

39 O Ipes promoveu, ainda, um fórum sobre "A educação que nos convém", no Rio de Janeiro, em setembro/outubro de 1968, com maior divulgação do que o simpósio de 1964/65. Não vamos comentá-lo porque as ideias nele defendidas já tinham sido de alguma maneira discutidas – parte incorporada – no relatório do grupo de trabalho da reforma universitária, da qual trataremos no cap.5.

74 LUIZ ANTÔNIO CUNHA

universidades federais. Elas teriam "vícios de estrutura" que as estariam levando a apresentar "baixa produtividade". A reformulação estrutural visada deveria permitir-lhes "maior concentração dos recursos materiais e humanos".

Após o surpreendentemente curto intervalo de cinco dias, o CFE respondeu à solicitação do ministro com um anteprojeto de lei, justificado por um parecer-indicação relatado por Valnir Chagas.[40] Dizia o texto que, entre as merecidas críticas que a universidade brasileira recebia, estava "a falta de unidade, correndo paralela com a imprecisão de objetivos", gerando fatalmente a dispersão de meios e vice-versa, respondendo ambas pela ausência da própria universidade como tal. Duas tendências teriam se desenvolvido tendo em vista a busca da unidade. Na jovem Universidade do Ceará, com a organização de uma Faculdade de Filosofia, Ciências e Letras, numa evocação ao modelo da Universidade de São Paulo (Chagas, 1961). Na ainda mais jovem Universidade de Brasília, por oito institutos centrais. Mas, apesar da sedução do modelo dessa universidade, copiado por várias instituições, o "velho" estaria resistindo ao "novo", pois o que se estaria delineando, perigosamente, é, não raro, a superposição de mais um estrato às camadas já existentes, não sendo de admirar que alguma universidade acabe por ministrar disciplinas fundamentais em cada escola profissional, na Faculdade de Filosofia e nos Institutos Centrais. Tal situação tenderia a piorar com a dispersão dos órgãos de pesquisa, criados independentes dos de ensino. A concepção da Faculdade de Filosofia como unidade integradora, que Valnir Chagas tanto defendeu alguns anos antes, estaria desgastada, também, pela transferência de seu setor pedagógico para uma unidade de estudos aplicados, a Faculdade de Educação, conforme projeto da Universidade de Brasília, reforçado em sua disseminação pelos consultores norte-americanos.

Mais tempo demorou o anteprojeto na sua transformação no decreto--lei 53 (baixado em 8 de novembro de 1966). Em apenas uma dúzia de artigos, o decreto-lei traçou princípios e normas de organização para as

---

40 Parecer-indicação 442/66, aprovado em 5 de agosto de 1966. Não conseguimos saber a origem do anteprojeto. O parecer do CFE apresenta-o como elaborado pelo próprio conselho, a pedido do ministro, derivando dele o decreto-lei 53/66, com pequenos retoques. Por outro lado, *Documenta*, n.59, ago./set. de 1966, disse (p.96) que o CFE teria estudado *proposta* do ministro. Tanto o texto do aviso ministerial que solicitou o parecer quanto o deste próprio não deslindam essa questão.

A UNIVERSIDADE REFORMANDA · 75

universidades federais, calcados nas "Diretrizes para a Reforma da Universidade do Brasil", de 1962. Não foi, certamente, mera coincidência que um dos membros mais influentes da comissão que elaborou essas diretrizes e o ministro da Educação que assinou, com o presidente da República, o decreto-lei de 1966 fossem a mesma pessoa. O conteúdo de ambos os documentos coincidia no tocante à estrutura da universidade: vedava a duplicação de meios para fins idênticos ou equivalentes; determinava a unidade ensino-pesquisa; concentração do ensino e da pesquisa básicos de modo que formasse um sistema comum para toda universidade; separação do ensino visando à formação profissional e a pesquisa aplicada em unidades distintas, uma para cada área ou conjunto de áreas profissionais afins. O decreto-lei de 1966 trazia, como novidade, a fragmentação das faculdades de Filosofia, Ciências e Letras e a criação de uma unidade voltada para a formação de professores para o ensino médio e de especialistas em Educação – a Faculdade (ou Centro) de Educação.

Essas mudanças todas exigiam a distribuição ou redistribuição dos cargos de magistério pelas novas unidades, implicando remoção ou readaptação dos respectivos titulares. Para evitar reações, o decreto-lei invocou o ato institucional 2 e o ato complementar 3, que suspenderam as garantias constitucionais ou legais de vitaliciedade, inamovibilidade e estabilidade dos funcionários públicos, ameaçando com demissão, aposentadoria e outras punições os que não aceitassem mudanças ditadas pelas "revolução".

Três meses depois daquele, outro decreto-lei, 252 (de 28 de fevereiro de 1967), também tramitado pela CFE, ampliou e detalhou as determinações do decreto-lei 53. A definição dos departamentos, constante já das "diretrizes" de 1962, tinha sido omitida no primeiro decreto. Em seu lugar apareceria a secular distribuição dos docentes e pesquisadores por cadeiras e laboratórios de atividades afins, caracterizando seus cargos, subdividindo-se as cadeiras em disciplinas, regidas estas por professores-adjuntos, de preferência docentes livres. Essa estruturação de base era completada com determinação de que se garantisse a chefia dos órgãos colegiados e a maioria de votos aos professores catedráticos. Todos esses dispositivos vinham, paradoxalmente, em socorro à instituição do regime de cátedras, num projeto que visava à modernização do ensino superior. Para corrigir essa contradição, o decreto-lei 252 determinava que as unidades universitárias se organizassem em departamentos, entendidos como a menor fração da estrutura universitária para todos os efeitos de organização administrativa, didático-científica e de distribuição de pessoal, compreendendo as disciplinas afins, os professores e os pesquisadores com objetivos comuns. Mas, numa composição com os interesses criados, determinava que o chefe do departamento fosse um professor catedrático. Os chefes de departamento de cada unidade constituiriam o conselho departamental e os representantes dos departamentos participantes de cada curso formariam o colegiado desse curso, encarregado da sua coordenação didática. Numa surpreendente atitude de onisciência e detalhamento, o documento normativo decretava as *áreas fundamentais dos conhecimentos humanos* aos quais deveriam corresponder unidades ou subunidades de ensino e pesquisa básicas nas universidades: Ciências Matemáticas, Físicas, Químicas e Biológicas; Geociências; Ciências Humanas; Filosofia; Letras; Artes.

De todas essas mudanças estruturais, a de mais graves consequências foi, certamente, a divisão do espólio das faculdades de Filosofia, Ciências e Letras.

Em um texto escrito em 1972, Newton Sucupira rememorou as razões que, no seu entender, levaram à fragmentação das FFCLs. A extrema especialização do saber científico moderno tornaria impraticável a reunião, na mesma unidade de disciplinas tão diversas. A heterogeneidade da congregação de uma FFCL, reunindo professores de uma dezena de áreas, ignorando-se uns aos outros, evidenciaria tal impossibilidade prática (Sucupira, [1973], p.54). É estranho que, coerentemente com esse diagnóstico, aquele conselheiro não tivesse proposto, também, a fragmentação dos conselhos universitários, por certo ainda mais heterogêneos do que as congregações das FFCLs.

Contrariando a ideia que orientou essa dimensão da reforma universitária, professores, pesquisadores e estudantes das mais diferentes áreas reuniram-se na Sociedade Brasileira para o Progresso da Ciência em atividades que, sem eliminar a progressiva especialização, procuravam recuperar o caráter interdisciplinar do conhecimento e a colaboração acadêmica. Esse papel da SBPC como espaço de resistência à extrema especialização universitária ampliou-se a partir do início da década de 1970, com a incorporação das Ciências Humanas em uma entidade até então exclusiva das áreas chamadas Técnico-Científicas e Biológicas.

Em outro texto mais antigo, quando a extinção das FFCLs não era aceita facilmente, Sucupira realizou uma análise epistemológica para justificar aquela meta. No III Seminário de Assuntos Universitários realiza-

A UNIVERSIDADE REFORMANDA   77

do pelo Conselho Federal de Educação, em agosto de 1968 – alguns dias, portanto, após a entrega do Relatório do Grupo de Trabalho da Reforma Universitária –, esse conselheiro mostrou que aquela unidade universitária havia sido calcada na Faculdade de Filosofia da Universidade de Berlim, fundada por Wilhelm Von Humboldt em 1810. Mas "os fundamentos teóricos da nova instituição e suas raízes espirituais se encontram, de um lado, na concepção do saber do idealismo pós-kantiano, e, doutra parte, no ideal de formação humana característico do neo-humanismo alemão" (Conselho Federal de Educação, 1978, p.117). A unidade do saber e a defesa da cultura geral e desinteressada tinham, na Faculdade de Filosofia alemã, sua base institucional, que constituía, por sua vez, o fundamento da universidade. Esses pressupostos não estariam dados no Brasil dos anos 1960.

Nas condições atuais do saber e da cultura, dificilmente poderíamos restaurar em sua plenitude o princípio de unidade do saber. O corte que se aprofunda entre as ciências naturais e as ciências do espírito, a incompreensão existente entre as suas culturas de que nos fala C. P. Snow, a científica e a literária, o antagonismo das ideologias e a diversidade irredutível das concepções do mundo e, principalmente, a ausência de um cimento espiritual inovador de nossa cultura, tudo isso torna extremamente problemática a conscientização da unidade fundamental da universidade. (ibidem, p.40)

Diante dessa situação, o conselheiro defendeu que as seções ou departamentos que tradicionalmente compunham uma FFCL – Física, Química, Matemática, Biologia, Geografia, História, Filosofia, Ciências Sociais, Psicologia e outros – passassem a constituir institutos, como os da Universidade de Brasília, ou departamentos dessas unidades. A seção de Pedagogia deveria crescer até a estatura de faculdade, conforme o modelo da Faculdade de Educação da UnB e (os mais festejados) dos *teachers' colleges* das universidades norte-americanas.

Mesmo quando a crítica dos pressupostos epistemológicos da raiz dos FFCLs não era endossada, no interior do Conselho Federal de Educação, a morte daquelas faculdades era aceita como um fato consumado. Foi o caso do conselheiro Valnir Chagas (1961), adepto entusiasta do modelo da FFCL da USP, que tentou reproduzir na Universidade do Ceará. Alguns anos depois, desesperançado, já não acreditava ser a FFCL o *coração* da universidade. Mas sem abandonar suas posições filosóficas a respeito

78 LUIZ ANTÔNIO CUNHA

da unidade do conhecimento, ele defendeu para a recém-nascida Faculdade de Educação a posição de *base* da universidade.

> Enquanto estabelecimento isolado ... a faculdade de educação já antecipa à universidade, visto cobrir todas as áreas fundamentais do conhecimento – desde as ciências até as humanidades sobre os quais devem assentar-se os desdobramentos profissionais a rigor imprevisíveis.
>
> Dir-se-á ... que dentro das universidades, a faculdade de educação tende a perder essa característica, para transformar-se em estabelecimento de formação profissional igual aos demais. Só em aparência a observação procede, pois em qualquer hipótese ela se constituíra sempre um fator de unidade. Ante o caráter geral dos estudos pedagógicos, o natural será que na mesma escala se concentrem as duas funções, deixando-se o desmembramento para quando se alcance a pós-graduação. (Conselho Federal de Educação, 1978, p.132)

Não creio que a fragmentação das FFCLs se devesse à falta das "condições psicológicas" reclamadas por Valnir Chagas, nem à superação dos pressupostos filosóficos de sua fonte inspiradora, como disse Sucupira num momento, nem à heterogeneidade de sua congregação como disse noutro. A fragmentação das faculdades de Filosofia resultou da ação dos pedagogos do Conselho Federal de Educação, interessados na autonomização de sua atividade profissional no âmbito das universidades. Entre eles, estava Anísio Teixeira, responsável pela criação da primeira Faculdade de Educação do Brasil, a da Universidade do Distrito Federal, de 1934, de pouca duração, e pela retomada do modelo, em 1962, na Universidade de Brasília.[41] Embora houvesse diferenças enormes entre Anísio Teixeira, de um lado, e Newton Sucupira e Valnir Chagas, de outro, que explicam a demissão do primeiro da reitoria da UnB, em 1964, e a exclusão do CFE, em 1968, assim como a permanência dos outros, todos eles demonstravam antigas ou recentes devoções pela educação escolar dos Estados Unidos, particularmente a instituição dos *teachers' colleges*, fonte inspiradora de nossas faculdades de Educação. Os interesses de autonomização dos pedagogos convergiram, decerto, com os de outras seções, que aspiravam transformar-se em institutos. Mas, convergiram, também, com os daqueles que, de dentro e de fora das universidades, ansiavam

---

41 A Faculdade de Educação da UnB só começou a funcionar em 1966.

A UNIVERSIDADE REFORMANDA   79

dividir as politicamente ativas faculdades de Filosofia das grandes universidades (especialmente do Rio de Janeiro, de São Paulo e de Belo Horizonte), assim como impedir que o "vírus" ideológico dos estudantes de cursos de mais tradição de mobilização, como os de Ciências Sociais, por exemplo, "contaminasse", os de menos tradição, como os de Pedagogia. A preservação da esterilidade ideológica dos estudantes de Pedagogia, assim como os de Letras e dos que buscavam a licenciatura em outras matérias, visava manter o professorado da escola de ensino médio a salvo das posições contestadoras diante do ensino e da sociedade. Pelo menos assim pensavam os estudantes. Um texto mimeografado divulgado no 1º semestre de 1968, assinado pela diretoria da UNE, procurava fundamentar a tese de que a etapa atual da luta dos estudantes contra a ditadura (que seria expressão da dominação imperialista sobre o povo brasileiro) consistia na luta contra a política educacional, especificamente contra o acordo MEC-Usaid para o ensino superior. Focalizando a questão das FFCL, dizia o texto:

> O primeiro decreto referente explicitamente à reforma universitária (decreto-lei 53/66, LAC) foi o que prescrevia o desmembramento das faculdades de filosofia em institutos centrais. Faltam ainda dados para uma interpretação mais segura dos objetivos e consequências dessa medida. À primeira vista vê-se que, no processo de transformação estrutural das universidades, visando subordiná-las às grandes empresas, o desmembramento das filosofias separaria cursos prioritários para um investimento maciço (Física, Química, etc.) dos cursos não prioritários para o 'desenvolvimento' (Ciências Sociais, História, etc.). Os recursos das empresas seriam canalizados para os cursos formadores de técnicos segundo suas necessidades e não para faculdades de filosofia do tipo antigo, inadequadas aos interesses dos monopólios. Por outro lado, observa-se, também, que, no conjunto do movimento estudantil brasileiro, as faculdades de filosofia destacam-se por sua participação política. O desmembramento atende à necessidade que tem o governo de frear o avanço político do movimento estudantil.

A ânsia autonomizadora dos pedagogos mais influentes na formulação da política educacional não levou em conta nem mesmo as sugestões que, com base no bom-senso, não viam nas existentes seções de Pedagogia das FFCLs professores qualificados em número suficiente para constituir os corpos docentes das faculdades de Educação.

A missão da Unesco que esteve no Brasil, no segundo semestre de 1968, para dar assistência técnica às faculdades de Educação tinha uma

80 LUIZ ANTÔNIO CUNHA

concepção diferente desse problema. Evitando as fórmulas mágicas de criar faculdades por decretos, a missão da Unesco recomendou a concentração de esforços na formação de professores para os ginásios, colégios e escolas normais, segundo os padrões em curso, considerando ilusória a ideia de se criarem faculdades de Educação *em meia dúzia de cidades do país*. Em contrapartida, sugeriu que se criasse *uma* faculdade de Educação modelo, onde fossem formados, rapidamente, os professores das demais, mediante cursos de pós-graduação. Seria algo como uma faculdade de Educação Interuniversitária (Galino, Lauwerys & Plancke, 1968). O contrário foi o que se deu. O modelo norte-americano, mal digerido e não adaptado à realidade brasileira, foi ao encontro do interesse imediato de certos catedráticos que divisavam a possibilidade de virem a ser diretores de faculdade, mais difícil de acontecer se mantida a estrutura altamente competitiva das FFCLs, nas quais as seções de Pedagogia não gozavam de especial prestígio: em consequência, de chegarem aos conselhos universitários como membros natos. Implantados por meros atos normativos, do CFE e das próprias universidades, as faculdades de Educação contribuíram para o isolamento dos pedagogos e outros profissionais da educação, retirando-os do convívio, ainda que muitas vezes incipiente, com os professores das demais seções (Ciências Sociais, Física, Matemática etc.). Não foram poucas as faculdades de Educação que levaram consigo (ou criaram) disciplinas próprias das demais ciências humanas (Filosofia, Psicologia, Sociologia, Economia), e até da Biologia e da Matemática Aplicada (Estatística), para comporem seus currículos, aumentando o isolamento por uma espécie de autossuficiência acadêmica que determinou, ao lado de outros fatores, o rebaixamento (ou a não melhoria) da qualidade do ensino e da pesquisa no campo educacional.

O ímpeto reformador dos dirigentes do novo regime incidiu, também, sobre questões mais superficiais, como a que dizia respeito à *denominação* das universidades federais. O nome da Universidade do Brasil suscitava ciúme em outras universidades federais que eram referidas ao estado ou à cidade onde se localizavam. Para acirrar o ciúme, as unidades da Universidade do Brasil tinham o qualificativo de *nacionais*: Faculdade *Nacional* de Medicina, Faculdade *Nacional* de Filosofia, Escola *Nacional* de Engenharia etc. Com a mudança da capital do país para Brasília, perdia-se um argumento forte para justificar o nome daquela universidade e o qualificativo de suas unidades.

Com a força que o regime autoritário lhe dava, o ministro da Educação, Suplicy de Lacerda, proveniente de uma universidade federal que não

A UNIVERSIDADE REFORMANDA 81

era do *Brasil,* mas do *Paraná,* conseguiu que o presidente da República desse apoio à padronização dos nomes das universidades, uma medida muito a gosto desses regimes. Nesse sentido, a lei 4.759, de 20 de agosto de 1965, determinou que as universidades (e as escolas técnicas) federais, vinculadas ao MEC e sediadas nas capitais dos estados, passariam todas a ser qualificadas de federais, tendo a denominação do respectivo estado. Assim, a Universidade do Brasil passaria a se chamar Universidade Federal da Guanabara. Para retirar de suas unidades o pomposo título de nacionais, havia um parágrafo especial: "As escolas e faculdades integrantes das universidades federais serão denominadas com a designação específica de sua especialidade, seguida do nome da universidade". Já as universidades federais que não se situassem em capital de estado manteriam o título de universidade federal da cidade em que tivessem sua sede.

Essa medida provocou forte reação por parte dos dirigentes da universidade visada, que, pela mudança de nome, sentiam-se em posição inferior até mesmo da iniciante Universidade Federal Fluminense, agora Universidade Federal do Rio de Janeiro.

Nova lei, 4.831, de 5 de novembro de 1965, veio "corrigir" essa tão sentida distorção. A universidade federal situada na cidade do Rio de Janeiro passava a ter este nome, e a situada em Niterói voltava a se chamar Universidade Federal Fluminense.

Embora o critério de denominação deixasse de ser uniforme, o objetivo primeiro havia sido atingido: a Universidade do Brasil passava a se chamar Universidade Federal do Rio de Janeiro, não se distinguindo, pelo nome, do plano das demais. Não sabemos se, com isso, alguém esperava tornar o padrão das demais universidades federais semelhante ao da UB/UFRJ...

A DEMANDA REPRIMIDA

A mudança do regime político em abril de 1964 não fez retroagir a crescente procura de ensino superior. Ao contrário, fê-la avançar.

O crescimento da população urbana, a industrialização e a monopolização, gerando aumento das camadas médias, em termos absolutos, a redefinição do papel da mulher como trabalhadora no âmbito extradoméstico, a elevação dos requisitos educacionais para o preenchimento dos cargos nas burocracias públicas e privadas foram processos que seguiram seu curso após o golpe. Ademais, eles se intensificaram pela política econômica adotada.

O favorecimento do latifúndio, agora modernizado pela penetração do capitalismo no campo, fez que levas de pequenos proprietários perdessem suas terras e se mudassem para a cidade. O industrialismo, baseado nas grandes empresas estatais e multinacionais, foi o elemento mais dinâmico da nova política econômica, beneficiando-se das altas taxas de acumulação de capital que a situação de monopólio propicia. Essas grandes empresas monopolistas industriais, cujo efeito se espraiou para o comércio e os serviços, utilizavam uma burocracia grande e complexa, na qual os títulos escolares desempenharam crescente função discriminatória em termos de administração e promoção dos funcionários. O Estado, por outro lado, expandia e diferenciava sua própria burocracia para abrir caminho ao processo de monopolização, e atenuar desequilíbrios regionais e setoriais resultantes desse desenvolvimento, além dos imperativos do controle autoritário, sem o que esse desenvolvimento não se faria.

Uma das dimensões desse processo foi a transferência de renda em favor dos grupos detentores do capital monopolista, no que a inflação cumpriu papel relevante. Em consequência disso, ao lado de mudanças ideológicas não desprezíveis, as famílias das camadas médias passaram a valorizar o trabalho da mulher em ocupações que não as do magistério, para os quais a escolarização em grau superior tornava-se um requisito cada vez mais necessário. Isso porque, à medida que pessoas mais escolarizadas candidatavam-se aos empregos existentes, estes tinham seus requisitos de escolaridade mínima elevados, o que, por sua vez, levava os empregados de volta à escola em busca de diplomas de grau superior para fazerem frente à competição atual ou potencial com os jovens concorrentes.

Por tudo isso, a procura pelo ensino superior, que vinha aumentando bastante desde meados da década de 1940, acelerou ainda mais seu crescimento.

Apesar de o governo "revolucionário" ignorar o ambicioso decreto de Goulart que previa a duplicação das vagas no primeiro ano das escolas superiores das áreas de saúde e tecnologia, não foi indiferente à demanda das camadas médias que tão valioso apoio político dera ao golpe de Estado. Como "recompensa" política, primeiro, e por efeito de reivindicações, depois, o MEC passou a induzir as universidades federais a aumentarem as vagas, principalmente nas grandes cidades e nos cursos de Medicina e Engenharia. Estes eram cursos de alto custo, razão por que eram oferecidos predominantemente por estabelecimentos públicos. Além do mais, a crescente procura os fazia apresentar as mais elevadas

A UNIVERSIDADE REFORMANDA 83

relações entre o número de candidatos e o de vagas. Para as escolas de medicina, o número de candidatos por vagas variou entre 6,3 e 8,3 no período 1964/68; para as de engenharia, entre 3,6 e 4,7, no mesmo período. Enquanto isso, para os demais cursos, o número de candidatos por vaga mal se aproximava de 2 (Brasil, 1970). Nas grandes cidades, era comum haver dez ou mais candidatos por vaga nos vestibulares às escolas de medicina e de engenharia.

Para quase todos os cursos havia a sempre pendente questão jurídico-política dos "excedentes". A legislação dos exames vestibulares dava margem a interpretar a aprovação – isto é, a nota igual ou superior a cinco – como dando direito à matrícula, apesar de a política de *numerus clausus* vigorar desde 1925. Sucessivas medidas do governo federal, orientadas pelos ventos da conjuntura política, davam sustentação a essa interpretação. Já em 1951, uma lei aprovada pelo Congresso Nacional autorizou as instituições particulares de ensino superior a matricular os candidatos aprovados naquele ano nos exames vestibulares às escolas oficiais, mas recusados por falta de vagas.[42]

Com base nas interpretações possibilitadas pela legislação e nos precedentes de matrículas "excedentes", alguns juízes deferiam os mandatos de segurança impetrados por grupos inteiros de candidatos aprovados, mas não matriculados por falta de vagas. As escolas ficavam, então, obrigadas a receber esses estudantes, improvisando recursos materiais e humanos. Como o problema dos excedentes se apresentava principalmente para os cursos de Medicina e Engenharia, exigentes de instalações e professores difíceis de improvisar, as soluções encontradas punham à mostra as deficiências do ensino superior, gerando insatisfações nos estudantes aprovados "de primeira" e nos "excedentes" matriculados mediante os diversos expedientes.

A matrícula de levas adicionais de "excedentes" não foi o único fator responsável pela insatisfação dos estudantes para com o ensino superior. Isso porque a política do Estado no regime pós-64 não visava beneficiar às camadas médias, de cujos extratos mais baixos saíam os "excedentes", mas ao capital monopolista. Assim, quando o governo federal precisou de recursos para modernizar sua burocracia, subsidiar o setor privado e fazer investimentos que favoreceram a acumulação de capital, não

---

42 Lei 1.392, de 11 de junho de 1951.

84 LUIZ ANTÔNIO CUNHA

hesitou em cortar as verbas das universidades e protelar a entrega de verbas constantes do orçamento.

Com mais alunos e menos recursos financeiros, as universidades federais, sobre as quais recaía boa parte da pressão dos "excedentes", viam seu ensino deteriorar-se a cada semestre. Elas estavam tecnicamente saturadas. Por outro lado, pouco adiantaram medidas paliativas que buscavam aliviar a pressão nos grandes centros.

Não eram muitos os "excedentes" que puderam preencher as vagas ociosas da recém-criada Escola de Medicina de Manaus. Nem os beneficiados pelo Acordo Cultural Brasil-Portugal, de 1966, que igualava as condições de ingresso nos cursos superiores em um país para os egressos do ensino médio de outro.

O Acordo Cultural Brasil-Portugal, promulgado aqui pelo decreto 62.646, de 3 de maio de 1966, estipulava que cada país concedesse equivalência de estudos aos nacionais que houvessem tido aproveitamento escolar em estabelecimento de ensino do outro. Especificamente, cada país concederia, para efeito de ingresso em suas universidades ou institutos isolados de ensino superior, dispensa de provas vestibulares aos nacionais de outro, desde que fossem portadores de certificados de conclusão do ensino médio e seus pedidos de matrícula fossem encaminhados por via diplomática (Brasil, 1968b).

Em 1971, o decreto 69.271, de 23 de setembro, promulgou protocolo adicional ao acordo de 1966 que fechava um pouco as possibilidades abertas anteriormente. Os respectivos ministérios da Educação ficavam encarregados de fixar o número de vagas oferecidas aos estudantes vindos de fora e selecionar os candidatos antes de encaminhar os pedidos de matrícula. É possível que essa mudança tivesse sido provocada pelas taxas de reprovação dos estudantes brasileiros: ao fim do ano letivo 1967/68, dos 200 estudantes universitários que foram para Lisboa, só 13 foram aprovados nos exames de primeira época; dos 50 que estavam no Porto, só 15 passaram.[43]

Embora o problema que mais se destacava no panorama do ensino superior brasileiro fosse o dos candidatos sem vagas, havia setores para os quais o problema era justamente o contrário: vagas sem candidatos ou,

---

43 *Diário de Notícias*. Rio de Janeiro, 19 jul. 1968, p.2. Outras fontes dão como sendo 340 o número de brasileiros que estavam em Portugal naquele ano (cf. *Jornal do Brasil*, Rio de Janeiro, 26 jan. 1968, 1º Cad., p.15).

A UNIVERSIDADE REFORMANDA 85

pelo menos, candidatos que pudessem ser aprovados nos vestibulares, pois o critério classificatório ainda não havia se generalizado. Era esse o caso dos estabelecimentos de ensino agrícola, alguns deles de grande porte.

Para articular a pretensão dessas escolas, de aumentar o número de estudantes, com a política governamental (e da Usaid) de aumentar a produção de alimentos e, ainda, com a difusa procura por ensino médio e superior da parte de jovens oriundos da zona rural, surgiu uma das mais curiosas medidas de política educacional, que veio a ser conhecida como "lei do boi" (lei 5.465, de 3 de julho de 1968).

Dizia essa lei que os estabelecimentos de ensino agrícola de ensino médio e as escolas superiores de agricultura e veterinária, mantidas pela União, destinariam, *de preferência*, a metade de suas vagas a "candidatos agricultores ou filhos destes, proprietários ou não de terras", que residissem com suas famílias na zona rural; e outros 30% das vagas aos candidatos nessas condições, mas que residissem em cidades ou vilas que não possuíssem estabelecimentos de ensino médio. Esse privilégio era estendido, sem outras condições, aos concluintes dos cursos técnicos agrícolas, o que fazia deles caminhos mais fáceis para o ensino superior, minando o esforço daqueles que buscavam manter sua finalidade específica de formar o técnico em agricultura e em veterinária.

Tão logo o conhecimento desse privilégio foi generalizado, não poucos candidatos atuais ou potenciais que visavam um diploma de curso superior, *qualquer que fosse*, passaram a buscar as escolas técnicas agrícolas ou, com vantagem imediata, atestados de residência na zona rural. Não é preciso argumentos para mostrar que os filhos dos proprietários de terra tinham maiores possibilidades de tirar vantagem dessa peculiar medida de política educacional.

Todas essas medidas foram apenas paliativas. Havia cada vez mais pretendentes recusados do que admitidos nas instituições de ensino superior. À medida que o movimento estudantil ganhava força, alimentado pela demanda reprimida e pelas condições de ensino insatisfatórias, generalizava-se a ideia de que todo o ensino superior precisava passar por uma reforma geral.

GENERAIS ORIENTAM O ENSINO

A interferência dos militares no campo educacional resumiu-se, nos dois primeiros anos que se seguiram ao golpe, a ações quase exclusiva-

86 LUIZ ANTÔNIO CUNHA

mente repressivas, voltadas principalmente para a demissão de pessoas e nomeação de outras. Mas, à medida que o movimento estudantil ressurgia, os altos escalões das Forças Armadas preparavam-se para "fazer alguma coisa para superar o problema político número um do governo".

A Universidade do Estado da Guanabara (atualmente, do Estado do Rio de Janeiro) promoveu, com a Escola do Comando e Estado Maior do Exército, um Seminário de Educação e Segurança Nacional, de 19 de outubro a 11 de novembro de 1966. Durante quase um mês, duzentas pessoas estiveram reunidas num auditório da ECME ouvindo conferências e informes, discutindo em comissões e fazendo sugestões sobre quatro temas: intercâmbio entre faculdades e as academias militares; intercâmbio de órgãos civis e militares de ensino secundário; visualização da contribuição das Forças Armadas na Educação para a Cidadania; exequibilidade de criação de um órgão nacional de coleta de dados e informações de natureza cultural. Entre os participantes estavam professores universitários, reitores de universidades, representantes de órgãos universitários e, naturalmente, militares, destacando-se representantes do Estado-Maior das Forças Armadas e do Conselho de Segurança Nacional.

A imprensa deu ampla cobertura ao acontecimento. As primeiras notícias dão conta de informes contendo diagnósticos da situação educacional do país e linhas de ação.[44]

Os relatórios que serviram ao diagnóstico do campo educacional não foram nada elogiosos para com os novos ocupantes dos poder:

> O programa inicial básico do governo previa a reforma educacional, mas houve um total fracasso no trato dos problemas deste setor. Nada foi feito de concreto no sentido de melhorar a rede educacional, em todos os níveis, a não ser seminários, conferências e diagnósticos que custam milhares de cruzeiros.

O próprio ministro da Educação foi criticado por ter assistido à destruição do Instituto Nacional de Estudos Pedagógicos, que teria sido entregue a "diretores sem credenciais, ligados aos donos de colégios particulares de São Paulo"; por ter aceito as limitações burocráticas que faziam bilhões de cruzeiros se acumularem no Banco do Brasil, "enquanto as

---

44 Militares querem orientar a educação. *Correio da Manhã*. Rio de Janeiro, 19 out. 1966, 1º Cad., p.7.

escolas primárias do interior dos estados morriam à míngua de recursos". A desnacionalização do ensino e da cultura nacionais foi outro problema abordado no seminário dos generais. Dizem eles que "organismos internacionais, centralizados em torno da Usaid, dia a dia, conseguem ampliar sua interferência nos setores básicos da educação: formação do professorado brasileiro, orientação do ensino e material didático". Estimavam eles em mais de 1.000 o número de técnicos estrangeiros, que ao lado de igual quantidade de brasileiros, empregados em instituições internacionais, estavam "infiltrados em todas as agências de educação nacionais".

No tocante ao ensino superior, os informes apresentados acusaram alguns reitores e diretores de faculdades oficiais que, por manipularem verbas enormes, passaram a "desfrutar de privilégios e situação financeira invejável". O funcionamento do ensino superior foi definido como precário, pois não havia salas de aulas adequadas, os currículos não estavam atualizados, o corpo docente não era competente nem trabalhava em tempo integral, a organização administrativa era deficiente. Além disso tudo, ainda prevalecia uma espécie de peleguismo acadêmico, que consistia na prática "de um sistema de empregos administrativos entre os parentes dos catedráticos".

A situação nacional no campo do ensino foi agravada, segundo os participantes do seminário, "com o estrangulamento da Universidade de Brasília, experiência pioneira", e a emigração de cerca de 3 mil técnicos brasileiros para o exterior. Só para os Estados Unidos teriam ido, de 1964 a 1966, cerca de 1.200.

Ao fim do diagnóstico, considerava-se justificada a movimentação estudantil, tal era julgada precária a situação do ensino e sem diretrizes o governo nesse campo.

As propostas realizadas no âmbito das comissões – nas quais predominaram os civis – tinham dois tipos de orientação. Uma era a de buscar o apoio dos militares para que as universidades pudessem desempenhar suas funções próprias. Para tanto, não deveriam ter seus recursos diminuídos, como estava acontecendo, mas, ao contrário, tê-los aumentados. Outra orientação era a de agradar aos militares, chamando-os para dentro das universidades ou para a administração do aparelho escolar. Eram coisas como a introdução da cadeira Segurança Nacional nas universidades; o desenvolvimento de tecnologia bélica pelas universidades, visando à eliminação da dependência externa para a aquisição de armamentos; a entrega da direção de órgãos de informação científica e

88 LUIZ ANTÔNIO CUNHA

técnica aos militares, pois os civis, além de "rasgarem papéis", não teriam a necessária "tenacidade"; a colaboração de militares nos conselhos do MEC, para evitar o "uso abusivo do dinheiro público"; a multiplicação das comemorações cívicas, olimpíadas universitárias e a confecção de um manual de civilidade.

Das dezenas de sugestões feitas, só tiveram sucesso, para os fins do seminário, as que buscavam desenvolver o papel da universidade na formação da "consciência nacional". O delineamento dos Estudos e Problemas Brasileiros foi feito aí, já na forma que veio, após o ato institucional 5, a tornar-se obrigatória para os currículos dos cursos superiores de graduação e pós-graduação. O embrião do Projeto Rondon desenvolveu-se, também, a partir deste seminário. Recomendava, nesse sentido, uma das comissões:

> Que seja promovida, sistemática e periodicamente, a visita de equipe de universitários brasileiros aos mais distantes pontos do território nacional – aqueles em que a missão pioneira das Forças Armadas é de alto significado – através de convênios entre as Universidades e os Ministérios Militares e Civis.[45]

Acatando essa recomendação, a Universidade do Estado da Guanabara saiu na frente das demais, criando um Grupo Piloto que promoveu a primeira excursão em julho de 1967.

Mas, à medida que se aprofundava a crise político-econômica do país e se radicalizava o movimento estudantil, os militares passaram dos seminários, onde se trocam ideias e se fazem recomendações, para a ação direta de intervenção. Deixaram de perguntar o que a universidade *podia* fazer pela segurança nacional para dizer como aquela havia se transformado num problema para esta, o qual lhes cumpria resolver. Foi o que aconteceu com a famigerada (co)missão do General Meira Matos, realizada um ano após aquele seminário.

A incapacidade do ministro da Educação, Tarso Dutra, de lidar com a constelação de crises que dilaceravam a universidade brasileira, no segundo semestre de 1967, não levou à substituição do titular do MEC, mas a uma quase intervenção.

---

45 Guerra aponta caminhos para a segurança nacional (*Correio da Manhã*, Rio de Janeiro, 8 nov. 1966, 1º Cad., p.8).

A UNIVERSIDADE REFORMANDA   89

Considerando que ao MEC competia a "gestão da política estudantil" no país, um decreto do presidente da República instituiu uma comissão especial, no ministério, para:

a) emitir parecer conclusivo sobre as reivindicações, teses e sugestões referentes às atividades estudantis; b) planejar e propor medidas que possibilitem melhor aplicação das diretrizes governamentais no setor estudantil; c) supervisionar e coordenar a execução dessas diretrizes, mediante delegação do ministro de Estado.[46]

A comissão foi composta pelo general de brigada Carlos de Meira Mattos, seu presidente, pelo professor Hélio de Souza Gomes, diretor da Faculdade de Direito da UFRJ, pelo professor Jorge Boaventura de Souza e Silva, diretor da Divisão de Educação Extraescolar do MEC, pelo promotor Afonso Carlos Agapito da Veiga e pelo coronel-aviador Waldir de Vasconcelos, secretário-geral do Conselho de Segurança Nacional.

Ao fim de três meses de intensa atividade, o Relatório Meira Mattos, como veio a ser conhecido, mostrou que a diligente comissão cobriu áreas bem maiores do que a do "setor estudantil".

A primeira coisa que chama a atenção no relatório[47] foi a tentativa de agilizar a burocracia, de modo que eliminasse razões imediatas para o movimento de estudantes e de professores. O problema das verbas concedidas, mas não liberadas, era uma das questões imediatas mais graves. Para atenuá-la, Meira Mattos foi ao ministro da Fazenda a fim de liberar as verbas referentes aos convênios firmados em 1967, ainda retidas, embora fossem destinadas às matrículas dos "excedentes". Do mesmo ministro, procurou "extrair" recursos para a compra de um prédio para a instalação da Faculdade de Letras da UFRJ e o aval ao empréstimo de um grupo de bancos norte-americanos para a conclusão das obras do Hospital de Clínicas dessa universidade. Boa parte do tempo da comissão especial foi dedicada a estudos alternativos para a reforma ou a transferência do restaurante do Calabouço[48] junto à Secretaria de Obras do Governo do

---

46 Decreto 62.024, de 29 de dezembro de 1967.

47 O relatório só foi publicado pelo *Diário Oficial da União*, de 30 de agosto de 1968 (seção I, parte I, suplemento), embora tivesse sido entregue ao ministro em 8 de abril daquele ano.

48 O prédio do antigo restaurante estudantil mantido pelo Governo na ponta do Calabouço foi demolido para dar lugar a um trevo que articulava a via expressa do

90   LUIZ ANTÔNIO CUNHA

Estado da Guanabara, à Companhia Brasileira de Alimentos e órgãos do próprio MEC. Embora a situação do movimento estudantil no Rio de Janeiro exigisse maior empenho da comissão especial para as questões imediatas dessa cidade, o Estado de Minas Gerais também foi uma área particularmente focalizada. Um dos anexos do relatório tratou da "situação disciplinar na UFMG". Com base em documentos recebidos da reitoria dessa universidade, do Serviço Nacional de Informações e do Comando da Infantaria Divisionária-4, o relatório denunciou o reitor e o diretor da Faculdade de Ciências Econômicas como omissos diante de sua responsabilidade de aplicar punições aos estudantes que teriam promovido a "extorsão de bens dos calouros, inclusive de dinheiro, e sua distribuição para entidades ilegais e subversivas". A comissão propôs que o Conselho Federal de Educação fizesse sindicância na universidade, visando, certamente, à substituição do reitor, que acabou sendo aposentado compulsoriamente com base no Ato Institucional 5. A Associação dos Professores Licenciados de Minas Gerais enviou, ao Comandante de Infantaria Divisionária-4, uma longa lista de reivindicações ao governo do estado, que chegou às mãos de Meira Mattos. Após um estudo minucioso das reivindicações, ele propôs soluções para as violações mais gritantes dos direitos dos professores licenciados, mas, no geral, sugeriu a contenção de suas reivindicações.

A cobrança de anuidades constituía um ponto de tensão em quase todas as instituições de ensino superior. Onde o movimento estudantil era mais forte, a cobrança não se fazia, ou os valores eram apenas simbólicos; onde ele era fraco, os preços chegavam ao nível do mercado. A comissão especial foi chamada também a sugerir medidas para uniformizar os procedimentos de cobrança das instituições oficiais. O valor sugerido para as anuidades de todas as faculdades deveria situar-se entre um e um terço do salário-mínimo, a ser pago no ato da matrícula. Excepcionalmente,

---

Aterro do Flamengo a outras vias públicas. Essa demolição, justificada pela pressa da obra visando à reunião dos governadores do Fundo Monetário Internacional, alimentou os protestos estudantis, reforçados pela precariedade do galpão para onde o restaurante foi transferido. Alguns anos depois, o Restaurante Central dos Estudantes foi extinto. Para os estudantes, a transferência do local original para as novas mas impróprias instalações implicou a perda de condições para o funcionamento da União Metropolitana de Estudantes, da Frente Unida dos Estudantes do Calabouço e de diversas facilidades como cursos supletivos, lavanderia, barbearia e outras.

A UNIVERSIDADE REFORMANDA 91

poderia haver pagamento em duas parcelas, e isenção para aqueles que tivessem "hipossuficiência econômica".

Outras questões imediatas, mas não menos incendiárias, foram também apresentadas à comissão especial no seu papel de bombeiro: a pretensão dos "excedentes" de 1967 de terem vagas garantidas em 1968; as dificuldades das escolas isoladas e das universidades em cumprir o ano letivo de 180 dias úteis em virtude das paralisações de aula; a cobrança incontrolada de mensalidades pelas faculdades particulares e pelos "cursinhos"; o alto preço do livro didático e as sucessivas alterações do seu conteúdo; e a lista não parava por aí.

Os problemas do controle do movimento estudantil na UFMG – mas que não eram exclusividade sua – levaram a comissão a propor ao ministro de Educação mudanças importantes na direção dos estabelecimentos de ensino superior.

No pensamento da comissão, o ensino superior brasileiro estaria passando por um verdadeiro "clima de falência de autoridade". A causa desse clima seria a Lei de Diretrizes e Bases de Educação nacional, de 1961, que instituiu autonomia administrativa e disciplinar das universidades e escolas isoladas, bem como atribuiu ao Conselho Federal de Educação poderes bastante grandes, muito superiores aos dos conselhos que o antecederam.

Para a comissão presidida pelo general Meira Mattos, os diretores de faculdades e os reitores de universidades estavam com seus deveres e responsabilidades divididos com as congregações e os conselhos universitários, respectivamente. Escolhidos pelo presidente da República dentre os nomes de uma lista tríplice elaborada por aqueles colegiados, os diretores e reitores tinham, segundo a comissão, compromissos com seus colegas que os impediam de exercer "com inteira isenção as suas altas funções". Complementarmente, várias de suas decisões administrativas e disciplinares dependiam da aprovação das congregações e dos conselhos universitários. Não bastasse essa dependência dos dirigentes diante dos colegiados e a cumplicidade entre uns e outros, o Conselho Federal de Educação não era capaz de "cuidar dos problemas educacionais como órgão centralizador", apesar dos grandes poderes que a LDB lhe conferia. Tão grandes eram esses poderes que, no pensamento da comissão, estava havendo uma "inversão da ordem hierárquica no âmbito do Executivo", pois o ministro da Educação e até mesmo o presidente da República deveriam solicitar-lhes pareceres em questões de natureza pedagógica. Como só o CFE podia promover sindicâncias nos estabelecimentos

92 LUIZ ANTÔNIO CUNHA

de ensino, quando julgasse conveniente, o presidente da República e o ministro da Educação não teriam autoridade para exigir o "fiel cumprimento das leis do ensino, inclusive em matéria disciplinar". Mesmo que as decisões do CFE dependessem de homologação do ministro, essa dependência seria "apenas teórica", pois este estava obrigado, pela própria LDB, a cumprir as decisões daquele. O ministro seria, assim, inadmissivelmente, "simples executor as decisões" do CFE. A incapacidade do conselho proviria da sua constituição heterogênea, da periodicidade de suas reuniões e da presença nele de reitores, diretores e professores do ensino superior, fazendo que "abusos de toda ordem pudessem ser cometidos pelo corpo discente e docente".

A correção desse "clima de falência da autoridade" não viria da alteração da LDB, o que seria inviável, na época, pois contaria com a oposição do Congresso Nacional. Viria, na proposta do general Meira Mattos, de dois decretos do presidente da República, cuja minuta ia anexa ao relatório, tornando os reitores de universidades federais e diretores de estabelecimentos federais isolados de ensino superior pessoalmente responsáveis pela disciplina de professores, funcionários e estudantes, retirando o papel dos conselhos universitários e das congregações, até mesmo para julgar recursos dos punidos. Recursos das decisões de diretores também caberiam aos reitores, e, destes, ao ministro da Educação. Além disso, os diretores e reitores das faculdades e universidades federais seriam escolhidos livremente pelo presidente da República entre os professores catedráticos efetivos, independentemente do mecanismo restritivo que envolvia as congregações e os conselhos universitários, "muito deles infiltrados de elementos esquerdistas e de inocentes úteis, sempre prontos a servir a outras causas que não os supremos interesses nacionais". Com essas medidas, o poder exclusivo do CFE de promover sindicâncias nas faculdades e nas universidades, e, no limite, intervir nelas, seria avocado pelo presidente da República, que poderia mudar os diretores e os reitores que não obedecessem ao "princípio de autoridade", trazendo para si o foco da lealdade deles, antes voltado para as congregações e os conselhos universitários.[49]

---

49 Esse empenho intervencionista da comissão especial revela a incapacidade do decreto-lei 228/67 de forçar os reitores e diretores de universidade a enquadrar o movimento estudantil.

A UNIVERSIDADE REFORMANDA 93

O fortalecimento do "princípio de autoridade", pelas medidas comentadas acima, seria condição, também, para se retificar, na prática, o "conceito equívoco e injustificável do que seja a liberdade de cátedra", que propiciava a certos professores fazerem, "pregações em aula, antidemocráticas e contra a moral". A comissão lembrou que a liberdade de cátedra que deveria existir é aquela que defende o professor da eventual coação de ter de ensinar as doutrinas do Estado. O relatório da comissão procurou mostrar como a Constituição e a própria LDB faziam a liberdade do professor dependente da "ordem democrática" e da aprovação de seu programa pelo conselho departamental ou órgão equivalente. Sendo assim, concluiu a comissão:

> Não há legalmente margem para a transgressão deste dever, ficando pois a liberdade de cátedra vinculada à liberdade de ensinar a matéria segundo os conhecimentos e as opiniões que o professor houver indicado no seu plano de trabalho, com a aprovação do órgão supervisor acima mecionado, constituindo *ipso facto* falta funcional, disciplinarmente punível, a utilização da cátedra para infrigir as disposições legais, no referente à ordem social e às bases democráticas.

Sendo os diretores e reitores nomeados pelo presidente da República, e pessoalmente responsáveis pela disciplina em suas faculdades e universidades, o controle sobre as aulas viria mais direto e eficaz, não dependendo de processo das congregações e dos conselhos universitários, julgados coniventes com o "conceito equívoco e injustificável do que seja liberdade de cátedra".

Mas não se a comissão especial se dedicou apenas a resolver problemas localizados em certas áreas e a sugerir a adoção de medidas repressivas. Boa parte do seu relatório voltou-se para a análise de "pontos críticos do sistema educacional que interferem direta ou indiretamente com as aspirações da juventude estudantil". Ela reconheceu a existência de fortes razões para que os estudantes sentissem frustradas suas legítimas aspirações, que eram utilizadas pelas esquerdas como álibi para agitação:

> As minorias esquerdistas que agitam movimentos estudantis brasileiros sobrevivem porque, melhor organizadas e adestradas, sabem aproveitar-se dessa inquietação e inconformismo, que são legítimos, e transformá-los, sob seu comando, em armas de reivindicações nem sempre legítimas.

Não seria fácil romper a "inércia" do sistema educacional, já que ela resultaria dos interesses de muitos.

Há preconceitos transformados em tabus. Há a conspiração de professores e alunos na defesa de privilégios particulares que resultam na ineficácia do ensino. Há os que não querem evoluir, por atraso ou por conveniência. Por outro lado, há as estruturas inadequadas, pesadas, sem organicidade, antifuncionais que favorecem a manutenção dessa improdutividade e completam o quadro da ineficácia instrumental.

Percebemos três linhas pelas quais Meira Mattos procurou tirar das "minorias esquerdistas" as razões objetivas para sua atuação no movimento estudantil.

Em primeiro lugar, como seria de esperar da formação militar dos dois membros mais influentes da comissão, deveria vir a reforma da "cadeia do comando", isto é, da estrutura do Ministério da Educação. Citando os teóricos norte-americanos da moda no campo da administração, o relatório dizia que, *em qualquer empresa*,[50] a estrutura administrativa deve "assegurar a fluição natural das ordens e diretrizes, a sua apreciação por setores especializados, a intercomunicação entre esses setores, a coordenação administrativa e técnica, e o fácil trânsito vertical de cima para baixo e de baixo para cima". Desse ponto de vista fayolista,[51] a estrutura do MEC foi definida como ilógica, conduzindo ao emperramento. Ao ministro estavam diretamente subordinados numerosos órgãos técnicos e órgãos auxiliares ou de apoio, tornando impraticável qualquer coordenação efetiva. Embora o relatório reconhecesse que o diagnóstico e a terapêutica de tal problema fossem responsabilidade de uma já existente comissão de reforma administrativa do ministério, não se privou de encaminhar a solução: a subordinação de todos os órgãos do MEC a apenas cinco gran-

---

50 Deduzimos: logo, em um ministério ou em uma universidade...!

51 Henry Fayol, oficial do exército francês, elaborou uma teoria geral que colocava a administração como operação essencial às empresas e ao Estado. Para ele, as funções de qualquer burocracia se dividem por seis operações: técnicas, comerciais, financeiras, de segurança, contábeis, administrativas. Esta, por sua vez, compreende as atividades de planejamento e organização, direção, coordenação, controle. O sucesso de qualquer burocracia depende, para Fayol, da adequação dos órgãos que desempenham aquelas operações e atividades aos objetivos gerais. Para isso, as linhas de competência/poder têm especial importância para sua teoria.

A UNIVERSIDADE REFORMANDA 95

des órgãos técnicos, estes sim diretamente subordinados ao ministro. Na mesma linha de raciocínio, propôs a extinção ou a revisão de "inúmeros órgãos inoperantes excrescentes", que duplicavam atividades, "resultando num desperdício de verbas e uma fonte injustificável de empreguismo". Denunciou, também, o grande número de divisões, setores, campanhas, serviços, fundações etc.: "é por aí que se esvai parte importante das verbas destinadas à educação".

Em segundo lugar, o relatório retomou as grandes linhas da modernização do ensino superior, de algum modo inscritas nos decretos-leis 53/66 e 252/67, já difundidas pelo relatório Atcon e já praticadas em algumas instituições de ensino. No entanto, criticou a implantação lenta e desordenada da reforma universitária, sem uma visão objetiva da necessidade de reduzir currículos, assim como, também, de diminuir a duração da formação profissional. Entre as causas de improdutividade existentes na universidade brasileira, o relatório destacou duas: "o professor ocioso e o espaço ocioso". Para eliminá-los, sugeriu a contratação dos professores pela legislação trabalhista, a proibição da acumulação de cargos pelos que fossem funcionários públicos, compensada por um significativo aumento de salários.

Contudo, a grande solução seria mesmo a adoção do regime de créditos, que permitiria o ingresso de mais uma turma por ano, e "aumentar o ritmo de trabalho de pessoal docente e articular melhor os horários no sentido do aproveitamento total dos recursos existentes (salas de aula, laboratórios etc.)". O regime seriado, vigente na época, levava a uma precária utilização das salas de aula e dos laboratórios, que ficavam vazios por muito tempo, à espera de turmas em horários espaçados, "e que mais se ajustam a interesses particulares do que os imperativos do ensino". Além do aumento do número de vagas resultante do aumento da produtividade nos estabelecimentos de ensino público existentes, seria preciso adotar-se uma "firme e nítida" política de expansão das matrículas. Até a época em que o relatório foi escrito, a Diretoria do Ensino Superior do MEC não tinha essa política, promovendo-se o aumento de vagas mais pela autorização do que pela melhoria da produtividade das já existentes. Muitas das novas instituições de ensino funcionavam apenas no turno da noite ou nos fins de semana; outras competiam no ensino da mesma especialidade, notadamente no campo da engenharia, no mesmo distrito geoeducacional. Tudo isso estaria aumentando a "ociosidade já crônica no sistema educacional".

Em terceiro lugar, finalmente, o relatório denunciou a existência de abusos que precisavam ser corrigidos. Os cursinhos estariam cobrando anuidades altíssimas dos candidatos aos exames vestibulares, que os procuravam em razão da falha das escolas de ensino médio no cumprimento de sua função preparatória. Essas escolas, quando particulares, cobravam anuidades muito altas, que eram reajustadas quando os proprietários desejassem, impedindo o acesso de muitos jovens, principalmente nas cidades do interior, onde os estabelecimentos públicos eram mais raros ou, simplesmente, não existiam. Os livros didáticos, por outro lado, eram muito caros, e mudados todos os anos, frequentemente pela conivência entre professores e editores. Para solucionar esses problemas, o MEC deveria promover, no ensino médio, a melhoria da qualidade do ensino, o controle das anuidades das escolas particulares, a edição de livros didáticos padronizados e com uma duração mínima previamente estipulada. Mas o relatório não ia apenas contra os abusos existentes no ensino médio. Dizia ele que, no ensino superior, não teria havido uma expansão da "aparelhagem de verificação do emprego dos recursos públicos" compatível com a expansão das matrículas e dos subsídios às escolas particulares, muitas delas inexistentes.

No entender da comissão, de pouco adiantaria combater os abusos se não fossem abertas novas fontes de financiamento para expansão do ensino, já que a elevação da produtividade seria insuficiente para atender à demanda crescente. Uma dessas novas fontes de recursos seria a supressão da gratuidade do ensino superior público. Outra seria a criação de um Banco Nacional de Educação, que captaria recursos privados nacionais e recursos externos para suplementar os orçamentos governamentais. Os recursos privados nacionais viriam da aplicação de parte dos impostos devidos à União por pessoas jurídicas, que receberiam incentivos para isso. O banco administraria, também, um fundo rotativo de bolsas de estudos, complementado pela rede bancária particular, que seria estimulada a financiar estudos de universitários sem recursos próprios para pagar as anuidades.

Se o relatório Meira Mattos preocupou-se, primeiramente, em definir medidas repressivas do movimento estudantil e, depois, medidas propiciadoras da expansão e da modernização do ensino superior, buscando eliminar as razões objetivas para aquele movimento, não ficou nestas providências defensivas. Ele procurou definir, também, meios e modos de tomar das esquerdas a hegemonia do movimento estudantil.

Essa era uma tarefa reconhecida como muito difícil, mais do que as outras. A principal razão dessa dificuldade seria a inexistência de "uma liderança estudantil democrática autêntica, combativa, apta a lutar por ideias próprias, por objetivos legítimos". Ao longo do relatório, os estudantes "democratas" foram definidos por oposição aos estudantes "subversivos e agitadores", "alienados a serviço de interesses políticos ou ideológicos, aos quais pretende envolver e comprometer toda a classe". O movimento legítimo dos estudantes "democratas" seria acionado pelo "desejo de estudar, progredir honestamente pelo estudo, e de alcançar os seus objetivos na sociedade brasileira". Seus anseios estariam "contidos dentro dos padrões de estudo e progresso individual, no contexto de uma sociedade democrática em constante ascensão nos campos da tecnologia, das ciências e das artes". A tendência majoritária do movimento estudantil seria esquerdista em razão, de um lado, da organização dos estudantes subversivos, do apoio dos partidos clandestinos, da convivência de certos professores e da propaganda que os grandes jornais estariam fazendo dos líderes estudantis e suas plataformas, e, por outro lado, resultaria da já referida inexistência de uma liderança "democrática" e da passividade dos estudantes não esquerdistas, os quais constituiriam a imensa maioria.

A comissão apontava o grupo Decisão, de estudantes gaúchos, como ponto de partida e modelo para a retomada da direção do movimento estudantil. Recomendava um esforço concentrado do MEC e de entidades patronais na formação de líderes por todo o país, na promoção de cursos e conferências, pois

os grupos democráticos, hoje esparsos e desarticulados, precisarão se reunir, a fim de poderem atuar coordenadamente e assim se capacitarem para uma resposta adequada e consequente anulação da minoria adestrada que se implantou no meio estudantil e o procura conduzir a rumos que não se coadunam com os verdadeiros objetivos da classe e do povo brasileiros.

O grupo Decisão, para surpresa da comissão, não aceitava a orientação do decreto-lei 228/67, que proibia a existência de qualquer entidade estudantil fora do âmbito de cada faculdade ou universidade, até mesmo os Diretórios Estaduais e o Diretório Nacional de Estudantes, previstos pela Lei Suplicy. Os estudantes gaúchos a ele vinculados diziam que, sem essas entidades, e as disputas pelo controle, o "espírito de luta dos democratas" se arrefeceria pela falta de um desafio. Diante dessa reivindicação, o relatório da comissão evidenciou seus receios.

98 LUIZ ANTÔNIO CUNHA

Não resta dúvida que as Uniões Nacionais e Estaduais estarão sempre fadadas a transformar-se em poderosos órgãos de política estudantil. Pela concentração de poder que polarizam poderão, ou representar um instrumento útil ao regime para a auscultação dos interesses legítimos do estudante, ou uma perigosa arma contra as instituições democráticas e as autoridades. Só deve o Governo restaurá-las quando tiver segurança de que não irá, com isto, favorecer aos grupos subversivos. E isto só se dará quando, pelo menos, a maioria dos DCEs e DAs estiverem em mãos de estudantes democráticos.

Esse momento nunca chegou. A evolução dos acontecimentos levou a uma situação de confronto que acabou por desembocar na luta armada. Nessa nova situação, prevaleceu a repressão, e a disputa da hegemonia no âmbito do movimento estudantil tornou-se uma questão sem sentido.

UNIVERSIDADE ENGAJADA OU UNIVERSIDADE LIBERAL

Os anos 1960 foram cheios de acirrados debates sobre o papel da universidade. Em outro trabalho (Cunha, 1983), já tivemos oportunidade de mostrar como os seminários nacionais sobre a reforma universitária, promovidos pela União Nacional dos Estudantes, antes do golpe de 1964, buscaram definir para a universidade um papel ativo na transformação da realidade brasileira. Para certas correntes, esse papel consistiria na formação da "intelectualidade revolucionária". Para outras, na expressão da "consciência histórica", consciência que levaria à ação transformadora sobre as estruturas sociais. De uma maneira ou de outra, a universidade desejada pelos estudantes só poderia ser uma universidade engajada nos problemas sociais de seu tempo.

Em oposição aos estudantes – a quem se aliavam os professores jovens e um ou outro veterano – formavam aqueles que defendiam a isenção da universidade diante dos problemas conjunturais por que passava a sociedade brasileira, e até mesmo diante dos problemas estruturais, como seriam os problemas que estavam a exigir *reformas de base*, até mesmo na própria universidade. Eram, em geral, os mais conservadores, principalmente aqueles que temiam perder os privilégios que a situação vigente lhes assegurava ou que aspiravam conseguir em suas carreiras acadêmicas. Estavam neste caso grande parte dos professores catedráticos e dos livres-docentes candidatos à cátedra. Mesmo sem interesses materiais ameaçados, também temiam o engajamento da universidade

A UNIVERSIDADE REFORMANDA   99

os professores e estudantes imbuídos de uma ideologia da conservação a todo custo da ordem existente, explícita ou implicitamente. Sobre eles recaía a crítica de que era impossível pretender uma universidade não engajada. Quisesse ou não, explicitamente, até mesmo contra suas intenções, a universidade sempre seria engajada. Impunha-se, pois, a discussão pública do caráter desse inevitável engajamento.

Contudo, o quadro definido pela divisão entre os defensores do engajamento da universidade e os da sua isenção, correlativamente à divisão entre os reformadores progressistas da sociedade e os conservadores, não deve ser visto como algo absoluto. Neste tópico, vou mostrar as situações em que tal simetria não se dava, ou melhor, que as posições se invertiam e se misturavam.

Em primeiro lugar vou focalizar o debate suscitado na Câmara dos Deputados, em maio de 1963, na Comissão de Educação e Cultura, por ocasião do depoimento do reitor da Universidade de Brasília, Darcy Ribeiro.

Finda a exposição do reitor sobre os aspectos inovadores da Universidade de Brasília, bem como sobre problemas educacionais, de modo geral, ele foi questionado pelo deputado integralista Abel Rafael, autor de um pedido de constituição de Comissão Parlamentar de Inquérito a respeito daquela instituição. Dizia o deputado, também professor de Administração, ter dois filhos estudando na universidade, meio pelo qual acompanhava o ensino nela ministrado. Concluiu ser todo o ensino, na UnB, orientado pelo marxismo, ministrado por professores muito jovens, não amadurecidos em suas ideias, selecionados mais em função de suas posições ideológicas do que de sua competência. Ilustrou isso com o ensino de Direito Constitucional, cujo professor teria especial preferência pela Constituição da União Soviética como fonte de exemplos. Dizia o deputado que de modo algum pretendia que a universidade deixasse de considerar a existência do marxismo, do comunismo e do socialismo. Mas, como "a verdade é uma só", ela deve tomar posição diante dessa doutrina – contrária, no seu entender.

> Como homem de igreja, criado na religião, e que nunca divorciou suas opiniões científicas, autodidáticas, embora, de religião, tendo uma orientação filosófica, e como tal me bato, para que toda atividade humana tenha uma orientação filosófica, mormente de ensino. A meu ver o ensino não pode ser destituído de orientação filosófica, e a filosofia para mim se

divide em dois grandes campos: o do materialismo e o do espiritualismo. Então, quando vejo a Universidade de Brasília orientada exclusivamente para o materialismo, eu me rebelo. (Abel Rafael, apud Ribeiro, 1963, p.26)

Admitia que o reitor não estivesse acompanhando as aulas dadas na universidade. Se fosse o caso, que ele mandasse gravá-las para verificar pessoalmente o caráter materialista do ensino pelo qual seria responsável. Outros deputados acompanharam Abel Rafael buscando a mudança da orientação do engajamento da Universidade de Brasília. Outros, em menor número e menos incisivos, diziam não existir a tão condenada orientação materialista, um deles testemunhando com base em sua situação de aluno especial da universidade. Outro, ainda, pela observação indireta, por meio de seus filhos-estudantes.

A réplica do reitor, entrecortada por muitos apartes, foi longa e veemente, a favor da universidade liberal, da qual vamos transcrever o trecho principal:

> Para a juventude de hoje, o Brasil se apresenta como uma pessoa que tivesse os intestinos abertos, os intestinos à mostra. Por isto, é impossível a um jovem não se comover, é impossível deixar de discutir e não é de estranhar – a meu ver é até desejável – que esse movimento se exprima na Universidade. O mal, o terrível mal, seria se eles fossem chamados à Universidade para serem tratados por um processo de proselitismo, para serem endoutrinados em tal ou qual ideologia, ou para serem conformados no espírito do deixa como está para ver como fica ... Sem agitar ideias, sem colocar em contraparte, uma face à outra, todas as ideologias, todas as doutrinas, não seria possível assumir posição em face delas e muito menos preparar esta juventude de agora – os seus filhos – para o mundo em que ele irá viver ... Devemos atentar, ainda, para este mundo novo dividido, para nosso país colocado dentro de um mundo onde ideologias, doutrinas, estão abertas, contrapostas e estão sendo discutidas. O mal seria – e este foi o mal por muito tempo – que todas as ideias que um jovem pudesse aprender, sobretudo aquelas ideias marcadas, só fossem apreendidas ou só pudessem ser discutidas nos subterrâneos, de forma que não pudessem ser criticadas em ambientes nos quais se apelasse para a emoção (menos) do que para o raciocínio. O mal seria uma Universidade que proibisse a si mesma qualquer tema. (Ribeiro, 1963, p.37-8)

Para ilustrar o caráter liberal do plano da UnB, Darcy Ribeiro não rejeitou a ideia de que um professor de Direito Constitucional usasse a

A UNIVERSIDADE REFORMANDA 101

Constituição da URSS como exemplo, até mesmo admitiu que a comparação fosse a melhor didática para essa disciplina. Mas, à acusação de que a universidade tivesse orientação materialista ou marxista, especificamente, contrapôs a existência do Instituto de Teologia Católica, confiado aos padres dominicanos, reconhecido pelo Vaticano e já em funcionamento. Como acusar de materialista, reclamava, uma universidade que possuía tal instituto, indo contra a tradição das demais universidades federais, que não tinham ensino de religião, quanto mais toda uma unidade a ela dedicada?

Embora liberal, a ideia do reitor da UnB sobre o caráter universitário não impedia que ele defendesse a existência de lealdades, raras nas instituições congêneres do país.

A primeira lealdade seria para com os padrões internacionais da ciência, e seu corolário, a autonomia universitária. Em contraposição à invectiva do deputado, dizia o reitor:

> A universidade, fiel aos padrões internacionais da ciência, está engajada numa ideologia e numa filosofia e esta é o novo humanismo. O humanismo fundado na ciência, que não considera o saber científico, em oposição natural e necessário à doutrina religiosa, que não postula que religião e ciência devem ter um muro de pedra entre si a separá-las, porque no dia em que se aproximassem, uma delas se fundiria. A timidez de certos espíritos é que conduz ao quase complexo do religioso; temeroso de se discutir a si mesmo, porque no fundo está certo de que o raciocínio científico destruiria suas certezas. Não é verdade que a ciência destrói o espírito religioso. Ciência e religião podem conviver, podem coexistir, inclusive nos mesmos espíritos. (ibidem, p.41)

E continuou a réplica o reitor, defendendo o engajamento liberal da universidade:

> A segunda lealdade a que está presa a universidade autêntica e a que se não for fiel desmerece também o nome de universidade – a que temos falhado gravemente em nosso país, também por imaturidade – é a lealdade aos problemas de seu povo e do seu tempo, ou seja, a aceitação franca de um engajamento da universidade ao destino nacional, fundado na convicção de que a pesquisa ou o ensino que se realiza na universidade não se deve fazer só com um ato de fruição. Não há enfermidade maior do espírito do que transformar a cultura num ato de erudição lúdica, de acumulação do saber como forma de fruição individual. A universidade, reunindo recursos

102   LUIZ ANTÔNIO CUNHA

materiais e técnicos, cientistas e jovens, o faz para instrumentar a Nação para o pleno desenvolvimento, para que os problemas do povo sejam os problemas da Universidade. (ibidem, p.42)

Quanto ao exame ideológico dos estudantes e dos professores, o reitor da UnB o rejeitou indignado, chegando a ameaçar o deputado de que a Comissão Parlamentar de Inquérito por ele proposta tivesse atribuições limitadas, pois, do contrário, haveria um Processo da Liberdade, um movimento nacional de defesa da liberdade acadêmica, com base na Constituição, que poderia descambar para uma inconveniente radicalização. O desfecho da crise nacional foi totalmente desfavorável à concepção da universidade liberal. As "marchas da família, com Deus, pela liberdade", logo antes e depois do golpe março-abril de 1964, mostraram que as ideias religiosas eram forças operativas a serviço da hegemonia de um bloco histórico muito mais forte do que o tímido ensaio do reformismo liberal-democrático. O golpe atingiu profundamente a Universidade de Brasília, começando por demitir seu reitor, então o liberal Anísio Teixeira; continuou com o afastamento de professores, mantendo os remanescentes sob ameaças constantes. Nas outras universidades, como vimos, o processo não foi tão drástico, mas atuou no mesmo sentido. No geral, procurou-se engajar as universidades brasileiras no esforço de modernização do capitalismo, nem que fosse apenas pela "integração empresa-escola". Manteve-se, entretanto, o discurso liberal da instituição empenhada na busca da verdade, desinteressadamente, como veremos no Relatório do Grupo de Trabalho da Reforma Universitária.

Paralelamente, o movimento estudantil se radicalizava, e a "salada ideológica" dos seminários nacionais de reforma universitária, realizados antes do golpe, iam dando lugar a concepções mais precisas e coerentes – desgraçadamente, muito mais distantes das bases universitárias do que aquelas.

A universidade crítica, reclamada por todas as correntes de esquerda do movimento estudantil, só poderia ser uma universidade engajada. Para apresentar a concepção da universidade crítica, escolhemos um texto de 1968, produzido em Minas Gerais, que nos pareceu o mais claro e articulado de todos quantos conhecemos (União Nacional dos Estudantes, 1968).

O programa político por uma universidade crítica começava por definir o movimento estudantil como força auxiliar na luta dos trabalhadores da cidade e do campo. Isso se daria quando os estudantes encaminhassem suas lutas, dentro da universidade, conforme a perspectiva dos trabalha-

A UNIVERSIDADE REFORMANDA 103

dores para a transformação da sociedade. Embora provenientes da pequena burguesia, majoritariamente, os estudantes estariam relativamente distantes de sua classe de origem, por estarem desligados do processo de produção e mesmo da família. Na universidade, entrariam em contato com o mundo da ciência, obtendo uma visão crítica da sociedade atual, percebendo como irracional o sistema econômico regido pelos lucros, ou seja, o capitalismo. Assim, os estudantes entrariam em contato com tudo o que representava o *status quo*: os pais, os professores, as autoridades universitárias, o governo e o aparelho repressivo de Estado.

Mas, apesar de terem compreendido que é a classe trabalhadora que iria liderar a luta contra o Governo, isso não significava que os estudantes devessem se *diluir* na luta dos trabalhadores – uma posição chamada de populista. A integração da luta dos estudantes com a dos trabalhadores deveria ser *política*, não *física*. A especificidade do movimento estudantil, interior à universidade, não deveria ser abandonada sem que se deixasse de referi-la à luta geral. Mesmo no âmbito da universidade, as lutas por um restaurante, pela modificação de um currículo, contra certo regime de exames, por exemplo, deveriam ser demonstradas como parte de uma luta que os estudantes empreendiam contra a universidade arcaica e a universidade empresarial, que seria o objetivo do convênio MEC-Usaid. A Política Educacional do Governo visava transformar todas as universidades em complemento das empresas capitalistas, em organismos regidos basicamente pelas necessidades imediatas e a longo prazo, das empresas.

Em resposta à universidade arcaica e à universidade empresarial, os estudantes pretendiam contrapor a universidade crítica, ao mesmo tempo bandeira de luta e alternativa concreta.

Onde o movimento estudantil fosse fraco, a universidade crítica seria apenas uma bandeira de luta, isto é, todos os projetos de reestruturação do ensino deveriam se orientar pelos princípios da universidade crítica. Com isso, os estudantes evitariam perder-se em polêmicas intermináveis e improdutivas sobre problemas técnicos e burocráticos.

Concretamente, "a universidade crítica deve ser a consciência crítica da sociedade. Por isso, ela deve empreender a crítica à sociedade tanto no nível do conteúdo do ensino, como da organização da instituição" (União Nacional dos Estudantes, 1968, p.11). Os currículos e as pesquisas deveriam ser organizados tendo em vista as necessidades do desenvolvimento da ciência, da divulgação da cultura e da formação de profissionais "em

104 LUIZ ANTÔNIO CUNHA

função dos interesses da maioria trabalhadora, e não da minoria que atualmente detém o poder". Assim pensando, os estudantes se posicionavam contra a concentração da pesquisa da universidade nas "ciências aplicadas", em detrimento das "ciências básicas", política que atribuíam ao convênio MEC-Usaid, interessado em manter os países subdesenvolvidos dependentes da tecnologia avançada vinda do exterior. Essa restrição da pesquisa à aplicação imediata deveria ser rejeitada tanto quanto o "academicismo" da universidade arcaica.

As pesquisas devem ser desenvolvidas tanto no campo das ciências puras como no das aplicadas, tanto em ciências humanas como em ciências exatas, e o único critério que as determina são os interesses gerais da sociedade, tanto os imediatos como a médio e a longo prazo. Por outro lado, a universidade crítica deve se bater para que cada estudante tenha uma formação científica completa, que lhe faça saber uma profissão, mas que o faça compreender a sociedade como um todo, e, o que é principal, permita-lhe conhecer um método científico que o capacite a acompanhar os progresso da ciência e da tecnologia. (ibidem)

Dois princípios deveriam orientar a universidade crítica. *Primeiro*, a autonomia universitária, entendida (1) como a gestão paritária, em todos os níveis de estudantes e professores, sem distinção de categoria, assegurando a participação de funcionários, em comissões formadas mediante eleições, e (2) destinação de recursos estatais para as universidades, provenientes de um percentual fixo do orçamento. *Segundo*, a democratização do ensino, significando isso que a universidade deveria adotar processos que permitissem a admissão de maior número de pessoas e a possibilidade efetiva de "elementos das classes mais pobres" entrarem e terem condições de concluir cursos superiores. Para isso seria necessário: (1) gratuidade do ensino em todos os níveis; (2) vestibulares de habilitação e não de seleção; (3) expansão dos cursos noturnos; e (4) oferta, pela universidade, de restaurante, alojamento, condução, bibliotecas, serviços médicos, etc., para "manter a vida de estudantes, também fora do curso regular".

Onde o movimento estudantil tivesse acumulado forças suficientes, deveria passar da denúncia à ação, promovendo mudanças parciais de acordo com os princípios da universidade crítica. Seria a montagem de uma universidade paralela, pela promoção de cursos extras, debates, grupos de trabalho etc., "que funcionem como uma universidade crítica não reconhecida pelas autoridades".

A UNIVERSIDADE REFORMANDA 105

Apesar de esperarem, com isso, elevar o nível político do movimento, os estudantes não tinham a esperança de que a universidade crítica pudesse existir na atual sociedade. Ao mesmo tempo, não aceitavam deixar de tentar as mudanças parciais possíveis. Como dizia o programa político na passagem seguinte:

> Se as lutas reivindicatórias parciais não são integradas dentro de uma perspectiva política maior, elas tendem a se esgotar em si mesmas. Se, por outro lado, tendo a possibilidade de conseguir certas mudanças nos recusarmos a efetivá-las por saber que a universidade que queremos é impossível na atual sociedade, estamos fazendo com que a luta reivindicatória não tenha saída, permanecendo apenas na denúncia e na 'agitação pela agitação'. Devemos pois, efetivar todas as mudanças que pudermos e que se aproximem dos princípios da universidade crítica. (ibidem, p.14)

Para Roque Maciel de Barros, a expressão da universidade crítica seria um truísmo. Perguntava ele:

> Se a universidade é tradução do todo do saber, concebido tal saber não como algo conquistado e acabado, mas sempre *in fieri*, como poderia a Universidade, sem negar-se a si própria, deixar de ser crítica? Ou, para melhor dizer, como pode a Universidade deixar de exercer uma função crítica? ... para o universitário não há doutrina sagrada, não há verdade incontestável, não há ideia que não possa ser examinada, não há sistema que não possa ser desmontado. (Barros, 1971, p.232)

Para esse professor de História e Filosofia da Educação, da Universidade de São Paulo, não era isso que os "pequenos líderes de esquerda" queriam dizer com a expressão universidade crítica. Para eles, a crítica seria sinônimo de contestação global da ordem social liberal-democrática. A universidade que pretendiam crítica não seria uma "república livre do saber" (como dizia Herder, na adaptação de Barros), mas uma espécie de partido político monoliticamente engajado na luta pela transformação das estruturas sociais vigentes. Não era essa função que Barros atribuía à universidade, do ponto de vista liberal. Ela só poderia ser crítica se todas as correntes de pensamento encontrassem abrigo na universidade. Os líderes de esquerda, ao contrário, só aceitariam *uma* crítica, a crítica marxista da ordem burguesa. E ela só poderia levar à destruição da universidade como um liberal a entende – crítica por definição. Nas suas palavras:

Se por "universidade crítica" se entender a função crítica da universidade (e este é o único sentido honesto da expressão), então os esquerdistas que a reivindicavam – e referimo-nos sempre aos líderes, nunca aos liderados – fazem o mais equívoco exercício dialético de que temos notícia, já que reivindicavam algo que, ainda que imperfeitamente, já existe no País e que deixará obrigatoriamente de existir no momento mesmo em que sua reivindicação for atendida. Em outros termos, uma "universidade crítica" só pode existir em função de uma ordem liberal. E se se usa da universidade para destruir a ordem liberal que garante a sua função crítica, o que se obtém não é, de maneira alguma, uma "universidade crítica", mas a sua negação. (ibidem, p.234)

Como se vê, Roque Maciel de Barros só temia as ameaças à universidade liberal vindo da esquerda que a queria engajada. Não apontava as ameaças da direita. Seria esse viés determinado pelo ponto de onde via a universidade brasileira, a Faculdade de Filosofia, Ciências e Letras da Universidade de São Paulo? Se visse um pouco além, não poderia deixar de constatar serem as ideias conservadoras, senão reacionárias, na sua própria especialidade acadêmica, as que mais se empenhavam pela inexistência da universidade crítica, nos moldes liberais que ele prescrevia. Os debates em torno dessa questão, na Universidade de Brasília, não devem ter passado despercebidos a esse professor, tais foram suas repercussões em todo o país.

O golpe mais forte na universidade liberal, cortando fundo sua capacidade crítica, não veio da esquerda, mas da direita. Se o golpe de 1964 não foi suficiente, nova estocada lhe foi dada, dessa vez por uma repressão sem precedentes, pelo golpe dentro do golpe que resultou no ato institucional 5, de dezembro de 1968, e seus desdobramentos e aplicações.

Isso não mudou o viés de Roque Maciel de Barros. Num ensaio escrito, provavelmente depois do acirramento da repressão, ele não deixou de tentar denunciar, justificando, a intervenção policial-militar na universidade.

Aqueles que têm por missão guardar a ordem social, contestada na Universidade, se veem obrigados a intervir. Começam por penetrar na Universidade desrespeitando-lhe a autonomia, já que ela não soube antes respeitá-la, para pedir contas do que nela se faz, do que nela se discute. Ora, esse não é um clima propício para a busca da verdade. Como se lançar na direção desta se já não se sabe quais são os caminhos proibidos e os consentidos? Porque, na situação criada, já não é coerência interna de um pensamento, a evidência de uma proposição, a consistência de uma doutrina o que importa, mas a aquiescência da autoridade que, forçada pelas circunstâncias, se viu, repentinamente, envolvida com assuntos que não eram de sua competência. E, desta forma, aos muitos elementos de crise se acrescenta outro mais. (ibidem, p.257)

Mas, feita a denúncia desse jeito, a repressão ficava absolvida e a universidade tornava-se culpada pelos males que lhe faziam passar. A vítima é que era culpabilizada pelo crime contra a autonomia universitária... A refutação do engajamento da universidade, em nome de uma posição liberal significativa, no fundo, o engajamento implícito contra tudo o que soasse como ideia da esquerda.

3

UFMG e USP: duas universidades em reforma

Antes que o fascínio do modelo estrutural da Universidade de Brasília atingisse a legislação sobre o ensino superior, ela chegou – de diversas maneiras e sob adaptações peculiares – a algumas universidades. A primeira delas foi a própria Universidade do Brasil (futura Universidade Federal do Rio de Janeiro), praticamente no mesmo momento do nascimento de sua irmã e rival.

Deixando de ser a universidade da capital do país – que se mudou do Rio de Janeiro para o planalto central –, a Universidade do Brasil já não tinha porque ser *a* universidade *do* Brasil, modelo para todas as outras, com suas unidades recebendo, ostensivamente, o título de *nacionais*. Num processo que lembra muito o da menina que ganha sua primeira – e rival – irmãzinha, a UB misturava atitudes de inveja e desprezo para com a UnB, ao mesmo tempo em que procurava se identificar com a caçula, alvo da atenção de todos.

É elucidativo o tom de ressentimento com que a criação da Universidade de Brasília foi evocada por Raymundo Moniz de Aragão, membro da comissão de reforma da UB:

> o tom polêmico com que se cercou a sua criação, apresentada a nova instituição menos como exemplo a seguir que como áspera crítica a tudo quanto antes se fizera, suscitou mais resistência que predisposição à reforma da estrutura da universidade brasileira. (Moniz de Aragão, 1968, p.9)

Mesmo assim, já em 1963, a comissão de reforma da UB apresentou ao conselho universitário diretrizes para sua reforma, nas quais aparecia claramente a estrutura dos institutos básicos ao lado das escolas ou faculdades profissionais; a divisão dos cursos de graduação em um ciclo básico, a ser ministrado nos institutos, e outro profissional, a cargo das escolas e faculdades; a estrutura departamental e o regime de matrícula por disciplina, ao invés do tradicional regime seriado de composição prefixada; finalmente, a ênfase na pós-graduação que, à época, já despontava, em sua forma moderna, na Escola Nacional de Química (Engenharia Química). Embora a Universidade do Brasil chamasse para si o modelo da Universidade de Brasília, mesmo parcial e imperfeitamente, pouco fez para reformar-se. O que seria, aliás, previsível, pois, para isso, teria de vencer a resistência, de não poucas escolas e faculdades, em ceder aos institutos (básicos) parcelas significativas dos currículos – que viriam a constituir, o ciclo básico – e, com elas, parcelas importantes de recursos humanos, materiais e financeiros. Essas resistências provinham de várias fontes: do regime de cátedras; da composição do Conselho Universitário, no qual os diretores de unidades eram membros natos; da prática da nomeação dos diretores de unidade pelo presidente da República; e, finalmente, do fato de que os diretores mais prestigiados obtinham verbas destacadas no orçamento da União, especialmente para sua unidade, passando tal consignação por cima do ministro e do reitor.

Contudo, o que a Universidade do Brasil não foi capaz de fazer, a Universidade Federal de Minas Gerais realizou, embora sem diretrizes explicitadas como naquela.

Não tendo a posição de primogênita (foi a segunda universidade que vingou no Brasil), e dotada de uma hábil e empreendedora direção, a UFMG foi adaptando sua estrutura à da Universidade de Brasília, de 1964 a 1967. Tornou-se, assim, um modelo alternativo atraente para a modernização das demais. *Primeiro*, porque tinha a estrutura brasiliense, sem que os dirigentes das demais universidades tivessem de evocar a UnB, cercada de suspeitas desde sua fundação e desmoralizada pelas sucessivas crises de caráter mais policial do que acadêmico. *Segundo*, porque permitia às outras universidades, criadas de unidades preexistentes e independentes, encontrar soluções para problemas similares, ao contrário da UnB, erigida sob um plano diretor sem antecedentes institucionais.

Assim, a UFMG tornou-se, no período 1964-1967, a "conexão mineira" da difusão do modelo estrutural da Universidade de Brasília para as outras universidades, até mesmo para a legislação federal.

Essa conexão não explicitada por Moniz Aragão, promotor dos decretos-leis 53/66 e 252/67, que determinaram a reforma das universidades federais na direção *pretendida* pela Universidade do Brasil, em 1963, mas *realizada* pela Universidade Federal de Minas Gerais, em 1964-67.

A UNIVERSIDADE REFORMANDA   111

Na sua reconstrução da história, Moniz de Aragão (1968, p.7-12) disse que, como ministro da Educação, promoveu, em 1967, a reforma acionada pelo decreto-lei 53/66 "com base nos resultados já atingidos pelos estudos realizados na Universidade do Brasil" (ibidem, p.10). No entanto, pelo menos desde abril de 1964, quando assumiu a Diretoria do Ensino Superior, Moniz de Aragão acompanhou de perto as transformações em curso na UFMG, não sendo descabido, pois, supor, que essa universidade, mais do que a sua própria, tenha sido a inspiradora maior daquele decreto.

Mas, não queremos ser demasiado severos para com essa atitude de autorreferência de quem fez toda sua carreira acadêmica na Universidade do Brasil, e dela foi reitor. Não podemos deixar de mencionar a importância que tiveram, em 1963-1964, as *diretrizes* para a reforma da UB. Tanto assim, que não descartamos a possibilidade de elas terem reforçado o modelo brasiliense quando a reforma da UFMG foi posta em marcha.

Na margem esquerda do Rio Grande as coisas se passaram mais lentamente, pelo menos no plano institucional.

Apesar de a Universidade de São Paulo ter conhecimento das transformações por que passava o ensino superior no Brasil, sua estrutura permanecia inabalada. Seus professores, parcela significativa da Sociedade Brasileira Para o Progresso da Ciência, participaram ativamente dos debates sobre a universidade que se pretendia criar em Brasília, além de vários deles terem se transferido para lá logo no início. Outros participavam da luta contra o regime de cátedras, símbolo do arcaísmo do ensino superior brasileiro. Um bom exemplo é o de Maurício Rocha e Silva, que, como membro do Conselho Federal de Educação, redigiu pareceres antológicos contra o regime de cátedras, tendo, também, criado o Instituto de Biologia da Universidade de Brasília.

Talvez o movimento tardio pela reforma na USP se devesse à coesão do seu corpo docente em torno das tradições cultivadas em seu meio acadêmico, reforçada pelo manifesto de seus professores contra a modernização das universidades brasileiras segundo o modelo norte--americano, pregada pelo próprio embaixador dos Estados Unidos.[1]

Se o modelo brasiliense chegou às universidades federais pelo decreto-lei 53/66, passando pela "conexão mineira", essa medida jurídico--política acabou servindo de catalisadora dos anseios de reforma da Universidade de São Paulo.

---

1 Voltaremos a essa questão no próximo capítulo.

Mas na USP o processo não foi assim linear. Brotando de um dinamismo próprio, formaram-se, em 1968, comissões paritárias de professores e estudantes para a reforma da universidade, que chegaram a projetos um tanto distintos dos elaborados pela comissão constituída no âmbito da administração superior.

Neste capítulo, vamos apresentar a reforma da UFMG, no período 1964-67, e os projetos de reforma da USP, em 1968, o da administração superior e os das comissões paritárias.

UFMG: INTERVENÇÃO E COMPOSIÇÃO

As mudanças da Universidade Federal de Minas Gerais, tendo em vista a modernização, tiveram o apoio dos setores dirigentes da própria instituição, do governo estadual e, paradoxalmente, contaram com a involuntária contribuição dos setores mais conservadores.

Em fevereiro de 1964, a menos de um mês, portanto, do golpe de Estado, assumiu a reitoria da UFMG Aluísio Pimenta, professor-catedrático de Química, com uma base de sustentação muito rara no conjunto do ensino superior brasileiro. Tirando a Universidade de Brasília, talvez fosse o único caso de reitor naquela época apoiado pelas esquerdas. Ligado ao Partido Trabalhista Brasileiro, assim como à Ação Católica Brasileira – hegemônica no movimento estudantil pela atuação da Juventude Universitária Católica e da Ação Popular –, Aluísio Pimenta tinha, pela ACB, ligações com o governo estadual, justamente de onde partiu o primeiro lance da arrancada política e militar para a deposição do presidente João Goulart. Essa situação política peculiar possibilitou um espaço de articulação que permite entender o alcance das transformações empreendidas.

A primeira grande providência da nova direção da universidade foi o convite ao chefe da Casa Civil do Governo Federal, o mineiro, ex-aluno da universidade e professor da Universidade do Brasil, Darcy Ribeiro, para que proferisse a aula inaugural do ano letivo de 1964. Isso motivou reação do comando da IV Região Militar, sediada em Belo Horizonte, assim como dos setores mais conservadores da universidade, que se sentiam ameaçados pelas ostensivas declarações de Darcy Ribeiro, como ministro da Educação, contra o regime de cátedras. Os militares, particularmente, preocupavam-se com a dificuldade de repetir-se, no âmbito da universidade, a mobilização popular contra a presença, em Belo Horizonte, do deputado Leonel Brizola, em um comício pelas *reformas de base* marcado para fins de fevereiro, finalmente cancelado.

Os catedráticos mais conservadores e o comandante da IV RM, general Carlos Luís Guedes, convidado a assistir à aula inaugural, tiveram de ouvir as críticas de Darcy Ribeiro ao arcaísmo da universidade em meio ao apoio ostensivo dos professores mais jovens e dos estudantes. Vitorioso o golpe de Estado, o general Guedes, como conta em seu livro de memórias, procurou, sem sucesso, incluir o nome do reitor Aluísio Pimenta nas listas de cassação de direitos políticos. Ele atribuiu o insucesso ao próprio presidente-general Castello Branco. Optou, então, pela intervenção direta. Com o poder que o cargo de comandante da IV RM lhe dava, o general Guedes interveio na Faculdade de Filosofia e, a 9 de julho de 1964, depôs o reitor, nomeando interventor na UFMG o coronel Expedito Orsi Pimenta, professor do Colégio Militar de Belo Horizonte.

A reação a esse ato de intervenção "revolucionária" não se fez esperar. Desde setores do governo estadual até a esquerda do movimento estudantil se uniram em defesa do mandato do reitor. *O Estado de Minas*, principal jornal da capital, reclamou o fim da intervenção em várias matérias.

Vale a pena fazer aqui uma digressão para tratar da importância que tem a consciência da autonomia universitária entre professores (principalmente), como condição da existência mesma dessa universidade. Um professor da UFMG, entrevistado, disse que sua universidade teve, depois do golpe, reitores que defenderam a integridade da instituição, resistindo ao máximo ao controle crescente do Ministério da Educação. Mesmo quando as listas para a escolha dos reitores foram aumentadas de três para seis nomes (após a lei 5.540/68), o Conselho Universitário teria sempre encontrado uma maneira de levar o governo federal a fazer escolhas convenientes para a universidade. Nas suas palavras, "não podíamos deixar que o Governo Federal cometesse o erro de indicar um mau reitor; por isso, listas sêxtuplas eram sempre de gente comprometida com a qualidade e a autonomia da UFMG". É claro que, para tanto, não basta que a universidade tenha muitos professores interessados na qualidade e na autonomia universitárias: é preciso que sua direção superior seja politicamente capaz – e interessada – em transformá-los (e só a eles) em candidatos a reitor. Um confronto elucidativo pode ser feito com a Universidade de São Paulo, que, mesmo contando com o maior estoque de professores qualificados de todo o país, não apresentou o mesmo resultado, muito pelo contrário, forneceu quadros para o Ministério da Justiça de sanha repressora, como Luiz Antonio da Gama e Silva e Alfredo Buzaid.

Voltando à cena mineira, a mobilização pelo fim da intervenção na UFMG passou do plano estadual para o federal. Na memória do general

114   LUIZ ANTÔNIO CUNHA

Guedes, a ordem para isso partira do próprio general Castello Branco (Guedes, 1979, p.275-6).

A indignação contra a intervenção fez que Aluísio Pimenta reassumisse a reitoria a 13 de julho de 1964, com uma base de sustentação *dentro* da universidade ainda maior do que tinha à época da posse. Nas suas palavras:

> por um desses paradoxos do destino, as condições para um amplo projeto de reformulação de suas estruturas tinham sido dadas, contraditoriamente, por aqueles que tentaram enfraquecê-la, acuá-la e finalmente dobrá-la. A autoridade do reitor estava reafirmada, muitos professores, funcionários e alunos estabeleceram entre si os laços energéticos que se solidificam na dificuldade enfrentada em comum. (Pimenta, 1984, p.41)

Pôde, então, desenvolver uma profunda reforma da UFMG.

Sua primeira investida visou ao reforço do poder da administração superior, para o que tinha de retirar atribuições que as unidades queriam para si. Essa era uma difícil tarefa, pois o mesmo ânimo autonomista que levou os diretores de faculdades a se oporem à intervenção militar levava-os, contrariamente, a se oporem à perda de parcelas do seu poder, em proveito da reitoria.

O exame, ainda que rápido, das resoluções do Conselho Universitário permite a constatação da progressiva transferência de poder das unidades para a reitoria, bem como a alteração da estrutura da universidade na direção do modelo brasiliense. Destacaremos aqui as decisões do Conselho Universitário que nos parecem mais ilustrativas desse processo.

Em fins de 1964, o Conselho Universitário atribuiu à reitoria competência para elaborar o projeto da proposta de orçamento geral da UFMG para 1965 (resolução 2/64). Os dados fornecidos pelas unidades universitárias deveriam ser ajustados com as dotações do orçamento da União e submetido – o projeto – à discussão e aprovação do Conselho. Com base nessa delegação, o reitor conseguiu a transferência de recursos dos orçamentos das faculdades para a reitoria: 10% dos recursos das unidades para as despesas gerais da administração superior e 5% para um fundo de pesquisa. Na mesma linha, foi criado no início de 1966 (resolução 3/66) o Conselho de Pesquisa e, logo depois (resolução 9/66), a Comissão Central de Planejamento da Universidade. Dando sequência à centralização administrativo-financeira, no fim desse ano (resolução 16/66), foi instituída pelo Conselho Universitário, junto à assessoria técnico-contábil da reitoria, uma coordenação de controle da execução dos convênios e acordos entre a UFMG e suas unidades com entidades nacionais e estrangeiras. No início do ano seguinte, as anuidades cobradas dos estudantes foram unificadas e seu recolhimento centralizado na reitoria, que também decidia sobre as isenções de pagamento, através de uma das fundações instituídas pela universidade.

A Biblioteca Central foi criada em 1966, bem como uma divisão, junto à reitoria, para orientar, coordenar e racionalizar os serviços das diversas bibliotecas da universidade (resolução 7/66). No mesmo ano, o Conselho Universitário decidiu estabelecer um modelo único para os diplomas expedidos pelos diversos cursos da universidade (resolução 13/66).

O Conselho Universitário promoveu a integração universitária também pela via da unificação dos exames vestibulares. Decidiu (resolução 8/66 e 8-A/66) que, a partir de 1967, seria realizado vestibular único para ingresso nos cursos da área biológica: medicina, veterinária, farmácia e bioquímica, odontologia, ciências naturais e psicologia (os dois últimos da Faculdade de Filosofia). Posteriormente (resolução 12/67), a Faculdade de Medicina, por decisão de sua congregação, decidiu realizar seu próprio exame vestibular, *no mesmo dia e hora do já não tão unificado*, com a finalidade óbvia de manter o controle do processo de seleção de seus candidatos, bem como sua candidatura exclusiva. Paradoxalmente, mantinha-se o mesmo programa para os dois exames. A unificação dos vestibulares da Faculdade de Filosofia (resolução 15/66) foi posterior à da área biológica, prevendo-se a realização de um só exame para os cursos de ciências sociais, geografia, história e jornalismo, aos quais se juntaram, posteriormente, o de biblioteconomia e o de psicologia, este desligado da área biológica, onde tinha sido inicialmente colocado.

Esses exames vestibulares foram implementados por uma Comissão Coordenadora dos Concursos de Habilitação,[2] criada em 1966, que, não satisfeita com as unificações parciais, sugeriu ao Conselho Universitário a realização, em 1968, de um vestibular único para toda a UFMG. O Conselho julgou não haver possibilidade prática para sua realização naquele ano, mas avançou nessa direção, determinando que "depois do atendimento dos candidatos em sua inscrição, se ainda houver vagas, os restantes poderão ser atendidos segundo a ordem de classificação geral feita no grupo." (resolução 10/67)

---

2 Estamos cientes das diferenças entre os termos exame e concurso, as quais comentamos no cap.5.

O aumento do poder material da reitoria foi propiciando novas arremetidas, agora contra a estrutura da universidade fragmentada, apoiada no regime de cátedras.

Aluísio Pimenta em visita a universidades norte-americanas, antes de sua escolha para reitor, tomou conhecimento da fonte inspiradora da modernização do ensino superior brasileiro, e, na volta, da sua versão nacional mais avançada, a recém-criada Universidade de Brasília, cujo nascimento acompanhou de perto. Esta foi, então, tomada como modelo orientador da reforma da UFMG. A estrutura da UnB, surgindo como solução para reunir os recursos materiais e docentes da universidade, enfraquecendo o regime de cátedras, foi experimentada pelo reitor como ideal para evitar as duplicações tão comuns. Ele próprio era duas vezes catedrático de Química – na Faculdade de Farmácia e na Faculdade de Filosofia. Vivenciava, assim, mais facilmente do que outros, a possibilidade (e o imperativo) de se reunirem as cátedras dispersas em departamentos, e estes em institutos ou faculdades, que prestariam serviços de ensino para toda a universidade, somando os laboratórios, as bibliotecas, os técnicos e os professores disponíveis, evitando duplicações e, em consequência, podendo aumentar o suprimento ou melhorar a qualidade do trabalho realizado.

Na busca da transformação da UFMG seguindo o modelo brasiliense, Aluísio Pimenta conseguiu do Conselho Universitário autorização para efetuar estudos visando à implantação de "possíveis institutos centrais", conforme previa o Estatuto da Universidade, de 1963 (de Matemática, de Física, de Química, de Ciências Biológicas, de Ciências Geológicas, e de Direito Público e Ciência Política).[3] Realizar o possível foi uma questão de política prática.

Um *Relatório-Diagnóstico*, contendo abundantes e convincentes dados estatísticos, foi elaborado pelos assessores da reitoria, de modo que evidenciasse a magnitude das duplicações, e, em consequência, diminuísse as resistências das unidades (Universidade Federal de Minas Gerais, 1966).

A construção do câmpus da universidade, na Pampulha, facilitava esse intento aglutinador pela própria dinâmica da mudança física. À medida que uma "área de conhecimento" tornava-se adepta da ideia da "eliminação da duplicação de meios para fins idênticos ou equivalentes" – para

---

3 Esse elenco de institutos centrais foi, posteriormente, alterado.

usar a expressão do decreto vindouro –, a reitoria promovia a organização de um instituto central, segundo o padrão da Universidade de Brasília, e o transferia para as novas instalações do câmpus, inequívoco sinal de ganho de prestígio.

Já no início de 1966, o Conselho Universitário criou, por proposta do reitor (resolução 4/66), o Centro de Coordenação dos Institutos Centrais, tendo como objetivo principal promover a compatibilização das disciplinas básicas, particularmente no tocante aos horários e programas. Por essa época, já se encontravam em fase de instalação os institutos centrais de Matemática, de Física, de Química e, em projeto, os de Ciências Biológicas e de Ciências Geológicas (depois Geociências). O referido Centro de Coordenação dos Institutos Centrais recebeu, também, o encargo de promover estudos para a implantação dos institutos centrais de Filosofia, de Letras, e dos departamentos ainda não estruturados do Instituto Central de Ciências Humanas, entre os quais se incluía, provavelmente, o Departamento de Ciência Política, que funcionava com normas provisórias desde o fim do ano anterior.

No início de 1967, a exemplo do que ocorrera um ano antes, o Conselho Universitário criou o Centro de Coordenação de Faculdades e Escolas, com posição simétrica, na estrutura da universidade, ao Centro de Coordenação dos Institutos Centrais.

A doutrina da reestruturação da UFMG foi divulgada por um texto apresentado por Aluísio Pimenta, escrito por dois jovens professores de Filosofia, membros de sua equipe, José Henrique dos Santos (reitor no período 1983/86) e Hugo Amaral (Universidade Federal de Minas Gerais, 1967).

A influência sobre o *Plano de Reforma* das ideias culturalistas de Henrique de Lima Vaz, professor de Filosofia na universidade, não pode deixar de ser destacada (Vaz, 1966). Estão presentes no Plano suas análises sobre a tendência da cultura de instituir o reino do universal; a universidade expressando a consciência histórica de uma época; a necessidade da incorporação da ciência moderna, nascida fora e contra o saber universitário oficial; e o caráter problemático da unidade mesma de intenção que preside à constituição da universidade como um todo orgânico.

Essas análises podem ter concorrido – ou então elas encontraram afinidade – com o intento de combater a fragmentação das escolas, justapostas e estanques, mediante a criação dos institutos centrais. Para contrabalançar a fragmentação da Faculdade de Filosofia (Ciências e Letras),

118 LUIZ ANTÔNIO CUNHA

assimilável à ideia da Faculdade de Cultura proposta por Ortega y Gasset, evocada por Henrique Vaz, o *Plano de Reforma* projetava a criação de um Instituto de Filosofia, justificada por seus autores por duas razões:

> Primeiro, porque julgamos difícil conceber a própria ideia de integração universitária sem um instituto que resuma em si mesmo a própria ideia de integração. Através da Filosofia é que, propriamente falando, pode a ideia de universidade tornar-se consciente e manter-se em constante revisão crítica. Por outro lado, não seria possível torná-la dependente deste ou daquele instituto, uma vez que, por sua própria essência, os elementos imediatos da reflexão filosófica se enraízam, de igual maneira, em todas as áreas do saber. (Universidade Federal de Minas Gerais, 1967, p.34-5)

Ainda que não explícito no livro do filósofo mineiro, é bem possível ter sua influência se exercido, também, no ardor hegeliano dos autores do *Plano de Reforma*, seus discípulos, para quem é nos professores e estudantes que "a ideia de universidade se realiza e chega à plena consciência de si" (ibidem, p.51).

Os autores procuraram reunir ideias nas quais se reconhecessem os diversos segmentos da universidade: desde os estudantes, empenhados em "revolucionar" a instituição, até os professores catedráticos que almejavam manter o saber e os ritos do passado. Vejamos como os autores enfrentaram esse difícil problema.

Já na definição da universidade, os dois lados estavam presentes:

> Ela (a universidade, LAC) mantém e comunica a cultura, cria e transforma o saber socialmente acumulado; transmite a ciência feita e incita à criação da ciência por fazer. Se a transmissão de cultura a faz tradicional, a criação de novas formas de saber a torna, por outro lado, inovadora. O velho e o novo nela se encontram e mutuamente se completam. (ibidem, p.7)

O texto não desconheceu a existência de conflitos, mas "mineiramente" defendeu a conciliação:

> O peso da tradição aniquila, às vezes, todo esforço no sentido de uma melhoria, no sentido do progresso. Também pode ocorrer o contrário, quando a novidade, só por ser inédita, é aceita sem crítica, e ameaça destruir o próprio solo em que se enraízam os valores mais autênticos da tradição. Dir-se-ia: a sociedade deseja renovar-se, deseja vencer-se a si mesma, aspira a tomar consciência de si. A universidade é onde a comunidade pode

refletir suas contradições, mas, ao mesmo tempo, a *vontade de conciliação que há no fundo de toda contradição*. (ibidem, p.10, grifo nosso)

Em outras palavras, a universidade é liberal "por inspiração e intenção".

Se a conciliação interna era tão enfaticamente buscada, o *Plano de Reforma* não transigiu quanto aos conflitos externos, isto é, as interferências policiais-militares. A UFMG era especialmente visada pelos órgãos repressores em razão do apoio dado pela União Estadual dos Estudantes ao XXVIII Congresso da UNE, realizado clandestinamente nos porões de um convento. Mais ainda, com a recusa sistemática do reitor e do diretor da Faculdade de Ciências Econômicas – das mais ativas, em termos do movimento estudantil – em submeterem as entidades discentes aos limites da legislação. Por essa razão, a UFMG foi a única universidade distinguida pelo Relatório Meira Mattos com um anexo a ela especialmente destinada. Mesmo estando Aluísio Pimenta em fim de mandato quando tal comissão se instalou, ela reuniu alentado material fornecido pelo comando da Infantaria Divisionária 4, da agência local do Serviço Nacional de Informações e da Assessoria de Segurança e Informações da própria universidade, de modo que servisse de argumento à proposta de intervenção,

> tal a gravidade dos fatos ocorridos assim como a confusão [sic] de que são possuídos, a respeito do conceito disciplinar, o Sr. Reitor e o Sr. Diretor da Faculdade de Ciências Econômicas. Pelo relato verifica-se que as referidas autoridades permaneceram inativas perante os fatos, procurando justificar posteriormente essa atitude de omissão, com críticas à legislação pertinente.[4]

Não é descabido pensar que no dossiê montado pela comissão presidida pelo General Meira Mattos estivesse o *Plano de Reforma* da UFMG. Se não todo ele, pelo menos cópia da passagem onde se defendeu a participação ativa da universidade no processo de emancipação nacional, não só pelo desenvolvimento tecnológico e material, como também pelo aprimoramento dos valores, das instituições, das formas de vida, da cultura, enfim. E isso só poderia ser feito por meio da educação livre e independente de interesses particulares, o que só a universidade poderia promover,

---

4 *Diário Oficial da União*, 13 ago. 1968, Seção I, Parte I, Suplemento, p.29-30.

120   LUIZ ANTÔNIO CUNHA

na medida em que constituiria, ao contrário das demais instituições, "a vitória do geral sobre o particular". Num trecho em que a coragem se liga à clareza e à concisão, os autores do *Plano de Reforma* batem à esquerda e à direita, embora fique claro que, no contexto, esta última era a inimiga principal de sua concepção de universidade. Vamos transcrevê-lo, ainda que longo, em homenagem ao seu conteúdo:

A universidade deve estar aberta ao povo, expressar os interesses da comunidade e não as vontades particulares. Por isso, não tolera os radicalismos, os compromissos ideológicos e políticos. Outras instituições expressarão também interesses gerais, como, por exemplo, o Estado moderno; todavia, enquanto o Estado, ao tornar-se totalitário e ideologicamente particularista, ainda continua a preencher certas funções de caráter geral, a sobrevivência da universidade está necessariamente associada ao exercício da liberdade. A falta de liberdade não sobrepõe apenas vontades particulares a interesses gerais, mas obsta também às mais altas exigências da razão. Quando são tolhidas a livre procura, a expressão e a comunicação da verdade, perverte-se a própria ideia de universidade. O saber é, por si, algo geral, que não se prende a este ou àquele grupo determinado. Não é monopólio ou privilégio de ninguém, de nenhuma classe, de nenhum partido: é universal. Ora, à universidade cumpre defender e proteger este saber contra o abuso das vontades particulares, que nele veem apenas um instrumento de poder ou de prestígio. A universalidade do saber não deve consistir apenas em algo abstrato, porque não sendo possessão de ninguém em particular, é possessão de todos. A universidade é a consciência da comunidade. Nela as aspirações comunitárias tomam consciência de si, descobrem sua vocação para a liberdade e a independência. Chega a ser ameaçada como instituição toda vez que pressões externas e interesses estranhos a submetem a fins particulares; por isso, não pode estar ligada a ideologias ou a compromissos que lhe empobrecem a missão. Entre os valores fundamentais da universidade está sua autonomia e ela traz consigo a liberdade de pesquisa e de cátedra, a ausência de qualquer tutela de ordem ideológica que venha a estreitar o horizonte do aluno, do professor, do pesquisador, e, ainda, a mutilar sua faculdade de assimilação, de transmissão, de criação da cultura. Autonomia que é essencial, pois decorre da própria natureza da universidade como órgão criador e transmissor da cultura. A cultura é livre por definição, ao menos se pretende ser autêntica. E esta liberdade tem como condição inarredável a autonomia e a independência dos órgãos em que reside. Eis porque não devemos, não podemos transigir se, em algum momento, uma ameaça qualquer se configura contra esta autonomia e, por decorrência lógica, contra a liberdade cultural. (Universidade Federal de Minas Gerais, 1967, p.8-11)

A UNIVERSIDADE REFORMANDA   121

Passando à análise da organização da UFMG, o *Plano de Reforma* não hesitou em chamá-la de tradicional, traço que seria comum às demais instituições latino-americanas de ensino superior. Os traços desse tradicionalismo seriam os seguintes:

o desenvolvimento das áreas de conhecimento desligadas totalmente de uma técnica complementar que permita sua aplicação, a teoria predominando sobre a prática, chegando mesmo a subestimá-la, preocupação louvável, mas tornada decorativa, de estar a par das últimas novidades, sem que se esteja apta a exercitar por si mesma o conhecimento e a razão; o apego à erudição, às citações em língua estranha, ao pensamento estrangeiro; a imitação em vez da criação; o apreço ao trabalho intelectual fácil e instantaneamente reconhecido; a busca de um diploma como elemento decisivo a conferir prestígio e a possibilitar o exercício de funções socialmente valorizadas; a transformação do saber aprendido por limitados grupos em um conhecimento esotérico, o que conduz, correlativamente, à criação de uma original estratificação dos grupos sociais; a implantação de um modelo de organização de ensino – principalmente o universitário – no qual as unidades de ensino se isolam, se rivalizam e não raro se hostilizam. (ibidem, p.12)

Não podendo, obviamente, atuar sobre todos esses males, a curto prazo, o *Plano de Reforma* voltou-se contra o modelo de organização que chamou de multiversitário, em oposição ao universitário, seu objetivo. O modelo vigente consistiria na "simples justaposição de escolas", "sem qualquer ligação real entre si", tendo como finalidade única e dominante ministrar o ensino profissional, "cada unidade por si". Em oposição, "quer-se hoje instaurar uma verdadeira universidade. Propõe-se um modelo institucional que articule funcionalmente, através das modernas técnicas de organização, a tríade por excelência definidora das funções de uma atualizada universidade: ensino, pesquisa, extensão" (ibidem, p.16).

Para isso, as disciplinas consideradas básicas deveriam ser separadas das disciplinas da parte propriamente profissional do currículo. As primeiras constituiriam, como na experiência pioneira da Universidade de Brasília, os institutos centrais; as demais integrariam as escolas e faculdades profissionais.

A dimensão econômica era predominante na reforma empreendida:

A integração de todas as disciplinas básicas existentes na universidade – com a consequente centralização de laboratórios, de equipamentos e de pessoal – permitirá realocar os recursos disponíveis dando maior rentabilidade aos investimentos. Esperamos que esta reorganização, em si refratária aos fenômenos de ociosidade que ainda se verificam na maior parte das instalações da UFMG, contribua para corrigi-las, injetando-lhes um mínimo de dinamismo indispensável para o melhor aproveitamento de recursos. (ibidem, p.27)

A preocupação com a economia não se limitou à criação dos institutos centrais. As disciplinas básicas dos Institutos Centrais de Física, de Química e de Matemática, os primeiros a entrarem em funcionamento nas instalações próprias na cidade universitária, deveriam ser ministradas num mesmo pavilhão, enquanto as demais atividades dos cursos de graduação e de pós-graduação, bem como a pesquisa avançada, seriam desenvolvidas em prédios específicos.

Vale a pena transcrever as razões aventadas para essa reunião das disciplinas básicas dos institutos centrais em um mesmo pavilhão:

1º) Economia. As cadeiras básicas são as que têm maior número de alunos. A construção de salas de aula e de laboratórios de ensino para tão grande número de alunos seria onerosa se tivesse que ser realizada em cada um dos institutos. Além disso, se construídas, tais salas seriam aproveitadas apenas em tempo parcial, persistindo assim um dos principais vícios da atual situação: o desaproveitamento relativo de instalações e de equipamentos.

2º) Deslocamento dos estudantes. Com a integração curricular seria difícil aos alunos deslocar-se de um prédio para outro em horários imediatamente consecutivos. Com a construção de um edifício único para os cursos básicos, a dificuldade fica eliminada porque apenas os professores terão de locomover-se dos edifícios dos institutos para o pavilhão de aulas.

3º) Contato de alunos que se encaminharão para diferentes cursos, o que virá contribuir, sem dúvida, para um maior enriquecimento do espírito universitário.

4º) A movimentação de inúmeros estudantes nos prédios destinados à pesquisa perturbaria os estudos ali realizados, sem maior proveito para os estudantes dos cursos propedêuticos. O contato entre o pesquisador e os estudantes mais adiantados (cursos não básicos) é, na verdade, fundamental; mas, sendo estes em menor número, não haverá inconveniente em que utilizem as instalações e os laboratórios mais avançados. Os demais estudantes frequentarão apenas os laboratórios de ensino do pavilhão central. (ibidem, p.31-2)

A UNIVERSIDADE REFORMANDA   123

O *Plano de Reforma* listou os seguintes institutos:

- Instituto Central de Física;
- Instituto Central de Química;
- Instituto Central de Matemática;
- Instituto Central de Ciências Biológicas;
- Instituto Central de Geociências;
- Instituto Central de Ciências Humanas;
- Instituto Central de Letras;
- Instituto Central de Filosofia.

O *Plano* previa a existência de um Centro Coordenador dos Institutos Centrais, para "estabelecer condições para o funcionamento integrado de todos os cursos, tendo em vista que, se isolados, os institutos faltariam à sua própria razão de ser" (ibidem, p.30). Além disso, procurou-se centralizar tudo o que constituísse entrave ao "trabalho normal" dos institutos, permitindo-lhes dedicar-se exclusivamente ao ensino e à pesquisa.

As faculdades previstas pelo *Plano de Reforma*, além das existentes em 1966, compreendiam a Faculdade de Educação, a Faculdade de Artes Visuais, a Faculdade de Biblioteconomia e a Faculdade de Comunicação. A exemplo do que fora projetado para os institutos centrais, passaria a existir um Centro de Coordenação das Faculdades e Escolas, com atribuições análogas. Ademais, previu-se a possibilidade de criação de subcentros para o setor biológico (Medicina, Farmácia, Odontologia, Veterinária) e o setor tecnológico.

A estruturação da UFMG em institutos centrais e faculdades seguiu muito de perto o plano original da Universidade de Brasília, com a exceção do destaque dado à Filosofia. Enquanto a UnB destinava-lhe a essa disciplina um departamento de um instituto central, na UFMG, ela seria objeto de todo um instituto.

O *Plano de Reforma* traz frequentes referências ao decreto-lei 53/66, que abriu caminho para muitas das mudanças efetuadas, particularmente a fragmentação das faculdades de Filosofia, Ciências e Letras, e a diretriz de eliminar a duplicação de meios para fins idênticos ou equivalentes. Mas a modéstia mineira não foi capaz de dissimular o fato de a UFMG ter saído na dianteira da reforma acionada pelo MEC. Disse o reitor pelo texto do *Plano*:

> Não nos faltou em momento algum a colaboração ativa e sempre presente do Conselho Universitário, que soube interpretar com generosidade

e oportunidade as aspirações de renovação que todos nós sentíamos. A colaboração do Conselho não se limitou à simples aceitação e aprovação dos projetos que lhe enviávamos; *para dizer a verdade, ele foi capaz de pressentir e mesmo de intuir o sentido da reforma que, pouco depois, o próprio governo do País incorporou à sua política universitária, através do Decreto-lei 53, de 18/11/66.* Com efeito, no Estatuto da Universidade, elaborado por comissão de professores da universidade indicada pelo mesmo Conselho em 1963, já se estabelecia a criação de alguns dos Institutos Centrais, reconhecendo-se então, claramente, a necessidade de se dar maior flexibilidade à estrutura da UFMG. (ibidem, p.25-6, grifo nosso)

Mais do que pressentimento e intuição, a direção da UFMG teria (pelo juízo que fizeram pessoas entrevistadas) definido o sentido da reforma expressa naquele decreto-lei, continuado pelo de 252/67, culminando na lei 5.540/68.

Todavia, o *Plano de Reforma* da UFMG não chegou a ser implantado na forma prevista.

O estatuto de novembro de 1968, vigente após o término do mandato de Aluísio Pimenta, modificou bastante o projeto original. Mantiveram-se os institutos centrais de Ciências Biológicas e de Geociências. Os de Matemática, de Física e de Química foram fundidos num Instituto de Ciências Exatas, todos perdendo a denominação *central*. O Instituto Central de Filosofia e o de Ciências Humanas deram lugar, ou melhor, retornaram à condição de Faculdade de Filosofia e Ciências Humanas. O Instituto Central de Letras virou Faculdade de Letras. As faculdades permaneceram de acordo com o quadro preexistente, mantendo-se a denominação tradicional de Escola de Belas Artes para a que viria a se constituir em Faculdade de Artes Visuais. A projetada Faculdade de Educação encontrou lugar no novo estatuto, o mesmo não acontecendo com a Faculdade de Comunicação.

Em vez de coordenações dos institutos centrais e das faculdades, o estatuto de 1968 instituiu uma Secretaria de Coordenação Administrativa, à qual se ligavam as coordenações de grupos de unidades: do setor saúde, do setor tecnológico, do setor de ciências humanas e do setor de letras e artes.

USP: O RELATÓRIO FERRI E AS COMISSÕES PARITÁRIAS

O ano de 1968 foi especialmente fértil na geração de comissões visando à reforma da universidade brasileira. A mais conhecida foi, sem

A UNIVERSIDADE REFORMANDA 125

dúvida, o Grupo de Trabalho organizado no plano federal, de onde saiu um anteprojeto que resultou na lei da reforma universitária, de novembro desse ano.

Na Universidade de São Paulo houve, basicamente, uma comissão organizada no âmbito do Conselho Universitário, em fins de 1966, e uma série delas, no âmbito dos cursos e das unidades, que reuniram professores e estudantes em partes iguais: as comissões paritárias. Neste item, vamos analisar a comissão do Conselho Universitário e seu produto – o Relatório Ferri – e as comissões paritárias, mais seu processo do que propriamente seu produto, por razões apresentadas mais adiante.

*

Em novembro de 1966, à época da promulgação, portanto, do decreto-lei 53 dirigido às universidades federais, a Universidade de São Paulo (estadual) organizou uma comissão de reestruturação, no âmbito de seu Conselho Universitário.[5]

O primeiro material de trabalho com que a comissão contou foi um texto elaborado por Simão Matias, professor da FFCL, datado de 2 de janeiro de 1967, que reconheceu o mérito daquele decreto de induzir o nascimento da comissão de reestruturação.[6]

Matias declarou-se, de pronto, partidário da universidade como uma instituição homogênea, integrada, e não fragmentada. Partidário, portanto, do modelo do decreto-lei 53/66 (que ele promoveu a "lei" federal) e da Universidade de Brasília. Mas, dizia ele, o princípio integrador estivera presente no projeto dos criadores da Universidade de São Paulo, em 1934, e persistiria no espírito dos professores da FFCL, embora não em sua prática.

---

5 Seu presidente foi, de início, Erwin Theodor Rosenthal, diretor da Faculdade de Filosofia, Ciências e Letras. Após a posse do presidente da República Costa e Silva, em março de 1967, tendo o reitor Luiz Antonio da Gama e Silva sido feito ministro da Justiça, assumiu a reitoria o vice Mário Guimarães Ferri, desde então presidente dessa comissão. É possível que a composição da comissão tivesse sofrido outras alterações; pelo menos o nome de Rosenthal deixou de constar, desde então, como membro dela.

6 Um historiador da Universidade de São Paulo fez questão de registrar que a comissão começou seus trabalhos a 10 de novembro, oito dias antes, portanto, da promulgação do decreto-lei federal. Pretendia, com isso, atenuar a influência deste nos trabalhos daquela comissão (Antunha, 1974, p.208).

126   LUIZ ANTÔNIO CUNHA

A Faculdade de Filosofia, Ciências e Letras, que deveria absorver os cursos básicos das demais escolas, entrosando os currículos, criando o espírito de investigação e influindo sobre as instituições existentes, num processo amplo e profundo de integração, permaneceu essencialmente como as outras, fechada em si mesma, adquirindo, até certo ponto, uma função análoga de escola destinada à formação profissional de elementos para o magistério. É este, aliás, o espírito que presidiu à criação posterior das demais Faculdades de Filosofia, Ciências e Letras no país. No âmbito isolado da Faculdade de Filosofia, Ciências e Letras (da USP, LAC), mercê do impulso inicial, desenvolveu-se em vários setores o espírito de investigação científica e humanística, a despeito de uma estrutura antiuniversitária, de compartimentos estanques. O mesmo isolamento das escolas profissionais refletiu-se nesta Faculdade, onde o entrosamento entre os cursos e os departamentos é ainda relativamente escasso.[7]

Matias já não acreditava na possibilidade de integração do trabalho de ensino e de pesquisa no interior da FFCL. Menos ainda, na integração dessa faculdade com as demais, pois ele sentia existir um clima pouco propício à "reunião dos setores semelhantes, nos campos fundamentais do conhecimento com os departamentos da FFCL". A única solução por ele vislumbrada era a criação de departamentos e institutos que, atingindo indistintamente *todas* as escolas e faculdades, reunissem os setores afins, então dispersos pelas diversas unidades. Além do mais, propôs o enfraquecimento das unidades em proveito do conjunto da universidade, representada pela administração central. Assim, os exames vestibulares não seriam prestados para tal ou qual faculdade, mas seriam unificados para toda a universidade, visando a um curso básico. Seria a universidade que matricularia e orientaria os estudantes, coordenaria os currículos e conferiria graus e diplomas. Os currículos deveriam ser bastante flexíveis, adotando-se a matrícula por disciplina.

A proteção da universidade diante das interferências da "máquina administrativa do Estado" foi outro ponto abordado por Matias, que viu na Fundação de Amparo à Pesquisa do Estado de São Paulo (Fapesp) exemplo a ser seguido. Por isso, propôs que a USP deixasse de ser uma autarquia para se transformar em fundação.

---

7 Simão Matias, p.2 do texto anexo à Circular 12, de 10 de fevereiro de 1967, do presidente da Comissão de Reestruturação.

A UNIVERSIDADE REFORMANDA   127

Outras sugestões foram, provavelmente, apresentadas à comissão de reestruturação. Infelizmente, não tivemos acesso a elas, razão por que passamos a comentar diretamente o relatório final da comissão. Antes de abordá-lo, quero dizer que a proposta de Matias, do regime jurídico de fundação para a Universidade de São Paulo, proposta assumida e divulgada pela comissão, trouxe para esta uma grande carga de hostilidade. Isso porque o regime de fundação estava sendo definido, pelo movimento estudantil, em todo o Brasil, como a institucionalização do ensino pago nas universidades públicas. Se nas demais unidades da Federação os estudantes temiam perder uma situação conquistada de fato, mas não de direito, no estado de São Paulo tinham mais razão para isso, pois sua Constituição (de 1947) garantia o ensino público gratuito em *todos* os *níveis*. Com a mudança do regime jurídico, não tinham dúvidas de que o ensino voltaria a ser pago na USP.

A hostilidade sofrida pela comissão fez que, de um lado, ela se isolasse; de outro, que apenas poucas dezenas de pessoas comparecessem às reuniões públicas por ela convocadas para a discussão de certas questões. Daí à acusação do caráter secreto (além de moroso) dos trabalhos da comissão foi um passo bem pequeno.

Em 26 de junho de 1968, portanto 18 meses após ter iniciado seus trabalhos, a comissão de reestruturação apresentou seu relatório.[8]

O *Memorial sobre a Reestruturação da Universidade de São Paulo*, como se intitulava o relatório, começava com uma longa introdução sobre o conceito de universidade, onde é evidente a forte contribuição do relator, Roque Spencer Maciel de Barros, autor de importante tese sobre o ensino superior brasileiro (Barros, 1959).

Na perspectiva liberal proclamada por Barros, o *Memorial* defendeu a existência de lugar na universidade para

toda a ciência, todo o conhecimento, todas as letras e todas as artes, articuladas segundo um princípio diretor e orientadas por uma filosofia que, em

---

8 Assinaram o relatório Mário Guimarães Ferri (presidente), Roque Spencer Maciel de Barros (relator), Adalberto Mendes dos Santos, Carlos da Silva Lacaz, Erasmo Garcia Mendes, Eurípedes Malavolta, Guilherme Osvaldo Arbens, Luís de Freitas Bueno, Paulo Carvalho Ferreira e Tharcísio Damy de Souza Santos, com voto contrário deste último. Carlos da Silva Lacaz e Guilherme Osvaldo Arbens aprovaram o relatório com ressalvas. O texto do relatório foi publicado na íntegra em Barros (1971, p.271-305).

nosso entender, há de reconhecer como seus postulados essenciais o respeito pela dignidade moral do homem, a valorização da liberdade humana e o amor da verdade, acima das paixões e dos sectarismos. (Barros, 1971, p.275)

Essa plataforma coincidia com a de Fernando de Azevedo, inspirador de Barros, particularmente nas conferências que o fundador da USP proferiu nos anos 1935-37, quando o processo de radicalização se acelerou (Azevedo, 1946).[9]

O filósofo alemão Karl Jaspers (1959) foi reiteradamente evocado pelo *Memorial* em apoio a suas teses, trazendo-se, por seu intermédio, até mesmo as mais antigas posições de Ortega y Gasset (1946). Foi esse o caso da advertência para a ameaça que a "barbarização" podia apresentar para o "reino de espírito", roubando ao homem "a dignidade da condição humana".[10] De Jaspers é transcrito um trecho em que ele diz que "a universidade é um estabelecimento com objetivos reais que, entretanto, se alcançam em um impulso de elevação do espírito que transcende a toda a realidade, para retomar a ela com mais clareza, segurança e imperturbabilidade" (Barros, 1971, p.276).

O idealismo da concepção da universidade atingiu sua forma mais acabada quando ela foi apresentada como detentora de um "poder espiritual", na atribuição de Ortega y Gasset, devendo exercer, como diria um idealista alemão, a "magistratura do espírito".[11]

Liberalismo e idealismo se associaram ao individualismo na concepção que se propôs à USP: a Comissão manifestou seu pessimismo diante dos efeitos automáticos da reestruturação da USP já que, "em

---

9 Para uma análise do pensamento desse autor sobre o ensino superior, ver Cunha (1986, cap.V).

10 Tanto Jaspers quanto Ortega y Gasset foram evocados pelo Relatório do Grupo de Trabalho da Reforma Universitária, no âmbito federal, constituído duas semanas após a dissolução da comissão da USP, GT do qual Roque S. Maciel de Barros veio a fazer parte.

11 Em *A ilustração brasileira e a ideia de universidade*, Barros (1959) fez um interessante inventário das influências dos pensadores alemães sobre a universidade – Schelling, Fichte, Schleiermacher, Humboldt e Hegel – nos brasileiros que abordaram o tema em fins do século XIX. Essas influências chegaram até nós diretamente ou pela palavra dos franceses que iam buscar do outro lado do Reno o modelo para a reforma universitária, particularmente Renan e Schützemberger. Pelo jeito, esse "germanismo pedagógico" acabou por arrebatar também o relator do *Memorial*.

última instância, são muito mais os homens que produzem as estruturas do que estas o fazem em relação a eles" (ibidem, p.278). Por outro lado, a Comissão adotou uma concepção totalista do conhecimento, tratando o saber como um *todo* que deveria ser dividido em uns tantos grandes campos fundamentais, aos quais correspondiam as unidades universitárias (ibidem, p.277). Ainda aqui, a Comissão seguiu a inspiração de Jaspers, que tem do conhecimento a ideia de um *cosmo*. Para ele, a verdadeira existência da universidade repousaria sobre a unicidade e a totalidade de conhecimento. Mas, sem se preocupar com o princípio da coerência, num texto de tamanha importância, o *Memorial* em outra passagem, já dizia ser a unidade do saber não um *pressuposto* mas um *alvo fundamental* da universidade (ibidem, p.282).

O capítulo sobre a autonomia universitária era o mais curto de todo o *Memorial*. Mesmo assim, foi suficiente para nele caber a louvação à autonomia didática, administrativa e financeira – que já estaria "consagrada" pela Lei de Diretrizes e Bases da Educação Nacional –, condição necessária para a universidade desempenhar o papel de "um 'poder espiritual' laico".[12]

Na questão da autonomia, a Comissão abandonou a inspiração de Jaspers, que enfatizava muito o papel do Poder Público em proteger a universidade das interferências externas, até mesmo as do próprio Estado. Isso se explica pelas diferentes conjunturas políticas vividas pelo filósofo alemão – a reconstrução da tradição liberal em 1946-47, após a derrota do nazismo – e seus apressados leitores brasileiros, que ajudavam a montagem da ditadura militar, em tudo contrária àquela tradição universitária.

A Comissão reconhecia ter pensado, a princípio, ser o regime jurídico de fundação o que dilataria os horizontes da autonomia universitária. No entanto, após consultas a juristas, concluiu que isso não aconteceria, sendo, então, a autarquia o estatuto jurídico mais adequado à USP.

No que dizia respeito à reestruturação propriamente dita, a comissão optou por não mexer com as unidades da USP localizadas fora da cidade de São Paulo, reservando-lhes o papel de futuros câmpus. Já as da capital deveriam ser transferidas para a Cidade Universitária Armando Salles de Oliveira, em construção. Mas nem todas as unidades da universidade estariam sujeitas à transferência, pois a comissão dizia que "uma ou

---

12 É preciso destacar ter sido o *Memorial* um dos poucos textos (senão o único) do período que tratava a universidade, explicitamente, como instituição laica.

130 LUIZ ANTÔNIO CUNHA

outra" lucraria mais com sua atual localização. Seria, portanto, uma reestruturação parcial, pelo menos no tocante à contiguidade das unidades na cidade universitária.

A reestruturação consistiria, basicamente, em acabar com a existência das faculdades ou escolas, com "perspectivas autárquicas" reunidas por laços federados muito fracos, voltadas praticamente só para a formação profissional. A formação de profissionais deveria ser uma decorrência, não o princípio, da estrutura da universidade. A divisão do "todo do saber", para fins de ensino e investigação, resultaria em unidades denominadas institutos, recusando a comissão a "solução híbrida, muito em moda", que destinava os institutos ao campo do saber teórico e as faculdades à formação profissional. Numa alusão à estrutura da Universidade de Brasília, recusada pelos membros da comissão, o *Memorial* dizia que a necessária interligação entre o conhecimento básico e o aplicado, entre a teoria e a prática, entre a ciência e a técnica, não justificava a distinção das unidades universitárias, em dois tipos, institutos e faculdades. Seriam todos, portanto, institutos, recusando-se a denominação faculdade para marcar a rejeição da situação presente que se pretendia reformular.

Salvo a fragmentação da Faculdade de Filosofia, Ciências e Letras em nove dos 17 institutos, a divisão do "todo do saber" nas unidades universitárias não apresentava grandes novidades.[13] Seriam elas:

- Instituto de Agronomia e Veterinária;
- Instituto de Arquitetura e Urbanismo;
- Instituto de Artes e Comunicações;
- Instituto de Biologia;
- Instituto de Ciências Humanas;
- Instituto de Ciências Jurídicas;
- Instituto de Ciências Médicas;
- Instituto de Economia e Administração;
- Instituto de Educação;

---

13 Essa fragmentação da Faculdade de Filosofia, Ciências e Letras horrorizaria Fernando de Azevedo, que, em 1952, redigiu um "Manifesto ao Povo e ao Governo" (*O Estado de S. Paulo*, 29 maio 1952, p.7), assinado pelos demais sobreviventes da comissão organizadora da nascente Universidade de São Paulo. O manifesto investiu contra a concepção, subjacente ao plano arquitetônico da Cidade Universitária, que previa a localização em prédios distintos e distantes de seções da FFCL, justamente aquela que, na concepção original, deveria ser o "coração da universidade".

- Instituto de Engenharia;
- Instituto de Filosofia;
- Instituto de Física;
- Instituto de Geologia;
- Instituto de Letras;
- Instituto de Matemática;
- Instituto de Química;
- Instituto de Tecnologia.

Os institutos então existentes, que não se enquadrassem na nova estruturação, seriam transformados em *centros,* dependentes de mais de um instituto.

Os novos institutos se comporiam, por sua vez, de unidades indivisíveis – os departamentos –, desaparecendo a cátedra, para o que o *Memorial* evocava a legislação federal e os pareceres do CFE.

Como os reformadores da UFMG tentaram fazer, a Filosofia ganharia a dignidade de um instituto, ao contrário do que a Universidade de Brasília tinha feito, contendo-a em um departamento do Instituto Central de Ciências Humanas. O que diferenciava a nova estruturação da antiga, além da extinção das cátedras, do regime departamental e da fragmentação da FFCL, era a proposta de *interligação,* também chamada *integração* dos institutos. Na linha do decreto-lei federal 53/66, a vantagem maior seria evitar as "duplicações e triplicações de serviços", pois os institutos, "concentrando racionalmente os equipamentos", deles tirariam o "rendimento máximo". No entanto, o *Memorial* admitiu uma exceção para as duplicações (ou triplicações): os livros. Recomendou a organização, além de uma biblioteca central, de bibliotecas departamentais tão completas quanto possível. A biblioteca central seria mais um fichário geral e depósito de duplicatas e obras raras ou de pouco uso.

Na "universidade integrada", os institutos e respectivos departamentos fixariam o elenco de disciplinas a serem oferecidas, mas a definição dos currículos seria atribuição de uma Câmara Curricular, composta de representantes dos institutos e dos estudantes. As matrículas seriam feitas por disciplina, contribuindo para eliminar, praticamente, o problema dos "excedentes" dentro da universidade, "já que a flexibilidade, as diversas formas de combinação de disciplinas, etc. deverão dar uma elasticidade muito grande aos cursos" (Barros, 1971, p.292).

A comissão admitiu que o regime de matrícula por disciplina propiciaria a muitos estudantes obterem um "certificado de estudos universitários", de um semestre, de um ano ou de dois anos, que seria útil para as profissões intermediárias às de nível médio e superior. Mas, ao contrário das propostas que se faziam no plano federal, o *Memorial* não recomendou a criação de *cursos* de curta duração. Assim, parece-me que propunha ser esse certificado uma espécie de atestado de curso superior interrompido, isto é, não concluído.

Os currículos dos diversos cursos da universidade seriam integrados por disciplinas chamadas *básicas,* listadas pelos institutos e departamentos, distintos das disciplinas *especializadas,* que deveriam integrar um número menor de currículos. A Câmara Curricular, ao estabelecer os "modelos seriados ideais" dos diversos currículos, deveria fazer que o primeiro ou os dois primeiros anos se constituíssem de disciplinas básicas. Mas, nessa questão, o *Memorial* se afastava das propostas tayloristas tão em voga no plano federal, recusando-se a simplesmente juntar os alunos de diversos cursos nas salas superlotadas das disciplinas do curso ou ciclo básico. Isso porque a comissão dizia que as disciplinas básicas deveriam ser ministradas em *níveis diferentes, conforme os cursos cujos currículos integrassem.* Nas suas palavras:

> Uma coisa, por exemplo, é a disciplina Biologia Geral a ser ministrada especificamente para as áreas médico-biológicas ou de bioquímica e a mesma disciplina ministrada como parte de outros currículos ligados a outras áreas, seja em caráter obrigatório ou optativo. E o que vale para a Biologia vale para a Matemática, para a História da Filosofia, para a Psicologia e para qualquer outra disciplina "básica". (ibidem, p.294)

A pretendida integração dos institutos levou a comissão a propor mudança substancial nos exames vestibulares. Eles deveriam deixar de ser prestados para cada unidade, passando a ser realizados ao nível da universidade. Além do mais, eles deveriam verificar a "formação secundária geral" dos candidatos, e não seu "adestramento para ultrapassar com êxito provas excessivamente especializadas". Assim fazendo, não só a universidade receberia alunos mais bem selecionados como também o ensino médio seria levado a mudar, deixando de orientar seu ensino diretamente para tal ou qual exame vestibular. Os próprios cursinhos perderiam razão de ser, tendo que se transformar "em boas escolas médias, integradas ao sistema de ensino", se quisessem sobreviver. Num período de transição de cinco anos, haveria dois exames vestibulares, um do "tipo clássico", voltado para a formação humanística e outro voltado para a formação

A UNIVERSIDADE REFORMANDA   133

científica (não "clássica"). Depois desse período de transição, o vestibular seria um só, comportando uma dúzia de disciplinas: Português, Inglês, Francês, Matemática, Geografia, Conhecimentos Artísticos, Cultura Brasileira, Física, Química, História Natural, História, Filosofia. Seria realizado em uma só etapa, não havendo ponderação para as diversas provas. A apuração se faria pelos resultados globais, sendo considerados habilitados os candidatos cujas notas permitissem o preenchimento das vagas existentes. Os demais seriam declarados inabilitados, retirando-se deles, assim, qualquer chance de obter ganho de causa em pendência judiciária, mesmo que suas notas fossem, no conjunto, elevadas. Ao contrário da tendência que se definia no plano federal, a comissão recomendou que as provas fossem escritas e discursivas (eliminando-se as provas orais, portanto), mas admitiu a existência de provas práticas, como acontecia, por exemplo, com a Física e a Química para o vestibular de Medicina.

A carreira docente na USP deveria ser mais aberta, na linha das tendências que se definiam no plano federal. Extintas as cátedras, a progressão na carreira dependeria apenas dos méritos do docente, podendo haver, num mesmo departamento, mais de um docente no nível mais elevado. Além disso, a carreira deveria ser única, eliminando-se a duplicidade, então existente, que separava os professores dos pesquisadores. "O que pode ser feito, no interior dos departamentos e institutos é um rodízio do seu pessoal docente, nas atividades de ensino e de pesquisa, em função de programas elaborados anualmente. A carreira universitária, contudo, deve ser sempre única" (ibidem, p.296). Contudo, a política federal voltada para o pessoal docente não era aceita sem restrições. A própria Constituição de 1967 foi criticada, por determinar a existência de concurso público de provas e títulos para os cargos iniciais e finais de carreira do magistério. Assim, não se poderiam indicar pessoas de mérito reconhecido para esses cargos: "tal processo elimina em grande parte a questão da *confiança* que os membros de um departamento devem ter no que se inicia, como elimina também a possibilidade de convidar-se um grande nome para preencher um cargo situado no topo da carreira" (ibidem, p.297). Na proposta apresentada no *Memorial*, a carreira docente teria, na USP, cinco níveis:[14] *instrutor*, preenchida mediante concurso de títulos

---

14 Ou quatro níveis, se entendermos o instrutor como uma espécie de docente estagiário. A propósito, esse nível é o único que não tinha a denominação professor, pela utilização, nesse caso, da nomenclatura da Universidade de Brasília.

e provas; *professor-assistente*, para doutores, automaticamente promovidos; *professor-associado*, para livres-docentes que fossem aprovados em concurso de títulos realizado no âmbito dos departamentos; finalmente, *professor*, ocupado por professor-associado ou por "especialistas de alta competência", aprovado em concurso de títulos e provas.

Essa difícil (e certamente longa) escalada na carreira do magistério estava perfeitamente articulada com a estrutura de poder intrauniversitário, tendo em vista a sobrerrepresentação dos níveis mais elevados.

Para o *Memorial*, o conselho do departamento seria constituído de membros natos (todos os professores, professores-associados e livres-docentes, ainda que professores-assistentes) e membros representantes (dos professores-assistentes-doutores, dos instrutores, dos colaboradores e dos estudantes), sendo o número destes não superior ao daqueles. O diretor do departamento seria eleito pelos membros natos, devendo ser um deles. Essa estrutura de conselho (membros natos com número igual ou maior de membros representantes) se reproduziria no conselho dos institutos e na câmara dos institutos. Os diretores destes seriam escolhidos pelo reitor dentre os constantes de lista tríplice de nomes eleitos pelos respectivos conselhos, devendo ser sempre membro nato, como o chefe de departamento. O conselho pleno da universidade seria constituído pelos diretores dos institutos, pelos diretores dos câmpus do interior, pelos diretores das faculdades remanescentes e pelos representantes das categorias docentes e dos estudantes. Esse conselho elaboraria, por votação, uma lista tríplice, na qual o governador do estado escolheria o reitor da universidade.

Tudo somado, assim avaliou Antunha (1974, p.210):

> O *Memorial* busca uma difícil conciliação entre as formulações teóricas sobre a universidade, que atingiram o seu ponto culminante nas reflexões de pensadores alemães, entre os quais se destaca Karl Jaspers, e as tendências práticas e utilitárias dos modelos universitários norte-americanos.

Divulgado o relatório da comissão, os críticos não tardaram. Dois meses depois de conhecido o *Memorial*, Florestan Fernandes, representante da FFCL no Conselho Universitário, publicou um longo e denso artigo avaliando o Relatório Ferri (1975, cap.7), no qual identificou elementos positivos (poucos) e negativos (muitos).

Como elementos positivos, o sociólogo paulista viu no trabalho da comissão um considerável "avanço oficial" na análise e equacionamento dos problemas e das deficiências estruturais da USP; na concepção da "universidade integrada e multifuncional", indo mesmo além da experiência da Universidade de Brasília, ao optar pela estruturação em institutos, rejeitando a coexistência de institutos com faculdades; na proposta de que a USP fosse composta de diversos câmpus, na capital e no interior; na proposição de um vestibular unificado; na defesa da flexibilidade dos currículos; e na estipulação do ritmo gradual para a implantação da reforma projetada.

Os elementos negativos eram maioria no inventário de Florestan Fernandes. Vamos apresentar, em seguida, os que consideramos mais importantes para o tipo de análise que estamos desenvolvendo.

Florestan Fernandes não perdoou a parcialidade da comissão por ter admitido que certas unidades permanecessem ao largo das mudanças propostas, nem mesmo se transferindo para a Cidade Universitária. Ele identificou essas unidades como sendo as três que preexistiam à própria universidade: a Faculdade de Direito, a Faculdade de Medicina e a Escola Politécnica. Essa concessão anularia, a seu ver, os pontos positivos da reforma projetada, comprometendo-a "com a prepotência do espírito retrógrado, com interesses das profissões liberais que não são conciliáveis com a emergência e a expansão de uma universidade integrada, com a intangibilidade de estruturas de poder caducas e improdutivas, com a pseudorreforma" (Fernandes, 1975, p.181). As resistências dessas escolas superiores tradicionais à integração resultaria do interesse de seus professores em continuar a tratar o magistério como um "bico", uma atividade marginal à de seus consultórios, escritórios e empresas.

A questão da carreira do magistério e sua correlação com a estrutura de poder foi uma das mais longamente tratadas por Florestan Fernandes. Para ele, a carreira proposta só era aberta e competitiva na aparência. Ela mantinha a estrutura de poder existente e, pior ainda, instituía a "mediocridade forçada" pela burocratização dos papéis intelectuais, uma tendência que ele já observava nos departamentos da USP, nascidos antes do surgimento de mecanismos competitivos, que fossem fortemente consagrados. Misturando todos os títulos da carreira universitária europeia e norte-americana, a carreira docente da USP viria a ser mais uma corrida de obstáculos do que uma forma de organizar o pensamento inovativo e criador.

Nosso julgamento da relevância das ideias colocadas pelo nosso crítico me leva a transcrever longo trecho de seu texto.

Ao que parece, houve uma confusão básica: o pensamento de que bastaria a supressão das cátedras para corresponder aos anseios dos círculos mais jovens. Contudo, suprimir as cátedras mantendo todo o poder concentrado nas mãos de alguns professores e de certos órgãos de cúpula, que substituirão os que existem atualmente, não altera fundamentalmente os inconvenientes da presente situação. Estamos imersos na crise profunda e mesquinha que essa estrutura institucional do poder gerou, por sua inelasticidade e por sua inadequação às aspirações democráticas das gerações ascendentes e mesmo assim vemos que a maioria dos professores reluta em abandonar hábitos arraigados. Nessa esfera, são claras e irreversíveis as transformações que se impõem e sem as quais o desaparecimento puro e simples da "cátedra vitalícia" não conduzirá a nenhuma consequência profunda. Primeiro, no plano pedagógico, cumpre dissociar a condição de professor de qualquer privilégio de mando, de autoridade e de dominação. Os estudantes pretendem uma reorganização das relações com os mestres, nas situações de classe e fora delas, que pressupõe a abolição das formas anacrônicas de privilegiamento do saber, da idade e da posição na estrutura dos papéis educacionais institucionalizados socialmente. Querem, pois, eliminar a distância psicológica, cultural e social que existe entre eles e os professores, a qual impede que as relações pedagógicas e as atividades didáticas sofram qualquer processo de democratização interna. Como têm acesso fácil a muitas fontes de informação, que antes eram relativamente "fechadas", chegam ao ensino superior com maior maturidade intelectual e sentem necessidade de participar dos mecanismos existentes de decisão, repudiam com razão a relutância dos professores em modificar o estilo docente "tradicional" e em abolir as formas correspondentes de exacerbação do "poder pessoal". Segundo, no plano da produção intelectual e das relações de trabalho docente ou de pesquisa, cumpre eliminar o hipertrofiamento das faculdades de decisão, que convertem um limitado número de professores em déspotas reais ou potenciais, com poder de decisão e de influência verdadeiramente perigoso e destrutivo. Nesse plano, a rebelião dos jovens ainda aparece de modo tímido. Há razões para isso. De um lado, porque a dinâmica da "carreira universitária" vincula os talentos e as vocações em ascensão às conveniências da ordem institucional vigente. De outro, porque a USP sempre orientou, movida por uma falsa pedagogia, a educação do educador nos moldes ditados pela "formação do catedrático". Consciente ou inconscientemente, instrutores e assistentes – bem como os pretendentes dessa investidura – sempre foram recrutados, treinados e condicionados para se identificarem com esse destino pessoal, figurando-se como herdeiros presuntivos e sucessores mais ou menos certos do cabeça pensante. Esse sistema engendrou uma forte deformação da mentalidade

A UNIVERSIDADE REFORMANDA 137

intelectual média, afastando gerações sucessivas dos requisitos materiais, morais e políticos da concepção universitária do homem e da cultura e dos valores do pensamento livre em uma civilização baseada na ciência e na democracia. (ibidem, p.193-5)

Embora Florestan Fernandes apoiasse a reestruturação à base dos institutos, não aprovou a proposta da comissão. Alguns dos novos institutos seriam meras "transmutações verbais", pelas quais certas faculdades teriam direito à sobrevivência na nova ordem. Por outro lado, teria havido um esforço enciclopédico para abranger todas as áreas do saber com os institutos, resultando na atomização das unidades universitárias. Isso, por sua vez, tornaria mais difícil a esperada colaboração interdisciplinar. Perguntava o sociólogo: "não seria possível partir diretamente de critérios pedagógicos em si mesmos integrativos?" (ibidem, p.188). No encaminhamento da resposta positiva, ele exemplificou com o Instituto de Ciências Humanas, proposto pela comissão, reunindo disciplinas/departamentos como a Sociologia, a Antropologia, a Ciência Política e outras. No seu entender, deveria ser possível agrupar vários dos institutos propostos – especializados, cada qual, em ciências mais "avançadas" do que aquelas –, evitando o difícil percurso da *integração após a dispersão* que se estava reforçando e até ampliando. No mesmo sentido, não via por que não se criar um instituto de planejamento (em vez de um instituto de administração), onde se reunissem cursos de graduação e pós-graduação de planejamento rural, de planejamento urbano, de planejamento educacional, de planejamento setorial, de planejamento regional, etc.

Florestan Fernandes não poupou críticas à concepção, expressa no *Memorial,* da universidade integrada, focalizada sob o ângulo de um "idealismo pedagógico superado e provinciano". Este veria a universidade como tendo um fim em si, dona de um valor absoluto.

> Trata-se de uma alienação ridícula, pois no contexto da sociedade brasileira e da luta contra o subdesenvolvimento econômico, cultural e social, o valor intrínseco da universidade não pode ser dissociado do seu caráter instrumental e pragmático. A universidade integrada não nos interessa apenas idealmente, como um requisito educacional da unificação do saber em todas as suas formas. Ela nos interessa porque responde às exigências da educação na era da ciência e da tecnologia científica, permitindo-nos usar o ensino superior como um fator sociodinâmico de aceleração do desenvolvimento e da autonomização cultural. (ibidem, p.181-2)

138 LUIZ ANTÔNIO CUNHA

Nosso crítico concluiu seu texto com uma séria advertência, quase profética: se não se estabelecerem ligações entre a "inquietação e fermentações sociais, ao nível político" (como as que se desenvolviam no âmbito universitário) e a procura de novos tipos de "controle e de solução dos problemas educacionais, ao nível técnico", seria inevitável a instauração de um clima de agitação pela agitação, resultado da "oposição imatura e inconsequente".

Sem explicitar devidamente os atores que tinha em mente, Florestan Fernandes evocou forças situadas fora do meio docente para levar a universidade a mudanças que a comissão de professores não havia sido capaz de projetar. Nas suas palavras:

> Agora, ninguém mais poderá duvidar da legitimidade e da necessidade de uma *pressão externa*, que atue como poder precipitador, não apenas de modo fermentativo, mas coativo. Se os professores não se dispõem (porque não querem ou porque não podem) a avançar até onde devemos ir, cumpre que outros fatores do ambiente adaptem a sua capacidade de consciência e de ação educacionais ao que a sociedade brasileira, a época e o novo padrão de civilização estão exigindo do ensino superior e da universidade. (ibidem, p.176-7)

A voz do decano dos sociólogos paulistas não foi a única a se levantar contra o Relatório Ferri. As comissões paritárias, já ativas ao tempo em que o *Memorial* foi divulgado, também produziram suas críticas, sintetizadas por Maria José Garcia Werebe (1968), jovem professora da seção de Pedagogia da FFCL.

As comissões paritárias denunciavam duramente a concepção adjetivada de alienada e elitista do *Memorial*.

A concepção de universidade da Comissão de Reestruturação seria *alienada* pela adesão às ideias aprioristas de Jaspers e Ortega y Gasset a respeito do "reino do espírito", rejeitando, implicitamente, a tese, evidente para os membros das comissões paritárias, de que a universidade deve ser responsável pelo destino da própria sociedade em que está inserida.

A Comissão de Reestruturação teria, por outro lado, uma concepção *elitista* de universidade, expressa pelas modificações sugeridas nos exames vestibulares. O elenco de 12 disciplinas para os exames unificados constituiria uma barreira, que só seria vencida pelos jovens dos meios culturais privilegiados e que tivessem condições de custear seu "treinamento" nos cursinhos. O problema não resultaria do número de disciplinas, mas do fato de que parte delas não era oferecida sequer pelo curso secundário do ensino médio. As dificuldades deveriam ser, então, maiores para os candidatos oriundos de cursos profissionais (comercial, normal, industrial e agrícola). A questão das provas de conhecimento de línguas era destacada. Enquanto o *Memorial* previa exames de inglês e francês, observava-se: "Deveria a comissão saber também que as escolas médias atuais não incluem necessariamente o ensino do francês e do inglês – ou pretende que os alunos aprendam estas línguas em cursos particulares?" (Werebe, 1968, p.5). Esse argumento era estendido para todo o elenco das disciplinas objeto de exame, de modo que as comissões paritárias previam – ao contrário do *Memorial* – que os cursinhos iriam se tornar cada vez mais necessários. Vã, portanto, a esperança de que viessem a se transformar em "boas escolas médias".

A fragmentação da Faculdade de Filosofia, Ciências e Letras não foi aceita pelas comissões paritárias. Elas notavam que a maioria das faculdades existentes se transformaria cada qual em um instituto, ao passo que a FFCL seria desmembrada em nove, correspondendo quase perfeitamente aos cursos ou departamentos dessa unidade. Daí o questionamento: "Quais as intenções do projeto esfacelando completamente esta escola? Atender a exigências personalistas de alguns departamentos? Destruir a convivência científica e universitária já existente em alguns deles?" (ibidem, p.4).[15] A fragmentação da FFCL em nove institutos, aliada à flexibilidade curricular proposta pela Comissão de Reestruturação, levaria a outro problema, embora as comissões paritárias fossem partidárias do fim da rigidez dos currículos. Diziam elas que na FFCL, onde se havia instituído o regime parcelado e facultadas algumas opções curriculares, ainda que limitadas, observava-se a desorientação dos alunos, acarretando dificuldades para eles próprios e para a administração acadêmica. Na nova estrutura, esse problema iria se multiplicar, pois não estava prevista a criação de um órgão de orientação dos estudantes que os ajudasse a fazer opções racionais e os informasse sobre a realidade da vida profissional (ibidem, p.6-7).

---

15 O *Jornal da UEE* (São Paulo, agosto 1968) ia mais além na busca das razões para essa fragmentação: "Alguns professores, reacionários confessos, não escondem porque esta vontade de mexer apenas na Faculdade de Filosofia, deixando as outras como estão: a intenção seria de separar os "técnicos" de certos cursos 'agitadores e baderneiros infiltrados em outros'".

140 LUIZ ANTÔNIO CUNHA

A fusão das carreiras de professor e pesquisador não foi festejada pelas comissões paritárias, ao contrário do que fazia o *Memorial,* em consonância com a política já firmada no plano federal. Àquela época, a USP já não tinha um quadro de pesquisadores, mas só de professores. Diante disso, os estudantes e professores jovens emitiam seu julgamento:

> Não há dúvida de que todo professor deve ser um pesquisador, mas a recíproca não é verdadeira. Alguns cientistas, de valor incontestável, têm dificuldades insuperáveis como professores. Estes cientistas poderiam receber em suas equipes de pesquisa pós-graduados, mas não deveriam ter compromissos propriamente docentes. Nos mais importantes centros de pesquisa, de países avançados, esta situação existe, pois neles se encontram pesquisadores sem funções docentes. (ibidem, p.8)

O mérito como critério de promoção na carreira docente não foi reconhecido na proposta do *Memorial,* em virtude das exigências feitas em termos de número de teses e dos vários concursos. As teses teriam o inconveniente de levar o professor a desenvolver, por anos a fio, um trabalho individual, fazendo-o recusar a orientação de pós-graduandos e a não participar de equipes de pesquisa. Esse sistema retrógrado de carreira universitária já teria sido eliminado nos países mais avançados, mantendo-se apenas a tese de doutoramento.

Finalmente, a estrutura de poder proposta pelo *Memorial* foi antevista como uma oligarquia constituída pelos professores mais titulados – os representantes natos nos conselhos, dentre os quais seriam escolhidos os ocupantes dos cargos de direção, do chefe de departamento ao reitor. Os estudantes e professores jovens foram implacáveis no julgamento dessa estrutura:

> Numa universidade concebida como "reino do espírito", como "comunidade de bem-pensantes", o "poder espiritual" proposto só poderia mesmo ficar com os que possuem os graus universitários mais elevados, aceitando-se, assim, o princípio de que a autoridade deve ficar com os mais velhos, porque mais experientes e sábios. (ibidem, p.9)

Criticado por uns e defendido por outros, o *Memorial* sobre a Reestruturação da Universidade de São Paulo não prosperou. Para isso menos concorreu a força das críticas (dos críticos) do que os "atropelamentos" de suas propostas pela lei federal 5.540, de novembro de 1968, promulgada cinco meses após a conclusão daquele. Os novos estatutos da USP, baixados pelo decreto estadual 52.326, de 16 de dezembro de 1969, juntaram determinações da lei federal, como a escolha do reitor pelo governador do Estado, dentre os nomes de uma lista sêxtupla, às adaptações de estrutura das unidades, ditadas pelas negociações dos interessados. Nesse caso, destacou-se a fragmentação dos poucos institutos da área biomédica (na proposta do *Memorial*) em vários institutos e faculdades; paralelamente, a reunião dos institutos de Letras, de Filosofia e de Ciências Humanas em uma só faculdade, mantendo-se, todavia, a política de fragmentação das demais seções da antiga FFCL.

Passemos, agora, às comissões paritárias.

As comissões que se formaram na USP, no segundo semestre de 1968, reunindo professores e estudantes, em igual número, visando projetar uma nova universidade, não nasceram de um plano prefixado. Nem tiveram a mesma origem nas diversas unidades.

As comissões paritárias nasceram na Faculdade de Filosofia, Ciências e Letras, como desdobramento das discussões promovidas pelos estudantes para a mudança dos currículos de cursos tão diferentes quanto geologia e ciências sociais. Foi nesse curso que esse processo teve maior densidade e, consequentemente, nele estava a "semente" do movimento paritário.

Pelo menos desde o início de 1967, os estudantes de ciências sociais organizavam discussões a respeito da reforma do currículo, por eles julgado "academicista", "teoricista", sem apoio na realidade brasileira e carente de condições que propiciassem a formação do futuro pesquisador. No início do ano letivo de 1968, a recepção aos calouros de ciências sociais foi centrada no tema da reforma curricular. A crise resultante da não substituição de um professor, rejeitado pelos estudantes, forneceu a deixa que abriu caminho à formação da primeira comissão paritária: a recusa dos estudantes em assistir às aulas do professor recusado, mantendo-se, entretanto, reunidos para discutir o currículo. Como o movimento atingiu vulto, o Centro Acadêmico acabou por encampá-lo, embora a orientação da diretoria desprezasse as "lutas específicas" em proveito da "mobilização geral contra a ditadura".

Em maio de 1968, os estudantes já haviam ganho a simpatia dos auxiliares de ensino – nível da maioria do corpo docente – para a proposta de formação da comissão paritária de alunos e professores de ciências sociais, 23 de cada lado, eleitos em assembleia. Em junho, a comissão iniciou suas atividades e as aulas foram paralisadas até agosto, quando os estudantes abandonaram a sede da faculdade, que haviam ocupado no mês anterior.

142 LUIZ ANTÔNIO CUNHA

Durante esse período, promoveram-se cursos monográficos, voltados para temas da realidade brasileira, que procuravam antecipar aspectos das propostas que se faziam na comissão paritária, e mesmo antes da sua formação.[16] O funcionamento da comissão e dos cursos extracurriculares atraiu a atenção dos estudantes das demais seções da FFCL e de outras unidades da USP, que buscavam caminhos para iniciar ou fazer seguir suas reivindicações de reforma curricular, contando com diferentes graus de adesão dos professores auxiliares (muitos) e dos catedráticos (poucos).[17]

A divulgação do Relatório Ferri, em junho, induziu, como reação contrária, a formação de comissões paritárias em outras seções da FFCL e em outras unidades.[18] Nessa faculdade, onde a influência de estudantes e professores de Ciências Sociais se fazia sentir mais fortemente, foi organizada uma comissão, também paritária, em nível de unidade – chamada comissão geral – com representantes das comissões seccionais. Uma comissão paritária da USP foi proposta no Conselho Universitário, surpreendentemente por um professor-catedrático, mas não chegou a produzir resultados.

Assim, a comissão paritária da FFCL não foi só a primeira a se constituir, como unidade, mas também deu o tom para as demais – fazendo multiplicar a semente brotada das ciências sociais. Seu relatório apresenta, em comparação com as outras, um nível de reflexão bem mais elaborado no que diz respeito às questões específicas e gerais da reforma universitária.

Por essa razão, vou tomar o relatório final da Comissão Paritária da FFCL, datado de 15 de setembro de 1968, como a espinha dorsal de minha análise.[19]

---

16 Os temas foram os seguintes: Estado e poder no Brasil; Sociedade industrial no Brasil; Sociedade rural; Universidade e sociedade no Brasil.

17 Segundo uma entrevistada, o afluxo dos estudantes de outros cursos da universidade e de outras universidades era tamanho que foi preciso organizar um horário de visitas!

18 Em algumas delas, como na Faculdade de Medicina, por exemplo, formou-se uma Comissão Paritária para organizar fórum de debates: em outras, como na Faculdade de Odontologia, a Comissão Paritária nasceu de um Fórum de Debates, acabando por ter *status* de órgão consultivo, reconhecido pela Congregação. Na maioria das unidades, entretanto, as congregações não reconheceram as comissões nem acataram suas sugestões.

19 Participaram da Comissão Paritária (Geral) da FFCL: Sérgio de Almeida Rodrigues (ciências biológicas, coordenador); Bernardino Ribeiro de Figueiredo (Geologia,

A UNIVERSIDADE REFORMANDA 143

A universidade existente era rejeitada pelo seu papel conservador na sociedade brasileira, e pela subordinação de suas atividades e objetivos a critérios empresariais ou injunções do mercado de trabalho. A estruturação da universidade existente era feita de modo que os organismos de direção se apoiavam nas cátedras, ou em departamentos restritos, o que impediria uma decisão conjunta e democrática por parte de todos os integrantes da universidade. Externamente, a instituição universitária era vista como exposta a ingerências políticas imediatas por parte do governo, já que seus dirigentes eram escolhidos ou referendados por ele, e as verbas eram frequentemente cortadas e as dotações, morosas.

Em oposição à universidade existente, a Comissão Paritária da FFCL projetou a universidade crítica, também chamada nova, a qual, "fiel à responsabilidade de fazer progredir os conhecimentos humanos está necessariamente voltada para a crítica de si mesma e da sociedade; num país subdesenvolvido como o nosso, esta exigência é a própria condição de sua sobrevivência".

A universidade crítica deveria perseguir objetivos nada modestos. Sem prejuízos das exigências do trabalho teórico, ela deveria "conceber o desenvolvimento da ciência e da técnica como instrumentos capazes de acelerar a emergência de novas relações econômicas e sociais, referidas aos interesses da maioria do país. Reivindicar o acesso ao conhecimento por parte da maioria da população; promover o trabalho constante de

---

vice-coordenador); Antônio Cândido de Mello e Souza (Letras, relator); Luiz Carlos Menezes (Física, vice-relator); Alfredo Bosi (Letras); Benjamin de Lyra (Matemática); Douglas Teixeira Monteiro (Ciências Sociais); Elias de Rocha Barros (Psicologia); Elly Silva (Física); Etelvino José Henriques Bechara (Química); Flávio Hipólito (funcionário da administração); Francisco Jerônimo Salles Lara (Biologia); Helena Hirata (Filosofia); Ivan A. do Amaral (Geologia); José Álvaro Moysés (Ciências Sociais); José Cavalcante de Souza (Letras); José Luiz Everaldo (Letras); José Pereira de Queiroz (Geografia); Kuvio Suzuki (História); Leila Tavares de Matos (Ciências Biológicas); Ligia Batista Silva (Estudos Orientais); Maria Ângela Rua de Almeida (Matemática); Maria José Garcia Werebe (Pedagogia); Mauro de Mello Leonel Júnior (grêmio estudantil); Ney Lacerda (funcionário da administração); Pasquale Petrone (Geografia); Pedro Paulo Demartine (Pedagogia); Ruy Fausto (Filosofia); Sérgio Massaro (Química); Simão Mathias (Química); Guimarães Cechine (Geografia). Membros suplentes que participaram da elaboração do documento: Ângela Mendes de Almeida (Ciências Sociais); Arno Bridchg (Geografia); Olgierd Ligeza Stamirowski (Psicologia); Oscar A. Guelli Neto (Matemática); Pedro de Souza Moraes (Letras); Tereza Cristina de Souza (Geografia).

144 LUIZ ANTÔNIO CUNHA

desmistificação e de formação de uma consciência crítica, *dentro e fora dela*, eram tarefas que se somavam às primeiras. Por outro lado, a universidade crítica não poderia se esquivar de tarefas práticas, como a criação de uma tecnologia própria e a formação de profissionais (chamados de quadros indispensáveis ao desenvolvimento econômico). A articulação desta última tarefa, mais imediata, com as demais, de longo alcance, estava na fórmula que postulava a preparação de profissionais para o mercado de trabalho, mas dotados de uma formação que lhes permitisse enfrentar os problemas práticos com uma posição crítica, possibilitando-lhes "questionar as próprias condições em que hoje se faz o desenvolvimento".

Na busca de soluções que levassem à difusão do conhecimento produzido pela universidade, a Comissão Paritária defendeu o ensino gratuito em todos os níveis, rejeitando, em decorrência, a transformação do regime jurídico das instituições autárquicas para o de fundação de direito privado; defendeu a manutenção dos cursos noturnos, mesmo sabendo não ser essa a única maneira de "abrir a universidade" à maioria da população; defendeu a função dos exames vestibulares de verificarem a habilitação dos candidatos aos cursos superiores, rejeitando seu uso como mecanismo de seleção; defendeu, finalmente, que ninguém fosse excluído da universidade por motivo de limitação de vagas.

A *autogestão paritária*, em substituição à direção imposta, era defendida como condição necessária de existência da universidade nova. Professores e estudantes, representados por igual número de delgados nos diversos órgãos colegiados, assegurada a participação do pessoal técnico e administrativo, garantiriam a função crítica da universidade, como se dizia na passagem seguinte:

> A representação paritária assegura uma cogestão em bases realmente democráticas, garantindo aos estudantes, na direção da universidade, uma participação correspondente ao peso que nela têm. Não se trata de negar a existência de problemas especificamente técnicos nem a desigualdade de competências. Não se pretende em absoluto que todas as tarefas possam ser exercidas por quaisquer professores ou alunos. O que se pretende é que assembleias e colegiados paritários decidam como devem ser distribuídas as responsabilidades através das diferentes funções. Nesse sentido, a participação paritária dos estudantes não virá questionar a hierarquia real do saber; virá antes valorizá-la e protegê-la da hierarquia administrativa e burocrática, com que se pretende confundi-la, mas com a qual só se identifica na aparência.

A UNIVERSIDADE REFORMANDA   145

Respondendo, assim, às críticas que lhe eram endereçadas – e às soluções propostas –, a Comissão Paritária reconheceu a si própria, e às comissões que viessem a ser organizadas conforme esse critério, como mais competentes para pensar nos problemas da universidade e suas relações com a sociedade brasileira. Mais competentes do que as "cúpulas atuais", pois os professores que delas não faziam parte e os estudantes estariam "descomprometidos com os interesses vigentes".[20] A autonomia da universidade crítica não poderia provir somente do autogoverno. Sabiam os membros da Comissão Paritária que os recursos necessários à sua manutenção não poderiam ficar ao sabor dos interesses extrauniversitários. Por isso, reivindicavam que a universidade recebesse diretamente do Estado, sem a "intervenção arbitrária de órgãos intermediários", um percentual fixo da arrecadação total, cabendo-lhe decidir livremente sobre a aplicação desses recursos.[21]

Após as definições das diretrizes gerais, a Comissão Paritária da FFCL detalhou os aspectos considerados mais importantes: estrutura, administração e governo da universidade; vestibulares e cursos; e carreira universitária. Vamos a eles.

Ao tratar da estrutura, administração e governo da universidade, o relatório da Paritária Geral enfatizou a "racionalização do processo administrativo, visando a melhorar o rendimento do trabalho em todos os níveis" de forma muito semelhante à do Grupo de Trabalho da Reforma Universitária (federal), cujo conteúdo já tinha sido, à época, amplamente divulgado. Na mesma direção, vamos encontrar a definição de departamento como "menor unidade administrativa, de pesquisa e ensino", a "unidade básica da estrutura universitária para efeitos de organização

---

20 Chamamos a atenção do leitor para a inspiração mannheimiana desse diagnóstico, tão comum na intelectualidade brasileira dos anos 1950 e 1960, particularmente no movimento estudantil, tão bem estudado por M. Foracchi em *O estudante e a transformação da sociedade brasileira* (1965). A definição de Karl Mannheim do intelectual como "inteligência socialmente desvinculada" está em *Ideologia e Utopia* (1968).

21 Enquanto isso, um longo documento da UEE-SP transcreve uma proposta de "princípios de reestruturação da universidade", aprovada pelo Conselho de Presidentes, realizado a 17 e 18 de agosto de 1968. Como a UEE não tinha como referência política apenas os estudantes da universidade e das escolas isoladas públicas no Estado de São Paulo – nas quais o ensino era gratuito de fato e de direito –, o item 4 dessa proposta dizia: "Que seja preservada a gratuidade do ensino e exigindo-se [sic] maior dotação de verbas do MEC às particulares".

146 LUIZ ANTÔNIO CUNHA

administrativa e didático-científica, bem como de distribuição de pessoal". Os institutos se formariam a partir da reunião dos departamentos e, na mesma linha do relatório federal, dizia-se que eles teriam por objetivo evitar a duplicação de atividades entre os departamentos. Ao contrário do Relatório Ferri, que propôs a fragmentação da FFCL, a Comissão Paritária dessa faculdade dizia que setores de uma unidade poderiam se transformar em institutos, desde que satisfizessem critérios como número de alunos e de professores, situação dos laboratórios e a produção técnico-científica neles desenvolvida.

Os órgãos de governo e administração da universidade constituíram o ponto central da proposta da universidade crítica. Além da reivindicação do poder de nomear as diversas instâncias do poder, pouco deles se dizia além de remeter o problema de sua composição específica para os regimentos internos que deveriam ser elaborados em cada instância. No nível de departamento haveria a assembleia departamental, o conselho departamental e a própria direção do órgão. No nível de instituto, o conselho (com membros escolhidos pelos conselhos dos departamentos constituintes) e a diretoria. No nível mais elevado, o Conselho Colegiado da Universidade (com membros escolhidos pelos conselhos dos institutos) e a reitoria, com seu titular eleito pelo Conselho Colegiado dentre os professores membros. Entre os órgãos assessores previstos, constava um, "de ligação entre a universidade e a sociedade", constituído de representantes dos Poderes Públicos, dos ex-alunos e das diversas categorias profissionais. Este "órgão de ligação" também corria paralelamente à proposta federal de colocar os "representantes da comunidade" e, depois, dos Poderes Públicos, no Conselho Universitário, no Conselho de Curadores e no Conselho de Ensino e Pesquisa.

Ao contrário do Relatório Ferri, que propôs a realização de um vestibular único para a USP, classificatório, a Comissão Paritária Geral da FFCL defendeu a existência de dois exames, ambos de habilitação: um para os candidatos aos cursos grupados em "ciências", outro para os de "humanidades".[22]

A diferença maior, no entanto, residiu no programa exigido, com base no ensino ministrado no ensino médio, reduzindo, assim, o leque de disciplinas listadas pelo *Memorial*.

---

22 Numa fase de transição, até que se implantasse o vestibular único, o Relatório propôs a realização de dois exames, como a Comissão Paritária veio a sugerir.

A UNIVERSIDADE REFORMANDA   147

O ensino deveria ter, para a comissão de professores e estudantes, ano letivo semestral, trimestres de verão com cursos intensivos e de recuperação, e sistema de créditos, na linha das propostas de modernização do ensino superior que vinham sendo feitas na área oficial, federal e estadual. Os cursos de graduação deveriam ser desenvolvidos em dois ciclos. O "primeiro ciclo curricular", com dois semestres de duração, abrangeria as "matérias essenciais a grandes áreas do conhecimento" e matérias complementares, bem como o ensino intensivo de línguas estrangeiras. Para as escolhas profissionais e opções curriculares, os estudantes contariam com o apoio do Centro de Orientação Educacional e Psicológico e do Centro Educacional e Ocupacional, que atuariam sob a responsabilidade dos setores de psicologia e de orientação educacional da própria FFCL.

O "segundo ciclo curricular", de duração variada, teria alunos distribuídos pelos cursos de acordo com os resultados escolares por eles alcançados no "primeiro ciclo". Essa foi, justamente, a solução proposta pelo Grupo de Trabalho da Reforma Universitária (federal), resultando, quando implantada, na instituição de um verdadeiro "vestibular interno" às universidades. No segundo ciclo haveria três tipos de cursos: a) cursos que habilitariam para o exercício de profissões regulamentadas por lei, que abrangeriam as matérias mínimas obrigatórias fixadas pela legislação, e outras, optativas, específicas ou não desses cursos; b) cursos que habilitariam para o exercício de profissões definidas, mas ainda não regulamentadas por lei,[23] que juntariam as matérias obrigatórias propostas por comissões de ensino dos respectivos institutos a matérias optativas, específicas ou não; c) cursos que habilitariam para o desempenho de funções profissionais ainda não bem definidas, os quais não teriam currículo com matérias obrigatórias, embora as comissões de ensino devessem compor "arranjos de matérias" a fim de facilitar as opções dos estudantes. Essa concepção dinâmica da organização curricular constitui uma inovação trazida pela Comissão Paritária Geral da FFCL. As propostas de reforma universitária contemporânea desta oscilavam entre duas posições: ou consideravam todo o ensino visando ao exercício de profissões regulamentadas, logo sujeito aos currículos mínimos estabelecidos pelo Conselho Federal de Educação, ou reservavam certos espaços na universidade para que os estudantes compusessem seus currículos de

---

23 Era o caso dos cursos de Sociologia e de Psicologia.

148 LUIZ ANTÔNIO CUNHA

forma voluntarista. Naquele caso estava a proposta do Grupo de Trabalho federal e, neste, da Universidade de Brasília (na forma original) e do famigerado Relatório Atcon.

Os cursos de pós-graduação, a respeito dos quais as opiniões dos professores devem ter sido predominantes, senão exclusivas, não estipularam como sua finalidade a formação de professores para os cursos de graduação, como rezavam, havia alguns anos, os documentos federais. No relatório da Comissão Paritária Geral da FFCL, encontramos duas finalidades para esses cursos: a formação necessária ao mestrado e ao doutorado, nos vários campos do saber, e o aperfeiçoamento em determinados campos profissionais, como na pós-graduação *lato sensu* da nomenclatura federal.

O capítulo do relatório da Comissão Paritária sobre a carreira universitária não se resumiu ao elenco de normas gerais, como foi feito nos dois outros. Aquele era seguido de longas "notas para a fundamentação", o que sugere a existência de especial empenho do setor docente para a mudança das regras de jogo. Nas propostas, foram incorporados vários e importantes pontos do anteprojeto de lei federal, como a extinção das "cátedras ou cadeiras",[24] a desvinculação dos cargos docentes de campos específicos de conhecimento e "associação íntima" do ensino e da pesquisa na definição da carreira do magistério superior. Nesta última questão, todavia, admitia-se a possibilidade de se levar em conta, em casos excepcionais, um ou outra, isoladamente. A carreira do magistério teria seus cinco níveis reduzidos para quatro (ou três, se se excluísse o instrutor), conforme o padrão federal, mas o acesso e a progressão na carreira se fariam diferentemente.

Propunha-se a adoção de uma nova "filosofia de seleção", o que dispensava os concursos em proveito da observação dos candidatos. O primeiro nível da carreira do magistério, o de instrutor, seria preenchido com graduados,[25] pressupondo uma fase probatória: os departamentos ou institutos poderiam fixar prazos para que o docente obtivesse o grau de mestre ou de doutor. Mas, obtido o grau de mestre, o instrutor não seria automaticamente promovido a professor-assistente. O grau de doutor seria condição necessária, mas não bastaria: "O grau de doutor não é indicação

---

24 Não conseguimos saber por que se propunha, também, a extinção das disciplinas.
25 Nos setores (departamentos ou unidades) em que houvesse maior número de pós--graduados, poderia ser exigido o grau de doutor para o cargo de instrutor.

A UNIVERSIDADE REFORMANDA 149

de suficiente maturidade para a fase verdadeiramente criadora da carreira universitária. A experiência tem demonstrado que em geral são necessários alguns anos após a sua obtenção, para se alcançar essa maturidade." Para que o instrutor fosse promovido a professor-assistente, além da obtenção do grau de doutor, ele teria de ser aprovado por uma comissão que, no âmbito do departamento, faria uma "análise minuciosa de sua produção e capacidade para o ensino e a pesquisa". O mesmo processo de avaliação seria utilizado para a promoção do assistente a professor-adjunto, sem a exigência, usual na USP, da aprovação prévia em concurso de livre-docência, o qual pelo que deduzo de sua omissão no relatório, seria extinto. Para a promoção do adjunto a titular, esse processo também seria empregado.

A universidade poderia tomar a iniciativa, através de um departamento, de convidar pessoas de alta qualificação, que não possuíssem os títulos exigidos, para ocupar qualquer cargo da carreira do magistério, mesmo o de professor titular, sem a exigência de concurso. A Comissão Paritária Geral da FFCL sabia que isso significava uma quebra do sistema de concursos públicos de títulos e provas para os níveis iniciais e finais da carreira docente, prescrito pela Constituição Federal. Propunha, então, sua reforma para a viabilização da carreira proposta. Nesse aspecto, a Comissão Paritária convergiu com a proposta do Relatório Ferri.

Infelizmente, não foi possível recuperar todo o material utilizado na montagem do relatório da Comissão Paritária Geral da FFCL. Os fragmentos a que tive acesso revelam a existência de propostas específicas para o currículo dos diversos cursos já para o ano letivo de 1969 e os vestibulares do início do ano. Nesse particular, houve propostas de se buscar a assessoria de especialistas em "provas objetivas" e de se eliminar o exame de línguas estrangeiras, a não ser para os cursos de Letras. Dizia-se, em defesa da proposta, que ele era discriminatório, pois beneficiaria os estudantes oriundos de famílias que podiam pagar cursos particulares ou, então, que utilizavam idiomas estrangeiros no cotidiano. O relatório da Comissão Paritária Geral não endossou (pelo silêncio) essa proposta, mas adotou, como compensação para aquele problema, o ensino de línguas estrangeiras no 1º ciclo curricular.

Se diferenças como essa houve no âmbito da FFCL, elas existiam com dramaticidade ainda maior entre as comissões paritárias das diversas unidades da USP. Tomemos dois exemplos: a Faculdade de Ciências Econômicas e a Faculdade de Higiene e Saúde Pública.

O relatório da Comissão Paritária da Economia[26] difere da FFCL já na própria concepção de universidade. Em vez de qualificá-la de crítica ou nova, chama-a de integrada, como o Relatório Ferri. Toma emprestado dele, também, as expressões de Ortega y Gasset a respeito do "todo do saber" e o voluntarismo subjetivista que prioriza a "estrutura do espírito" sobre o "espírito das estruturas", embora, como as demais comissões, defendesse a constituição paritária dos órgãos de deliberação colegiada. Todavia, omitiu a questão da escolha dos dirigentes, até mesmo a difícil questão da eleição do reitor. Ainda na direção do Relatório Ferri, a Comissão Paritária da Economia aceitou os concursos para o acesso aos diferentes níveis da carreira docente, a qual manteria o nível de livre-docente. Contrariamente, ainda, à Comissão Paritária Geral da FFCL, a da Economia não aceitava o vestibular duplo; menos ainda o único, pois, sendo o ensino médio dividido em ramos diferentes, "exigiria dos candidatos ao ingresso na USP esforço igual para condições desiguais". Apesar de propor a extinção dos exames vestibulares no futuro, a Economia não via condições para, a curto prazo, eliminar os exames por curso, como vinha sendo feito.

A Comissão Paritária da Faculdade de Higiene e Saúde Pública[27] trazia um longo arrazoado que mostrava não poder a reforma universitária ser isolada da reforma geral do ensino. Em decorrência, fazia um diagnóstico e propunha uma terapêutica na mesma direção da inserida no Relatório do Grupo de Trabalho da Reforma Universitária (federal), mas que não vingou na lei 5.540/68, tendo de esperar a lei 5.692/71: a profissionalização no ensino médio. Dizia o relatório da Higiene que, ao atingir a "maioridade civil", o jovem deveria ter "suficiente preparação profissional para se inserir na divisão social do trabalho", para o que seria necessária a "unificação do ensino médio", certamente em torno dos ramos técnicos, em detrimento do ramo secundário (propedêutico). Essa passagem pode ter passado despercebida dos membros das demais comissões paritárias. O que certamente não seria por eles poupado é a identificação de algumas propostas com a tão criticada universidade empresarial – o oposto da projetada universidade crítica/nova. A Comissão

---

26 Reforma da USP – o projeto da Economia. *Folha de S.Paulo*, 8 set. 1968, Caderno Especial, p.6.

27 Reforma da USP – o projeto final da Higiene, *Folha de S.Paulo*, 8 set. 1968, Caderno Especial, p.7.

Paritária da Higiene defendia a gratuidade do ensino superior, mas cobrava a contrapartida: "uma vez que o aluno recebe sua formação gratuitamente do Estado, deverá retribuir à comunidade, sob a forma de trabalho, por período a ser determinado, no sentido de contribuir para melhorar as condições de vida da população brasileira". Com toda a certeza, tal tipo de retribuição seria recusada por grande número de estudantes, mesmo aqueles que falavam em nome do povo, empenhados em construir, o quanto antes, a base para um projeto de carreira nos quadros das aspirações das camadas médias.[28] Ainda mais abjeta seria a proposta para que a universidade procurasse uma "íntima colaboração com as empresas, no sentido de se fundirem educação e trabalho", não devendo haver, em princípio, nenhum obstáculo ao "intercâmbio ininterrupto" entre a universidade e as empresas. Nessa direção, propunha-se a criação de um órgão assessor de ligação da universidade com a "comunidade", composto de representantes de órgãos dos Poderes Públicos, das classes trabalhadoras e das classes produtoras. No que dizia respeito à escolha de dirigentes, a Comissão Paritária de Higiene estava muito distante da FFCL: enquanto esta propunha a eleição do reitor, sem a interferência do Governador do Estado na sua escolha, aquela defendia a manutenção do padrão usual – designação pelo governador entre os nomes de uma lista tríplice. Mantinha, entretanto, a composição paritária de professores e estudantes, no Conselho Universitário, com o acréscimo de representantes dos funcionários, contingente mais numeroso na Faculdade de Higiene do que na FFCL.

As diferenças de orientação entre as comissões paritárias da USP preocupavam as lideranças estudantis a ponto de o DCE-Livre emitir nota em prol da formação de uma comissão que atenuasse o processo de valorizar tudo o que viesse "de baixo para cima", "corrigindo" as "falhas" das comissões paritárias. Seu temor era a manipulação dos relatórios pelo Conselho Universitário.

> Isso possibilitaria uma seleção de falhas, feita pelos Conselheiros, e a consequente elaboração de um *projeto* final que corresponderia à conservação do *status quo*. Seria o fracasso total dos nossos esforços por uma reestruturação da universidade, pois a atual estrutura seria mantida a partir da seleção das *falhas* dos diferentes *projetos* elaborados pelas faculdades.[29]

---

28 Para uma análise desse ponto, ver Foracchi (1965).
29 *Conselho Paritário Geral*. DCE-Livre da USP, s.d.

152   LUIZ ANTÔNIO CUNHA

O temor dos estudantes não residia apenas nesse suposto mecanismo de aproveitamento das ideias de seus colegas mais "atrasados" para reforçar o projeto de reestruturação do Conselho Universitário – o próprio Relatório Ferri.

Um documento da UEE-SP, que historiou os principais aspectos do movimento estudantil em São Paulo, no primeiro semestre, fez uma advertência bastante interessante sobre as propostas das comissões paritárias:

> A forma de reestruturação governamental (da universidade, LAC) coincide em muitos pontos com nossas perspectivas (institutos centrais, cursos básicos). O conteúdo, entretanto, é completamente antagônico. Devemos, portanto, dar ênfase especial na discussão do conteúdo (definição da universidade, papel social do profissional, princípios da gratuidade, etc.). Isto, para evitar que as alterações na forma sejam encaradas pelo movimento estudantil como vitórias finais, quando na realidade são batalhas pequenas e uma grande guerra, que será ganha somente com a transformação de nossa sociedade classista em uma sociedade sem classes. Além disso, a impossibilidade de implantação de uma universidade crítica (isto é, uma universidade que ponha em xeque o regime), levará os estudantes a uma perspectiva correta do processo de transformação social.

Essa advertência não foi sem razão: vários estudantes participantes do processo, por mim entrevistados, disseram ter levado um susto ou, então, reprimiram sua raiva quando sentiram as propostas das paritárias "incorporadas" na reestruturação da USP, em 1969, no seu pensamento *absorvidas* pelo governo, nos níveis estadual e federal. Não só os estudantes, mas os professores também tinham essa posição. Um deles chegou a afirmar, em livro já clássico, que "tantas soluções aventadas" pelas comissões paritárias da USP foram "encampadas pelo sistema" (Mota, 1977, p.102, n.37).[30]

No entanto, como mostramos ao longo da análise, ocorreu o contrário: apesar das advertências da UEE-SP, a estrutura da universidade projetada era basicamente coincidente nos projetos governamentais e nos das comissões paritárias de professores e estudantes. Ora, do lado governamental, pelo menos no plano federal, as linhas mestras daquela estrutura

---

30 Admito que esse autor faz referência muito ligeira às comissões paritárias, numa passagem na qual sua preocupação maior é a de justificar como progressista a posição contrária ao "transbordamento de soluções juvenis".

A UNIVERSIDADE REFORMANDA

já vinham sendo definidas desde pelo menos duas décadas atrás, com mais nitidez desde a fundação da Universidade de Brasília, no início dos anos 1960. O mais provável é que os membros das comissões paritárias tivessem "encampado" as soluções governamentais, e não o contrário, desconhecendo a fonte do modelo modernizado de universidade, segundo os padrões vigentes nos Estados Unidos, hegemônicos na intelectualidade brasileira, a despeito de toda a oposição aos consultores norte-americanos (Atcon, MEC-Usaid...).

4
O desembarque dos consultores

Embora a modernização do ensino superior brasileiro na direção do modelo norte-americano tivesse se iniciado na segunda metade dos anos 1940, ganhando força nos anos 1950 e se intensificando nos 1960, as mudanças políticas resultantes do golpe de Estado determinaram uma alteração qualitativa nesse processo.

Antes de 1964, a influência paradigmática das universidades norte--americanas era espontânea e atomizada, pois se exercia principalmente pela ação, no Brasil, dos bolsistas retornados e dos diversos mas desarticulados contratos de assistência técnica e financeira do Ponto IV e da Usaid. Depois de 1964, não só essas agências desenvolveram programas maiores e articulados para o ensino superior, como também o Ministério da Educação não tardou a contratar norte-americanos para que dissessem como organizar nosso ensino superior e convocá-lo para assistirem o governo brasileiro no planejamento desse grau de ensino.

O fio condutor para o rastreamento dessa mudança se encontra na reorientação da estratégia da Usaid para com o ensino superior. Este não era objeto de programas específicos, nem tinha recursos de monta, no Brasil como na América Latina em geral. Era o ensino primário que recebia maiores atenções, por ser dirigido diretamente para as massas, que a Aliança para o Progresso queria retirar da influência "comunista".[1]

A USAID NO ENSINO SUPERIOR

Foi em fins de 1963 que essa estratégia começou a mudar, com a indicação da relevância da assistência à educação das elites e culminou com o

---

1 No período 1945-66, dos 65,2 milhões de dólares destinados pela Usaid ao setor educacional no Brasil, 57,4 foram aplicados no ensino primário e apenas 5,5 no

envio ao Brasil de uma equipe especial de consultores, não pertencentes aos quadros da Usaid, para cotejar a realidade do ensino superior existente com a assistência que já se desenvolvia e, ambos, com a nova estratégia. Um grupo de quatro norte-americanos[2] desembarcou no Brasil a 16 de março de 1964, aqui permanecendo por três semanas. O objetivo do Higher Education Team era descobrir meios para adequar a assistência ao ensino superior à estratégia geral da Usaid e opinar sobre a conveniência de se organizar um programa especificamente voltado para o ensino superior, como já havia para outras áreas. Sobre essa estratégia, o quadro de referência do grupo dizia que a Usaid encarava o ensino superior como elemento da formação de recursos humanos e estes como meios para o aumento da produção industrial e da produção agrícola. Ao grupo foi dito, também, que a Usaid não esperava alterar sua estratégia para incluir mudanças institucionais entre seus objetivos maiores. Em outras palavras: a "assistência" deveria ser dada ao ensino superior como existia na época; o problema seria, então, buscar receptores prioritários em termos de tipos de instituições e de cursos, localização, se em pessoal e/ou equipamento etc.

O grupo visitou algumas instituições de ensino superior com as quais a Usaid já tinha estabelecido convênios de assistência, conversou com educadores influentes ("key Brazilian educators") e devorou pilhas de relatórios sobre esse grau de ensino preparados pela própria agência.

O diagnóstico revelou um ensino superior inadequado em termos qualitativos e quantitativos. As instituições de ensino superior existentes estariam, com poucas exceções, dessintonizadas com a moderna sociedade brasileira. A não ser no Instituto Tecnológico de Aeronáutica e na recém--inaugurada Universidade de Brasília, os padrões de ensino diferiam muito dos vigentes nos Estados Unidos. Os currículos eram rígidos; a maioria dos professores só dedicava umas poucas horas por semana à universidade; faltavam equipamentos nos laboratórios; as bibliotecas eram pequenas, ina-

---

ensino superior. Essas quantias não incluem os gastos com bolsas de estudo, mas abrangem os salários de funcionários norte-americanos que trabalhavam no Brasil, nos projetos através dos quais os recursos foram transferidos às instituições brasileiras (cf. Brasil, 1969b, p.48).

2 Rosson L. Cardwell, Raymond D. Larson, W. Nelson Peach e Charles Wagley, este último veterano de muitas viagens ao nosso país. Antropólogo renomado, Wagley publicou vários estudos sobre o Brasil, entre os quais o clássico *Uma comunidade amazônica – estudo do homem nos trópicos* (1957).

A UNIVERSIDADE REFORMANDA 157

dequadas e mal organizadas; os edifícios eram mal utilizados; as condições de ingresso eram tão severas que não se chegava a completar as vagas; a grande maioria dos estudantes só frequentava a universidade uma parte do dia, como se trabalhassem em regime de tempo integral; os livros e outros materiais didáticos eram escassos. Por outro lado, o Brasil precisaria ter 540 mil estudantes universitários (e não os 100 mil existentes) para alcançar os padrões da Argentina e do Uruguai. O efetivo discente do ensino superior brasileiro foi considerado irrisório, pois só na cidade de Nova York havia mais estudantes nesse grau do que em todo o Brasil.

Diante disso tudo, dizia o grupo não ser difícil entender por que os estudantes brasileiros estavam tão frequentemente em greve e mais dedicados à política do que aos estudos, assim como os professores brasileiros estavam procurando emprego nos Estados Unidos e em outros países.

As visitas dos consultores foram interrompidas pelo golpe de Estado ("On April 1st, there was a revolution so we retired to begin writing our report"). Apesar desse "incidente", produziram um denso relatório que passou a ser conhecido como Gardner Report por causa do nome do mais alto dirigente da Usaid no Brasil.

A assistência da Usaid ao ensino superior brasileiro foi bastante criticada pelo montante de recursos a ele destinados e pela forma de aplicá--los. Os três milhões de dólares anuais que a agência estava destinando ao ensino superior eram canalizados para contratos com universidades, sendo esporádicos e isolados uns dos outros, além de não estarem alinhados com as tendências gerais da educação no Brasil. Quanto a este ponto, o grupo destacou a controvérsia a respeito da Universidade de Brasília. Seria posição dominante da Usaid a de que valeria mais a pena distribuir os recursos disponíveis para vários projetos, de diversas universidades, do que canalizá-las para os altos gastos da nova instituição. Apesar de o relatório temer a adoção de medidas repressivas do novo regime contra a Universidade de Brasília, recomendou assisti-la em virtude da influência que ela poderia exercer sobre as demais instituições de ensino superior. Além do mais, essa universidade estaria pondo em funcionamento uma faculdade de Educação, conforme o modelo dos *teachers' colleges* norte-americanos, que convinha disseminar, pois "a maior necessidade da educação brasileira é para bem formados dirigentes do sistema educacional em todos os níveis". Por outro lado, havia solicitações específicas "altamente gratificantes", como a do ITA (que requisitava um professor norte-americano para reforçar seu programa de humanidades!).

As razões político-ideológicas para o maior envolvimento da Usaid com o ensino superior foram claramente apontadas, no contexto do conflito leste-oeste: "the cold war is a battle for men's minds". A chave para que o Brasil permanecesse uma "sociedade livre" e um "amigo próximo" dos Estados Unidos estava no ensino superior, pois o que os brasileiros pensariam nas gerações vindouras dependeria dos professores universitários que formam os dirigentes do país e os próprios mestres.

Diante disso, o grupo recomendou que a assistência ao ensino superior não se subordinasse a outro programa, mas constituísse ela própria um programa, em frontal rejeição dos próprios termos de referência da missão recebida. Esse novo programa deveria ter como objetivo maior "o desenvolvimento da mão de obra especializada brasileira" mais do que a produção industrial ou agrícola: "é mais importante produzir engenheiros do que dobrar a produção de fertilizantes químicos".

Mas não bastaria a intensificação da assistência a universidades específicas, por mais importantes que fossem seus projetos, pois o que se impunha eram justamente as "mudanças institucionais" que a Usaid não promovia: a reforma do ensino superior como um todo. O relatório defendeu que a agência apoiasse o planejamento da reforma do ensino superior no Brasil, oferecendo assistência ao MEC, ao CFE e aos conselhos estaduais de educação, já que havia não só universidades estaduais como também escolas isoladas por eles autorizadas a funcionar e reconhecidas. Assim, a Usaid poderia introduzir o *know-how* e a influência norte-americanos nas deliberações dos conselhos e do Ministério. O grupo advertia, também, para os cuidados que deveriam cercar essa assistência. Em razão da "natural independência" dos professores universitários, a Usaid deveria envolver (sic) brasileiros no planejamento e na execução, pela adoção de equipes mistas. Além de reduzir as resistências, a adoção desse expediente poderia aumentar as chances de sucesso pelo uso continuado dos conselhos das melhores "mentes educacionais" do país.

Em adição à assistência a universidades específicas, ao planejamento do ensino superior como um conjunto e seus órgãos deliberativos máximos, o relatório recomendou a organização de uma Conferência de Reitores Universitários e Diretores de Institutos, a ser financiada pela Usaid. O objetivo era promover a interação dos dirigentes de entidades de ensino superior do Brasil, entre si e com seus colegas norte-americanos, de modo que pudessem assumir coletiva e convergentemente a reforma desse grau de ensino na direção do modelo vigente nos Estados Unidos.

A UNIVERSIDADE REFORMANDA 159

As recomendações do grupo não levaram a Usaid a alterar os projetos em andamento, mas a acrescentar projetos novos de "assistência" ao ensino superior.[3]

Antigos projetos continuaram recebendo recursos,[4] como os que beneficiavam as escolas de agricultura e veterinária da Universidade Rural de Minas Gerais (Viçosa), da Universidade de São Paulo (Piracicaba) e da Universidade do Rio Grande do Sul. Em meados de 1964, foi assinado um convênio que reuniu essas três universidades e seis escolas agrícolas federais de nível médio às universidades norte-americanas de Purdue, Wisconsin e Ohio. Sucessivos acordos, prorrogados até 1975, enfatizaram a pós-graduação, prevendo o "treinamento" avançado de bolsistas brasileiros naquelas universidades dos Estados Unidos e o fornecimento de equipamentos e de serviços de consultoria. A formação de pessoal para a administração pública e privada continuou a ser beneficiada com o envio de professores da Universidade de Michigan à Escola de Administração de Empresas e à Escola de Administração Pública (ambas da Fundação Getulio Vargas), ao Instituto de Administração da Universidade do Rio Grande do Sul e à Escola de Administração da Universidade da Bahia. As dotações da Usaid que garantiam ao Instituto Brasileiro de Economia, da Fundação Getulio Vargas, enviar bolsistas aos Estados Unidos para fazerem cursos de mestrado e doutorado em ciências econômicas foram mantidas e ampliadas, visando apoiar a organização, no próprio IBRE, da Escola de Pós-Graduação em Economia. Na área de engenharia, tiveram seguimento os convênios com o Ministério da Aeronáutica (beneficiando o ITA) e com a Universidade Federal do Rio de Janeiro. O convênio inicial firmado com esta última, prevendo a implantação de cursos de pós--graduação de engenharia química, foi ampliado de modo que incluísse a Pontifícia Universidade Católica do Rio de Janeiro e abrangesse outras especialidades da engenharia: industrial, mecânica, metalúrgica, elétrica e transportes. Com os recursos desse convênio e seus desdobramentos

---

3 José Nilo Tavares aponta esse relatório como o ponto de inflexão da estratégia da Usaid com relação ao ensino superior em toda a América Latina (cf. Tavares, 1980, p.21-3).

4 As indicações feitas a seguir não compreendem toda a "assistência" técnica e financeira norte-americana ao ensino superior brasileiro, pois parte significativa dela se desenvolvia por meio de acordos de universidade a universidade, ou de fundações privadas a universidades, sem passar por acordos que envolviam o governo dos Estados Unidos, através da Usaid, e o governo do Brasil, através do MEC.

160 LUIZ ANTÔNIO CUNHA

foram enviados professores brasileiros aos Estados Unidos e trazidos professores visitantes e consultores, principalmente da Universidade de Houston. A destinação de recursos para a tradução de livros norte-americanos para a língua portuguesa foi ampliada. Se, em 1963, previa-se o financiamento da Editora da Fundação Getulio Vargas para a tradução de livros sobre o desenvolvimento e planejamento da administração, novos convênios estenderam esse campo, de modo que foram traduzidos e editados livros sobre temas tão variados como *Manual dos Operadores de Fábricas de Leite* e *Sociologia Rural*.[5]

Novos projetos beneficiaram universidades e outras instituições ligadas ao ensino superior. A Universidade de São Paulo recebeu apoio financeiro para desenvolver o curso de pós-graduação em Economia, enviar bolsistas aos Estados Unidos e acolher consultores para atuar na elaboração e direção de estudos e investigações no Instituto de Pesquisas Econômicas. O Instituto de Energia Atômica dessa universidade foi contemplado com recursos financeiros e consultores para desenvolver cursos de pós-graduação em campos relacionados com problemas econômicos da energia nuclear e dos rejeitos radioativos. A PUC/RJ foi beneficiada com recursos para a reforma da administração universitária; a UFRGS, para dinamizar o Instituto de Pesquisa Econômicas; a Universidade do Estado da Guanabara, para oferecer um curso de aperfeiçoamento para advogados de empresas; a Fundação Getúlio Vargas, para criar um Instituto de Estudos Avançados em Educação e oferecer cursos de pós-graduação; o Núcleo de Altos Estudos Amazônicos, da UFPA, para o aperfeiçoamento de pessoal brasileiro e estrangeiro engajado em programas e projetos de desenvolvimento da Amazônia; o Conselho Nacional de Pesquisas, para financiar a contratação da Academia Nacional de Ciências, dos Estados Unidos, e de universidades norte-americanas para sugerirem as medidas necessárias ao incremento da pesquisa científica e tecnológica no Brasil.

Como se vê, foram os cursos de pós-graduação, como já se fazia antes de 1964, os maiores beneficiados pela assistência técnica e financeira da Usaid depois dessa data. Em complementação à estratégia de formar

---

5 No que diz respeito à "assistência" à atividade editorial, o convênio mais importante foi o que uniu a Usaid ao MEC (através da Comissão do Livro Técnico e Didático – Colted) e ao Sindicato Nacional dos Editores de Livros. Esse convênio previa a publicação de 51 milhões de livros para a distribuição gratuita às escolas, principalmente as de ensino fundamental e médio, de 1967 a 1969.

A UNIVERSIDADE REFORMANDA   161

professores para os cursos superiores, no Brasil, o número de bolsas concedidas a brasileiros para a obtenção dos graus de mestre e doutor nos Estados Unidos aumentou significativamente: a Usaid sozinha concedeu 3.800 bolsas de estudo a brasileiros no período 1965-1970. Mas além desses convênios e dessas bolsas, envolvendo recursos destinados a pessoas, cursos e instituições, dois grandes projetos visavam ao conjunto ou, pelo menos, à fatia mais importante do ensino superior brasileiro. Um deles visava organizar uma equipe de assessoria ao planejamento do ensino superior, reunindo técnicos brasileiros e norte--americanos. Esse convênio passou a ser conhecido como o convênio MEC-Usaid. Outro grande convênio pretendia modernizar a administração das universidades pelo envio de consultores norte-americanos, pela concessão de bolsas de estudo nos Estados Unidos e de outras atividades. A importância desses convênios leva-nos a dedicar-lhes especial atenção.

* * *

A recomendação do Higher Education Team para que a Usaid oferecesse assistência técnica ao MEC para o planejamento da reforma do ensino superior foi assumida pela agência, apesar de contrariar sua estratégia definida para o período anterior ao golpe de Estado.

Não me foi possível saber se a Usaid é que ofereceu ao MEC sua assistência técnica para tal fim ou se a recomendação daquele grupo de trabalho foi ao encontro de expectativas de setores da burocracia educacional que se tornaram dominantes após o golpe. A primeira possibilidade foi por muito tempo apresentada pelos críticos dos convênios como a verdadeira. No entanto, não descartaríamos a segunda, no nosso entender a mais próxima do que ocorreu. Não se deve esquecer do proveito que o relatório do grupo diz ter tido da conversa com "key Brazilian educators".[6] Nessa mesma direção, um alto funcionário do governo federal, da área da "cooperação técnica e financeira internacional", disse-me, em entrevista, que partiu de Flávio Suplicy de Lacerda, ministro da Educação de Castello

---

6   É dessas conversas que, em geral, os consultores de todos os ramos e estilos retiram *suas* ideias, as quais, depois de processadas e embaladas, são apresentadas a quem os consulta como as mais adequadas e convenientes. Na burocracia governamental, na universitária e até mesmo na empresarial, o uso de consultores (externos) tem sido um expediente sempre utilizado para reforçar as ideias e as posições de uns grupos diante de outros.

Branco, a iniciativa do convênio com a Usaid para a organização de uma equipe de assessores para o planejamento do ensino superior.

De um modo ou de outro, em junho de 1965 foi firmado um convênio entre o MEC (através da Diretoria do Ensino Superior) e a Usaid, visando à constituição de uma Equipe de Planejamento do Ensino Superior (Epes), importando na doação, por aquela agência, de quase 500 mil dólares, num período de dois anos, e de recursos do governo brasileiro não expressos em termos monetários.

O texto do convênio partia de um diagnóstico do ensino superior brasileiro muito parecido com o do Higher Education Team, de março/abril de 1964, e formulava, como finalidade do planejamento a ser feito, o "lançamento de bases sólidas para uma rápida expansão e uma fundamental melhoria do atual sistema de ensino brasileiro: 1) elaboração de planos exequíveis para a ampliação e a reestruturação do sistema educacional de ensino superior para o período 1965-70; 2) criação de um mecanismo eficiente para desenvolver planos a curto e longo prazo; e 3) criação de um quadro de técnicos brasileiros em planejamento educacional de modo que o MEC pudesse levar avante esse planejamento em bases contínuas e progressivamente mais elevadas."

A Epes seria composta de pelo menos cinco "educadores brasileiros de alto nível", designados pela Divisão de Ensino Superior, e por cinco assessores educacionais norte-americanos vindos de uma "instituição técnica competente" dos Estados Unidos, por contrato promovido pela Usaid. Esses assessores deveriam trabalhar na equipe durante 24 meses, prevendo-se a possibilidade de outros consultores aqui desembarcarem por períodos mais curtos.

A competência atribuída à Epes pelo convênio era bastante ampla. Ela não só faria o cotejo da realidade diagnosticada com "um sistema ideal de ensino superior para o Brasil", definindo a direção da transformação de acordo com as necessidades do desenvolvimento do país, como também faria sugestões em termos de currículos, métodos didáticos e programas de pesquisa; de estruturas de organização e provimento dos quadros de pessoal docente, administrativo e de pesquisa; e de outras questões não menos vitais para o ensino superior.

A posição proeminente do Conselho Federal de Educação no aparelho educacional levou o MEC a colocá-lo como interveniente no convênio com a Usaid, embora este não previsse sua participação na elaboração dos planos. É possível que a interveniência do CFE no convênio

A UNIVERSIDADE REFORMANDA 163

buscasse desativar as previsíveis reações desse órgão que ainda mantinha um padrão autonomista de funcionamento, apesar do golpe de Estado.

Vale lembrar que o CFE havia elaborado o Plano Nacional de Educação, em 1962, tendo chegado à conclusão de que não era possível especificar as aplicações dos recursos no ensino superior, como fez para o ensino fundamental e médio. Em consequência, recomendava o não crescimento da rede federal de ensino superior, aumentando-se as matrículas apenas pelos ganhos de produtividade.

Aliás, o CFE organizou uma Câmara de Planejamento a partir das necessidades de desenvolvimento do Plano Nacional de Educação. Um estudo apresentado a essa câmara por um dos seus membros, Durmeval Trigueiro, em 8 de março de 1965, "Sobre Planejamento do Ensino Superior – Esboço de uma Metodologia", propôs todo um mecanismo de articulação do processo de elaboração do plano com a montagem do orçamento do Governo Federal; do princípio do planejamento com o da autonomia universitária; do setor público com o setor privado no ensino superior; e muitos outros pontos que levavam à formulação de uma política de ensino superior bem mais elaborada do que a voltada para os demais graus e ramos (Brasil, 1965b, p.39-57).

No entanto, já se preparava o desembarque maciço dos consultores estrangeiros. No texto final da I Conferência Nacional de Educação (março-abril 1965), considerava-se a "conveniência de adotar técnicas e modelos utilizados no planejamento por outros povos, como ponto de referência para eventual adaptação no país". Nas recomendações, falava--se da reorganização dos "serviços técnico-administrativos" de todos os níveis da administração educacional para ajustá-las "à nova estrutura educacional do país". Quanto à "ajuda" técnica e financeira externa, que deveria ser coordenada em âmbito nacional, recomendava a "mobilização da cooperação e da experiência internacionais para assistência técnica ao planejamento".

O convênio MEC/Usaid visando à constituição de uma Equipe de Planejamento do Ensino Superior não foi facilmente aceito pelo CFE. Apesar de ser um instrumento da maior importância política, ele foi assinado pelo presidente do conselho *ad referendum* do plenário. Um parecer aprovado pelo plenário[7] defendia a ratificação do CFE ao con-

---

7 Parecer 595/65.

vênio, mas procurou manter a proeminência do conselho, "cobrando" a aprovação dos nomes dos cinco brasileiros que viriam a compor a equipe, bem como a apreciação do documento final da Epes. Outro parecer dizia constituir antiga aspiração da Câmara de Planejamento do CFE "dispor de estudos e equipes de planejamento *como fase inicial de suas resoluções legais*".[8] O recado foi ouvido. Três meses após a assinatura do convênio, foi firmado um termo aditivo (em 22 de setembro de 1965) determinando que fossem submetidos ao CFE os nomes dos brasileiros indicados para integrar a Epes, assim como os planos e recomendações que esta elaborasse.

Na mesma direção dos demais convênios da Usaid, buscando ganhar simpatia da opinião pública para com sua oferta de assistência, o convênio em questão continha uma cláusula específica estipulando que "as partes brasileiras do presente convênio envidarão os melhores esforços para dar publicidade ao andamento e execução do presente projeto através da imprensa, rádio e outros meios de difusão, identificando-o claramente como parte da Aliança para o Progresso". Tal publicidade não foi dada, talvez para evitar que se voltassem para o MEC as forças que se batiam contra o imperialismo norte-americano. Parcelas significativas da opinião pública, particularmente os intelectuais e os estudantes universitários, denunciavam a participação norte-americana no golpe de Estado e a subserviência do governo brasileiro para com o *dos* Estados Unidos, manifestada nas declarações de autoridades, no levantamento das restrições às remessas de lucros das empresas estrangeiras, na participação ativa na intervenção militar em São Domingos e em outras questões. Por isso, o convênio sequer foi publicado.[9] Conhecidos por meio de denúncias, passaram a ser chamados pelos estudantes de secretos, enquanto os ministros da Educação ora confirmavam ora negavam sua existência.

---

8 Parecer 604/65, grifos nossos.

9 Foi somente em 1968 que o Serviço de Documentação do MEC publicou o texto do segundo convênio, de conteúdo mais atenuado, devidamente misturado a um protocolo assinado por Celso Furtado no governo João Goulart e outros com empresas estatais da União Soviética, da Hungria, da Alemanha Oriental, da Checoslováquia e da Polônia, para a compra de máquinas e instrumentos para as escolas técnicas industriais, como se estes justificassem aquele. Versões dos convênios de 1965 e de 1967, algo diferentes das que examinamos, foram publicadas por *Revisão* (Grêmio da Filosofia da USP), São Paulo, maio 1967.

Em janeiro de 1967, a Usaid contratou o Consórcio de Universidades do Meio-Oeste dos EUA – Midwest Universities Consortium[10] – para indicar os consultores norte-americanos. Foram eles: J. Martin Klotsche, historiador, chanceler da Universidade de Wisconsin; John D. Ryder, engenheiro, diretor da Escola de Engenharia da Universidade Estadual de Michigan; Henry W. Hoge, professor titular de espanhol e português na Universidade de Wisconsin; e John M. Hunter, professor titular de economia na Universidade Estadual de Michigan. Do lado brasileiro, as coisas não caminharam tão rápido. Foi apenas em agosto de 1966 – mais de um ano, portanto, após a assinatura do convênio original – que foram submetidos ao Conselho Federal de Educação os nomes dos membros da Epes: Roberto Figueira Santos, José Gomes de Campos, Fernando Correia Rebêlo, Paulo Ernesto Tolle e Fávio Penteado Sampaio, com a colaboração de Rubens Mário Garcia Maciel, Newton Sucupira, Valnir Chagas, Peri Pinto Dinis da Silva, Lindolfo de Carvalho Dias, José Arthur Rios, Alberto Luis Coimbra e Heloísa Biasoto Mano. Embora o CFE aprovasse todos os nomes, a equipe não chegou a funcionar, pois a maioria dos indicados não aceitou o convite em virtude da exigência de tempo integral e do salário reduzido. Enquanto se processava a difícil montagem da equipe, o escritório de José Arthur Rios, Instituto de Estudos para o Desenvolvimento Social e Econômico-Ined, foi contratado pela Diretoria do Ensino Superior para realizar um levantamento estatístico junto às universidades brasileiras. Daquela longa lista, o ministro da Educação retirou cinco nomes dentre os que aceitaram as condições: Paulo Ernesto Tolle (do Instituto Tecnológico de Aeronáutica) e quatro membros do CFE, Roberto Figueira Santos, Valnir Chagas, Rubens Mário Garcia Maciel e Newton Sucupira, a quem se juntaram Maria Aparecida Pourchet Campos (da Escola de Química da USP) e Gastão Dias Veloso (da Capes). Mas essa equipe, composta em março de 1967, não teve tempo de fazer quase nada, pois em maio novo convênio era assinado e nova equipe constituída, no bojo de um movimento estudantil ascendente que tinha na Usaid um de seus principais alvos de ataque.

O novo convênio MEC-Usaid visando à assessoria ao planejamento do ensino superior teve seu conteúdo organizado de tal maneira que não

---

10 Encontramos, também, o nome de Midwest Consortium for International Activities. Esse consórcio reunia a Universidade de Indiana, a Universidade de Wisconsin, a Universidade de Illinois e a Universidade Estadual de Michigan.

166   LUIZ ANTÔNIO CUNHA

se pode deixar de pensar que ele foi redigido, ao contrário do celebrado dois anos antes, em função das reações da opinião pública contrárias à intervenção dos consultores norte-americanos. A Epes – Equipe de Planejamento do Ensino Superior – seria substituída por uma Eapes – Equipe de *Assessoria* ao Planejamento do Ensino Superior. Enquanto a primeira seria constituída de brasileiros e de norte-americanos (cinco de cada lado), a segunda seria composta apenas de quatro "educadores brasileiros de alto nível", os mesmos que integrariam o Grupo Permanente de Planejamento da Diretoria do Ensino Superior do MEC. A Usaid, por seu lado, contrataria uma instituição educacional de alto nível nos Estados Unidos, *sujeita à aprovação prévia da diretoria*, para fornecer "quatro consultores de alto nível em planejamento educacional" (e outros mais, se fossem necessários) para assessorar o grupo brasileiro, de onde sairia o coordenador da Eapes. Os objetivos foram, assim, mais modestos, embora se mantivesse o prazo de dois anos. O convênio de 1965 estipulava o planejamento geral do ensino superior, enquanto o de 1967, levando em conta as reações da opinião pública, do Conselho Federal de Educação e, como resultado de ambos, a dificuldade de se compor a contrapartida brasileira dos consultores norte-americanos, acenava para uma colaboração com o planejamento que o MEC já estaria fazendo, "cabendo sempre às autoridades brasileiras competentes a responsabilidade de determinar a política e as normas de Educação, bem como de aprovar ou não todos os planos elaborados".

O convênio rezava que era firmado "com a participação do Conselho Federal de Educação". Mas a adesão do CFE não correspondeu às expectativas do ministro Tarso Dutra. Houve conselheiros que julgaram comprometedor o fato de a maior parte da equipe ser de membros do CFE; já outros, como Durmeval Trigueiro, tiveram posição marcadamente contrária ao "papel subsidiário do CFE" e à colocação de técnicos brasileiros como "parceiros dos estrangeiros". Para ele, a educação brasileira deveria ser um projeto nacional, elaborado com "autonomia e independência".[11]

---

11 *Correio da Manhã*, Rio de Janeiro, 7.6.1967. Essa posição de Durmeval Trigueiro, junto a sua reação contra a proliferação de escolas superiores isoladas em detrimento das universidades, mais a oposição que fez à introdução da disciplina educação moral e cívica nos currículos escolares, custou-lhe a demissão do CFE e aposentadoria compulsória como professor da UFRJ, logo após a edição do ato institucional 5. Sua

A UNIVERSIDADE REFORMANDA 167

Começaram, também, as defecções. Depois de alguns meses de silêncio, Rubens Maciel disse no plenário do CFE que só tomou conhecimento de sua indicação para integrar a Eapes pela imprensa, mostrando-se constrangido com o fato de não ter sido consultado pelo presidente do CFE nem pelo ministro.[12]

Um parecer de José Barreto Filho, da Câmara de Legislação e Normas do CFE, de n.210/67, revelou bem a oposição de membros do Conselho àquilo que imaginavam ser uma direção paralela da educação brasileira. Diante da solicitação do ministro para a participação do CFE no convênio, aquele conselheiro, seguido de Péricles Madureira de Pinho e Antônio Almeida Junior, disse que bastaria a ciência do presidente do Conselho, pois o convênio já estava assinado pelo ministro. Numa redação direta, mostrava que o caminho deveria ser justamente o oposto: primeiro, a apreciação do CFE; depois, a assinatura do ministro. Na mesma direção, dizia não ter sentido discutir-se a eventual participação de conselheiros na equipe mista brasileira-norte-americana, pois já havia deles na antiga Epes e, para a Eapes, "aliás, já estão designados, ao que nos consta".

A discussão do parecer foi acalorada, mas acabou vingando uma solução de compromisso entre o ministro e os membros do Conselho favoráveis ao convênio (como o ex-ministro Raymundo Moniz de Aragão e o presidente do CFE Deolindo Couto) e os que a ele se opunham.[13] O parecer 226/67, substitutivo àquele outro, não aprovado, mandava o CFE firmar o convênio MEC-Usaid não como participante, mas como testemunha, substituindo a expressão "com a participação" por "presente o Conselho Federal de Educação". Além do mais, dava nova redação aos itens "origem do convênio" e "finalidade", marcando ainda mais o sentido do texto que dizia serem os norte-americanos apenas assessores dos brasileiros, não estando a cargo daqueles o planejamento do nosso ensino

---

saída do CFE, assim como a não renovação do mandato de Anísio Teixeira, abriu caminho para a hegemonia dos novos colaboradores da política educacional: Newton Sucupira, Valnir Chagas e José de Vasconcelos.

12 *Correio da Manhã*, Rio de Janeiro, 7.6.1967.

13 No Relatório da Eapes, que será comentado mais adiante, o relatório dos norte--americanos destaca a colaboração dos conselheiros Rubens Maciel (!), Valnir Chagas e Newton Sucupira, bem como a convergência de pontos de vista sobre temas fundamentais, como o do reconhecimento das novas escolas isoladas.

168   LUIZ ANTÔNIO CUNHA

superior, como diziam as denúncias dos opositores. O Conselho assumia, também, o papel de avaliador final dos planos da Eapes no seu conjunto. O desafio de Barreto Filho foi anexado ao parecer 226/67 como "voto em separado". Nenhum deles foi publicado em *Documenta*, a revista do CFE.

Diferentemente do que ocorreu com o primeiro convênio, não houve um termo aditivo para incorporar as alterações pedidas pelo CFE. Embora o convênio fosse assinado em 9 de maio de 1967 e as alterações aprovadas pelo Conselho em 9 de junho de 1967, um mês depois, portanto, as publicações do MEC apresentaram o texto do convênio com as alterações feitas, com a primeira data (Brasil, 1967, p.15-21; 1968a, p.47-53).

Inserida a letra "A" na sigla do nome da equipe, o lado norte-americano permaneceu como estava. Dos cinco consultores, a permanência do chanceler Klotsche foi de seis meses, a mais curta de todas. Talvez por isso o número de consultores previsto no segundo convênio tenha baixado para quatro, providência que favoreceu também ao MEC, às voltas com sérias dificuldades para encontrar "cinco educadores brasileiros de alto nível" que se dispusessem a ser contraparte dos norte-americanos. Apesar do que dizia o texto do segundo convênio, a escolha feita pela Usaid da "instituição técnica competente" dos Estados Unidos não foi posta em dúvida: continuou a ser o Midwest Universities Consortium.

Mas, do lado brasileiro, problemas não faltavam. Em maio-junho de 1967, novas pessoas foram nomeadas pelo ministro, em substituição à comissão anterior. Nenhuma delas era, então, membro do CFE: Ernesto Luis de Oliveira Júnior, Heitor Herrera, João Paulo de Almeida Magalhães, Paulo Acioly de Sá e Rubens d'Almada Horta Porto. As demissões foram quase instantâneas. Em julho de 1967, só restava Rubens Porto, em torno de quem foi organizada a terceira comissão brasileira, com Hermínio Pessoa, José Fernando Domingues Carneiro, Laerte Ramos de Carvalho e Osmar Ferreira. A composição desta última comissão só se alterou por perdas, pois Hermínio Pessoa se demitiu e Fernando Carneiro faleceu.

A Eapes deveria funcionar pelo menos até junho de 1969, data prevista para o fim da vigência do segundo convênio. Embora seu texto previsse a possibilidade de prorrogação, as reações contra a interferência da Usaid na universidade brasileira levaram essa agência a cancelar o convênio unilateralmente, um ano antes de seu término.

A UNIVERSIDADE REFORMANDA 169

O produto das atividades da Eapes, com a última composição do lado brasileiro, foi publicado em 1969 num volume de 648 páginas (Brasil, 1969b).[14]

Vamos comentar o conteúdo desse volume.

A primeira coisa que chama a atenção no *Relatório*, depois do volume alentado, é a sua péssima organização. O conteúdo está dividido em dois tomos: os textos dos membros brasileiros da Eapes e os dos membros norte-americanos. Os textos dos brasileiros estão especificados no índice, mas não vêm com os nomes dos autores. Já os textos dos norte-americanos, compreendendo cerca de dois terços do volume, têm a autoria indicada, mas não estão especificados no índice, o que dificulta tremendamente a consulta. Qual teria sido a razão de falha tão elementar na edição? Terá sido para dar a impressão de que a contribuição do lado brasileiro da Eapes foi maior? Duvidamos que impressão desse tipo tenha sido despertada em algum leitor. Aliás, se o índice tivesse sido elaborado sem omitir os componentes do tomo maior, teria sido evitada outra falha elementar de organização de um relatório como esse: três dos textos dos norte-americanos vêm repetidos integralmente, com os mesmos títulos, além das frequentes e irritantes redundâncias em vários outros. Mas o pecado maior não é o da redundância, e sim o da omissão, pois o *Relatório* está desfalcado de uma parte substancial dos textos dos norte-americanos. Deles só traz um memorando, apenas o sétimo capítulo do relatório dos norte-americanos, o que apresenta as recomendações, em "forma preliminar". Faltam, pelo menos, os seis capítulos anteriores. O grosso dos textos é constituído, então, pelos apêndices a esse relatório, sobre temas específicos, assinados individualmente pelos consultores, alguns deles publicados antes em periódicos brasileiros. Apesar disso tudo, o tomo II do *Relatório* foi intitulado "ANEXOS – Íntegra dos Trabalhos da Equipe Americana, textos em português, em inglês e outros trabalhos".

Todos os textos dos norte-americanos que aparecem em português vêm com sua versão original em inglês. Mas há textos que só vêm em inglês. Não foram traduzidos os textos de John Ryder, coordenador dos norte-americanos até fevereiro de 1968. Seus textos, aprontados ainda

---

14 O relatório traz a data de 30.6.1968, embora só fosse de fato apresentado ao ministro da Educação em 29.8.1968. Como aquela foi a data do cancelamento do convênio pela Usaid, é possível que o relatório tivesse sido pós-datado de modo que parecesse que sua organização tivesse sido feita dentro dos prazos estipulados.

170   LUIZ ANTÔNIO CUNHA

em 1967, analisavam quantitativamente a evolução passada e futura das matrículas no ensino superior, a utilização do espaço e dos professores; os gastos unitários, as políticas e práticas de admissão, a pós-graduação, e um levantamento geral sobre as universidades. A razão explícita foi a seguinte: "Os trabalhos do Prof. J. D. Ryder não foram traduzidos por constituírem um levantamento e síntese crítica da literatura relativa à estatística educacional no Brasil" (Brasil, 1969b, p.225). Essa razão contradiz afirmação do coordenador de toda a Eapes que, ao comentar o produto dos consultores, disse que

> constitui um dos méritos mais incontestáveis do trabalho americano a reunião, num trabalho só, de estatísticas interessantes, muitas das quais só seriam acessíveis mediante a consulta, nem sempre fácil, da documentação esparsa. Sabe-se como é difícil obter todos os documentos indispensáveis a qualquer estudo sistemático. (ibidem, p.210)

No entanto, parece que a razão foi outra. Os textos de Ryder têm seu ponto forte na projeção do número de alunos do ensino superior, usando parâmetros e funções diferentes dos adotados pelo Escritório de Pesquisa Econômica Aplicada do Ministério do Planejamento.[15] A propósito, disse o coordenador brasileiro:

> O assunto afigura-se-nos muito controverso, e o tratamento que lhe dá o relatório não nos parece satisfatório. O estudo comparativo que faz, de previsões de dois tipos, exponencial e parabólica, carece de segurança, e por isso não é de molde a permitir prognósticos nesse ou naquele sentido. Preferimos então não resumi-lo. (ibidem, p.211)

Além de não o resumir, não o fez traduzir, de modo que somos levados a pensar ter sido esse procedimento, como a supressão de partes inteiras do relatório dos norte-americanos, uma forma de censura. Contra ela, não havia quem reclamasse. Quando o *Relatório* foi impresso e divulgado, em 1969, os consultores já tinham voltado para suas universidades

---

15 Vistas de hoje, as diferenças entre as projeções de Ryder e as do Epea são irrelevantes. De acordo com a função adotada como adequada para explicar a evolução do efetivo discente – exponencial ou parabólica – o Epea previa para 1976 um total de 340 mil ou 461 mil alunos. Os cálculos de Ryder e os parâmetros de sua equação parabólica levaram-no a projetar um número intermediário entre aqueles dois, todos muito distantes do efetivo real do ensino superior brasileiro em 1976: um milhão de estudantes! (cf. Brasil, 1969b, p. 282-5).

A UNIVERSIDADE REFORMANDA   171

do meio-oeste, Médici governava a repressão sob o manto protetor do AI-5, a luta armada substituía as passeatas de estudantes e intelectuais. A barreira linguística não foi facilmente transposta, apesar de os textos dos membros brasileiros estarem recheados de abundantes expressões inglesas e indicarem que pelo menos um deles tinha experiência internacional na área universitária. O coordenador da Eapes, ao resenhar os textos dos norte-americanos, cometeu erros graves de interpretação, vítima ele próprio da não tradução dos textos de Ryder. Por exemplo, quando este compara a percentagem da força de trabalho de diversos países com estudos superiores *(college education)*, o coordenador tirou suas próprias conclusões: "Vê-se no quadro a situação (que não hesitamos em classificar de triste) em que se encontra o nosso País: nem um trabalhador em 100 (no sentido exato do termo) tem preparo escolar [sic], *quer* dizer, constitui, desse ponto de vista, simples e global, mão de obra qualificada" (ibidem, p.209). A tradução dos textos dos norte-americanos não ficou isenta de problemas. Não tendo uma expressão inglesa para designar a cidade universitária, os norte-americanos empregaram a expressão latina *campus,* de uso corrente nos Estados Unidos. Essa expressão foi anglicanizada e, assim, o plural de *campus* é feito, pelos norte-americanos menos eruditos, *campuses* e não *campi*. Pois bem, o tradutor brasileiro não traduziu a expressão *campus,* apesar do uso corrente no Brasil do termo cidade universitária.[16] E mais: não "corrigiu" o plural anglicanizado, e adotou *campuses,* apesar de a língua oficial no Brasil ser neolatina. Se esse é um erro que não seria percebido por muitos, outros certamente viriam a receber destaque, não fosse o desdobramento do processo político. Nas recomendações de seu relatório, no último parágrafo, os norte-americanos falam do financiamento de seu governo e de suas fundações privadas, *pa-*

---

16 O termo cidade universitária, de origem francesa, designa o local de moradia dos estudantes ou, então, um agregado urbano que tem na universidade sua função principal. Na versão brasileira, o termo passou a designar um bairro para onde seriam transferidas as faculdades, escolas e institutos das universidades existentes e onde se desenvolveriam funções inexistentes, como a desportiva. Para justificar a substituição desse termo por *campus,* Rudolph Atcon (1970) dizia que um projeto de construção de uma cidade universitária correspondia apenas ao desejo de união das unidades geograficamente isoladas. Já o termo *"campus"* teria na integração universitária o elemento principal de sua própria definição. Para a confrontação dessa ideia com o pensamento de antigos dirigentes universitários brasileiros, ver Campos (1946).

172   LUIZ ANTÔNIO CUNHA

tronos (ou patrocinadores) que julgam confiáveis *(reliable)* para assistirem os países subdesenvolvidos. Pois bem, *patrons* foi traduzido por patrões, e a frase final do relatório ficou assim: "O Governo dos Estados Unidos e as Fundações nos Estados Unidos são os patrões indicados, que podem adequadamente financiar as tarefas recomendadas" (ibidem, p.644). Uma frase assim faria as delícias dos oradores dos comícios contra a intervenção imperialista na universidade brasileira!

Algumas coisas interessantes surgem da comparação dos textos dos brasileiros e dos norte-americanos. A primeira coisa é o contraste entre a coerência do conteúdo dos diversos textos dos norte-americanos e a incoerência dos brasileiros. Estes, além de serem contraditórios, não têm uma consolidação das recomendações; aqueles, talvez por serem estrangeiros e sob suspeita, encontrassem motivo de sobra para não manifestarem divergências. Além disso, a grande experiência universitária dos norte-americanos (um reitor, um diretor de faculdade e dois chefes de departamento), numa estrutura relativamente estável, contrastava com a equipe brasileira, só montada depois de duas tentativas frustradas, quando pessoas com mais vivência do ensino no Brasil se demitiram. Outro fato interessante são os diferentes modos de lidar com o paradigma norte-americano. Os consultores estrangeiros, como seria de esperar, falavam a todo o momento de como são as coisas nos Estados Unidos. Eles escreveram vários textos sobre a estrutura universitária em seu país, pois, apesar do grande interesse em saber como ela funcionava, "os brasileiros estão bastante mal informados sobre a natureza da Educação nos Estados Unidos" (ibidem, p.371).[17] Os norte-americanos justapõem declarações do tipo "a reforma da universidade brasileira tem de ser feita por brasileiros" e "o que funciona bem nos Estados Unidos não necessariamente funcionaria bem no Brasil", com outras, em que recomendam mudanças específicas de acordo com as práticas que eles conhecem e aprovam.[18] Os brasileiros também se atribuíram o papel de esclarecer seus conterrâneos sobre a estrutura e o funcionamento do ensino superior nos Estados Unidos,

---

17 Em um dos textos, diz-se que os brasileiros que vão estudar nos Estados Unidos matriculam-se nas prestigiosas universidades da "Liga da Hera" (Harvard, Yale, Columbia, Princeton, MIT e outras). Como elas constituem exceções, eles aprendem muito pouco sobre o ensino superior naquele país (Brasil, 1969b, p.373).

18 O caso mais conspícuo é o de um texto de Hunter sobre o ensino da economia no Brasil, no qual elabora objetivos, currículos e tudo o mais.

A UNIVERSIDADE REFORMANDA **173**

entremeando seus textos com descrições redundantes. Ao contrário dos norte-americanos, sentiram-se sem peias para recomendar a adoção dos padrões-universitários daquele país. É difícil saber qual o lado da Eapes mais "americanófilo"...

Apesar de os textos dos norte-americanos virem depois dos escritos dos brasileiros, vamos comentar aqueles primeiramente, pela forte impressão que nos causaram por terem sido inspiradores destes em muitos pontos. Das várias questões levantadas, tomaremos as que consideramos interessantes para o conhecimento das posições dos consultores, tendo em vista não só a conjuntura da época, como também as transformações sofridas pelo ensino superior brasileiro desde então.

A questão política dos "excedentes" era o fato conjunturalmente mais importante do campo educacional no Brasil. Tal fato não podia passar despercebido pelos consultores, tanto assim que, sem esconder seu julgamento irônico, dizia Hunter: "Os meses de janeiro e fevereiro no Brasil parecem marcados por dois eventos principais: o Carnaval e os vestibulares; o primeiro libertando a comunidade de alguns problemas sociais e o segundo contribuindo com alguns novos, particularmente com aqueles relativos aos excedentes" (ibidem, p.483). O critério utilizado pelos exames vestibulares foi duramente criticado por não se prestar nem à previsão do êxito dos candidatos nos cursos superiores que seguiriam, nem à seleção para as vagas disponíveis. Para efeito de previsão do êxito, o consultor sugeriu que uma comissão composta de brasileiros, como o *College Entrance Examination Board,* de Princeton, elaborasse um conjunto de testes a serem ministrados anualmente a todos os candidatos a cursos superiores. Os testes teriam como objetivo medir a capacidade de raciocínio, a capacidade de manipular conceitos abstratos e analíticos; a capacidade de leitura e de compreensão, o nível de conhecimento em uma ou mais áreas de ensino, tal como a Matemática.[19]

---

19 Um teste desse tipo estava já em elaboração. Uma substancial doação da Fundação Ford permitiu ao Instituto de Seleção e Orientação Profissional, da Fundação Getulio Vargas, organizar, em 1967, um Centro de Estudos e Testes e Pesquisas Psicométricas. Como atividade principal, desenvolveu, sob a direção de Ruth Schaeffer e Nícia Bessa, com assistência técnica do Educational Testing Service, dos Estados Unidos, uma bateria de seis testes de desenvolvimento educacional compreendendo as áreas de vocabulário, compreensão de leitura, uso da linguagem correta, Matemática, Ciências Sociais, Ciências Físicas e Naturais, padronizado para alunos do 2º ciclo do 2º grau do Estado da Guanabara (cf. Fundação Getulio Vargas, 1971).

174   LUIZ ANTÔNIO CUNHA

Quanto ao aspecto da distribuição das vagas disponíveis, o consultor achava que o problema não era geral: "Torna-se um problema específico quando um grande número dos que concluíram o curso médio no Rio de Janeiro e áreas vizinhas querem estudar Medicina na UFRJ. Pouco adiantará explicar-lhes que podem ser admitidos, digamos, na Faculdade de Filosofia do Pará" (ibidem, p.486). Com isso, Hunter criticava uma característica dos estudantes brasileiros, em função do seu modelo norte-americano. Os estudantes de seu país procuram estudar em escolas superiores situadas em cidades e até em estados diferentes daqueles onde fizeram o curso do ensino médio. Além disso, eles têm uma fé nos testes de aptidão que não se encontra nos estudantes brasileiros. Se os testes dizem que não têm vocação para uma carreira porque seu desempenho não sugere expectativas muito altas, não hesitam em seguir os conselhos dos especialistas. Essa "falta de mobilidade" (geográfica e vocacional) dos nossos estudantes seria uma das causas dos problemas do ensino superior no Brasil. Isso porque "os estudantes que concluíram o curso médio e querem realmente frequentar uma Universidade e possuem meios econômicos suficientes podem provavelmente fazê-lo *em algum lugar e em alguma faculdade*" (ibidem, p.486). Para fazer frente a esse aspecto seletivo da admissão aos cursos superiores, o consultor dizia que o ideal seria classificar os candidatos pelas notas de modo que se preenchessem todas as vagas existentes.

A combinação dos testes de aptidão para estudos superiores com a admissão pela ordem de notas levaria à alteração da própria estrutura desse grau de ensino.

Tal método também ajudaria no desenvolvimento de um sistema universitário heterogêneo e diferenciado. Pode haver grande vantagem na tendência dos estudantes mais brilhantes se congregarem em certas instituições. Também há certamente grande vantagem em evitar que os menos inteligentes, porém competentes, sintam-se frustrados ao estudarem em instituições muito além de suas capacidades. O tipo de classificação imaginado capacitaria então as instituições a melhor selecionarem os estudantes e também permitiria que os estudantes escolhessem melhor as instituições. (ibidem, p.495-6)

Com isso, haveria uma especialização das instituições de ensino superior no que diz respeito ao nível dos estudantes: "Algumas instituições poderiam se preparar para ensinar somente à faixa de 1% dos melhores alu-

A UNIVERSIDADE REFORMANDA 175

nos, outras poderiam se concentrar nos 30% melhores, algumas poderiam lutar (sic) com os 10% que houvessem sido considerados como dentro do mínimo aceitável" (ibidem, p.488). Mas, para isso, seria necessário que se montasse um sistema unificado de exames como os sugeridos.

A defesa da heterogeneidade do ensino superior perpassa vários textos dos consultores, numa tentativa de mostrar os malefícios do modelo centralizado(r) adotado no Brasil, que supõe um padrão válido para todas as instituições do ensino. A propósito diz Hoge:

> A falta de flexibilidade parece ser a maior falha na estrutura da Educação Superior. O controle centralizado (federal) da maior parte da estrutura determinou que esta fosse rígida e monolítica, com pouca flexibilidade para permitir adaptações às necessidades locais ou regionais. A legislação federal estabelece currículos mínimos para todas as escolas profissionais, padrões de salário e de desempenho para o corpo docente, e controla a designação das autoridades administrativas mais importantes. Os regulamentos do serviço público impõem entraves burocráticos quanto à estabilidade do pessoal auxiliar, o que prejudica a eficiência; os pagamentos atrasam e incertezas financeiras minam a moral. É manifestantemente impossível o controle ou supervisão central das 700 faculdades hoje existentes. A ulterior proliferação de faculdades isoladas é virtualmente garantida pelas pressões políticas e sociais no sentido de expandir as oportunidades de Educação superior. Se as normas ou critérios para esta expansão forem realistas, estes tenderão a tornar-se uma espécie de denominador comum muito baixo, garantindo assim a deterioração da qualidade do todo. (ibidem, p.579)

Neste sentido, Hunter defendia a adoção no Brasil do modelo norte--americano de competição entre instituições, sem que o MEC e o CFE impusessem seus padrões, já que ou não seriam seguidos ou, para o serem, deveriam ser rebaixados (cf. ibidem, p.371-81). Ele não desconhecia os perigos que poderiam advir do modelo proposto. Poderia haver uma proliferação de programas e de instalações que elevaria muito o custo real do ensino, como também deterioraria sua qualidade até torná-lo uma fraude. Mesmo assim, o consultor recomendava a adoção do modelo vigente nos Estados Unidos, no mesmo sentido da proposta de Anísio Teixeira, de 1952, de adoção do esquema *community colleges* e universidades.[20] Dizia Hunter:

---

20 No item "O périplo universitário de Atcon" (p.187) voltaremos à proposta de Anísio Teixeira.

176   LUIZ ANTÔNIO CUNHA

> Poderia ser possível elaborar um sistema onde os dois primeiros anos da Educação Superior seriam oferecidos a nível local em faculdades municipais ou da comunidade. Estes anos são os de menores exigências em termos de biblioteca, instalações, equipamento especializado e dispendioso, e professores especializados. O sistema poderia incluir 90 instituições de dois anos, amplamente espalhadas pelo País. Os diplomas tradicionais poderiam ser obtidos pela frequência durante dois a quatro anos adicionais, a uma das 15 ou 20 principais instituições que concederiam os diplomas. Talvez uma ou duas destas principais instituições devessem elaborar programas de pós-graduação em cada uma das disciplinas universitárias de maior importância. (ibidem, p.435)

Como contraponto "interno" da flexibilidade surgia o regime de créditos, embora a ênfase em recomendar a sua adoção fosse muito menor. O consultor – Hunter mais uma vez – dizia que três características do ensino superior nos Estados Unidos exigiram a adoção do sistema de créditos: a grande mobilidade de estudantes entre instituições e entre cursos; a flexibilidade dos cursos, com várias carreiras optativas; e a necessidade de se cursarem disciplinas em vários departamentos. Mas advertia para a pressa em copiar esse sistema no Brasil:

> O crédito é uma unidade de cálculo que tem provado sua utilidade, num sistema onde ele é necessário. O Brasil não precisa utilizá-lo, pois seu sistema universitário não possui as características que o exigiriam. Eu poderia estar ou não a favor de mudanças ao sistema que *exigiriam* um sistema de cálculo semelhante, mas isto é outro assunto, que *não* será tratado aqui. (ibidem, p.357)

Entendemos que o consultor não quisesse reforçar a tendência do reformador brasileiro, apressado em copiar certos traços do ensino superior norte-americano e esquecer outros; mantendo a estrutura centralizada e rígida, o CFE ditando até mesmo a maior parte dos currículos, enquanto fazia de conta que a revolucionava, mudando aspectos parciais.

Advertência parecida vem no texto sobre a mudança do regime das universidades federais de autarquias para fundações. Hunter compara a adoção do regime de fundação à abertura da Caixa de Pandora: pode facilitar a resolução de problemas ou, simplesmente, converter um conjunto de problemas num conjunto diferente. Vários problemas de qualquer universidade são passados em revista, mostrando os problemas que seriam resolvidos pelo regime de fundação e os novos que surgiriam. Um deles é

A UNIVERSIDADE REFORMANDA 177

o do recrutamento de professores, que tomamos como exemplo. A transformação de autarquia para fundação aumentaria o número e a variedade dos expedientes de recrutamento que a universidade poderia utilizar. Com o aumento do número de escolas, cresce a necessidade de julgamentos e de tomadas de decisões. Isso resultaria num aumento dos erros individuais em lugar dos erros de sistema, típicos das autarquias.

No que diz respeito ao salário, elemento essencial do recrutamento de professores, a questão básica de cada fundação – mas não das autarquias – é se o pagamento deve ser o mesmo em toda a universidade para o pessoal de tempo integral "igualmente qualificado".[21] O problema existe porque certos profissionais, como economistas e engenheiros, têm maiores oportunidades de encontrar emprego fora da universidade do que historiadores e especialistas em letras. Os salários daqueles, no mercado extrauniversitário, é sensivelmente superior aos destes.

Nos Estados Unidos existem universidades que adotam o critério de remunerar os professores conforme o nível de salário que receberiam no mercado; outras adotam salários iguais para os mesmos níveis de carreira, independentemente dos padrões salariais das empresas e do serviço público. A desigualdade salarial é inaceitável, mas

> pagar a todos os professores de acordo com o nível daquelas profissões melhor remuneradas pelo mercado seria extremamente dispendioso e reduziria seriamente o número de professores que poderiam ser admitidos. A política de pagar a todos segundo o preço do mercado para as profissões menos procuradas seria ainda pior, pois resultaria na tendência do ensino universitário ser ministrado pelos piores engenheiros, piores advogados e piores médicos. (ibidem, p.332)

Para resolver questões como esta, seria necessário que os objetivos da instituição e os interesses de grupos ficassem explícitos e fossem discutidos, de modo que se pudessem fazer escolhas racionais. Mas Hunter duvida da possibilidade de se fazer isso no Brasil. No último parágrafo do texto, ele faz uma pergunta que mais parece uma declaração da inutilidade de se transformar as universidades autárquicas em fundações, se outros elementos profundamente arraigados no ensino superior brasileiro permanecessem ativos.

---

21 A avaliação da qualificação coloca outras questões que o consultor não abordou. Ele se referiu apenas a pessoal da mesma titulação.

178 LUIZ ANTÔNIO CUNHA

Suponhamos que a Organização X é considerada deficiente, e que uma das razões para isso é que todos ou alguns de seus membros, tendo ou não tendo imaginação, são ociosos e muito ocupados com outros afazeres. Qual é o sentido de iniciar-se uma reforma que tem como principal fundamento não incomodar, de modo algum, todos os componentes atuais do sistema? (ibidem, p.342)

Outra questão que não deve ter agradado aos dirigentes do ensino superior e do sistema educacional, em geral, é a dos empréstimos externos. Os vultosos empréstimos do governo norte-americano, através da Usaid, para o planejamento e a expansão do ensino médio, bem como a formação de professores, devem ter despertado a motivação de administradores educacionais brasileiros para que a agência financiasse também a expansão e a reforma do ensino superior. Só assim entendemos a razão do texto de Hunter sobre a economia dos empréstimos externos para fins educacionais. Diz ele que a principal vantagem de tomar empréstimos no exterior é obter controle sobre recursos externos, o que a educação não usa em grande quantidade a não ser alguns consultores, poucos professores, equipamentos para oficinas e laboratórios, e livros. O grosso de recursos terá mesmo de vir de fontes internas. O consultor contesta o argumento de que os empréstimos externos são benéficos, se não pelos próprios recursos em moeda estrangeira, pelos efeitos renovadores que provoca e pela alocação de recursos nacionais que força como contrapartida. Concluía que "os benefícios para a Educação, decorrentes do empréstimo, não são tão elevados como se poderia pensar, e que a maioria de quaisquer benefícios potenciais estaria disponível para o Brasil na ausência do empréstimo" (ibidem, p.520).

O trabalho dos consultores norte-americanos não era nada fácil. Criticavam a situação do ensino superior e os administradores educacionais brasileiros, assim como eram criticados por um movimento de massas que tinha como refrão frequente "fora MEC-Usaid!".

A crítica que fizeram à situação do ensino superior já apareceu em referência mais acima. Hoge ia mais longe ao afirmar que a universidade brasileira não existia (ibidem, p.577). Mesmo explicando que isso queria dizer que não havia uma integração dos cursos profissionais como um componente preparatório comum (seu "pré-conceito" de universidade), uma afirmação desse tipo deve ter chocado os reitores, orgulhosos de suas capitanias acadêmicas. Se a universidade brasileira não existisse, eles seriam reitores de quê? As autoridades educacionais não foram poupa-

A UNIVERSIDADE REFORMANDA   179

das, os consultores evidenciando as contradições de suas políticas. Hoge mostrava a contradição das intenções dos decretos-leis 53/66 e 252/67, que buscavam instituir a departamentalização e os cursos básicos, com a manutenção das faculdades, dentro das universidades, e a multiplicação das escolas isoladas (ibidem, p.577).[22] Como mostramos anteriormente, Hunter duvidava de que a transformação das autarquias em fundações viesse a melhorar a situação do ensino superior, parecendo-lhe mais um facilitário para professores e administradores incompetentes e ociosos.

Os consultores não se fizeram de rogados diante das insistentes críticas que apontavam seu desconhecimento da realidade brasileira e/ou sua intervenção deliberada em benefício do imperialismo norte--americano. Em um memorando ao coordenador brasileiro da Eapes, diziam irônica e debochadamente Hoge e Hunter, os remanescentes da equipe da Usaid, nos últimos dias de vigência do convênio:

> Tendo sido o principal alvo da contínua publicidade negativa dada ao MEC-Usaid, permitimo-nos uma ou duas palavras sobre o assunto: 1) Sentimo-nos muito lisonjeados pelo grau de influência que nos foi atribuído. Se tivéssemos tal poder, isto faria com que nos sentíssemos completamente inadequados para a tarefa e até mesmo atemorizados. 2) Uma parte das persistentes críticas foi justa, outra parte destinada deliberadamente a dar informações falsas. Com respeito a estas maliciosas informações falsas, pouco se pode fazer, exceto ignorá-las e continuar com o trabalho que se julga ser importante. 3) O entusiasmo em confeccionar cartazes e pintar paredes sobre o MEC-Usaid indica a existência em todo o Brasil de vivo interesse na educação superior, e concordamos com essa avaliação da importância do ensino superior. (ibidem, p.229-30)

A própria Usaid não ficou isenta de críticas, como se vê nas recomendações. Para os consultores, o projeto não se desenvolveu segundo as

---

22 Hunter não foi tão pessimista quanto Hoge. Referindo-se à reforma das universidades federais determinada por aqueles decretos-leis, aquele consultor dizia que eles estão "procurando evitar uma dispendiosa duplicação de esforços de ensino combinando alunos de várias faculdades em disciplinas comuns. A experiência provavelmente indicará que isto é menos nocivo do que o sistema atual, e pode ser levado mais adiante do que agora parece ao brasileiro, que só conhecia o sistema anterior" (Brasil, 1969b, p.490). As reduções de despesa daí resultantes possibilitariam ampliar o número de vagas disponíveis, mantendo-se a despesa total. Mas ele adverte para os problemas advindos do tamanho das turmas para o ensino das diversas disciplinas, o que nem sempre foi levado em conta na ânsia integradora dos renovadores.

linhas estabelecidas pelos convênios porque tanto os objetivos quanto os métodos operacionais não eram realistas, demonstrando "uma infeliz falta de compreensão dos processos adequados para auxiliar o planejamento e a mudança em Educação". Mesmo com as evidentes deficiências do convênio e os apelos da equipe norte-americana para modificar o plano original, a agência foi inflexível, demonstrando "notável falta de sensibilidade com relação à realidade brasileira". Só muito tarde os norte-americanos teriam conseguido estabelecer uma "cooperação produtiva" com os membros brasileiros da Eapes. Mas já era tarde. A Usaid foi influenciada pela oposição ao convênio e o interrompeu, por decisão unilateral.

Apesar disso, os consultores sugeriam que voltasse a existir uma equipe mista, de brasileiros e norte-americanos, para a assessoria ao planejamento do ensino superior. Deveria ser uma equipe permanente, à qual se juntariam consultores temporários para questões específicas. Insistiam, também, na colaboração com o CFE no estudo sobre os padrões de reconhecimento das faculdades. Essa questão resultou de um pedido extra à Eapes e acabou sendo considerada a parte mais importante do seu trabalho. Infelizmente, o *Relatório* não incluiu o resultado a que se chegou. Por fim, sugeriam efetuar a pesquisa planejada sobre as bibliotecas das universidades federais para fornecer critérios para os padrões de reconhecimento das faculdades.

Os consultores, por sua vez, não ficaram a salvo das críticas do coordenador da Eapes.

Os textos do grupo norte-americano da Eapes, incluídos no *Relatório,* foram submetidos a uma "apreciação sumária" pelo coordenador Rubens Porto.[23] Este resume cada texto, inserindo suas próprias opiniões sobre cada questão. Eis seu julgamento sobre o conjunto:

> Verifica-se nesses trabalhos, ao lado do pleno conhecimento dos problemas do ensino superior nos Estados Unidos, grande esforço para conhecer a situação brasileira. Esse esforço louvável e evidente, não impediu que, em muitos casos, os ilustres técnicos da Usaid se mostrassem incapazes de penetrar no mal definido problema universitário em nosso país. (ibidem, p.201)

Que mudança extraordinária! O primeiro convênio, de 1965, chamava os norte-americanos para fazerem (com brasileiros) o planejamento do

---

23 A "apreciação sumária" não está assinada. Deduzimos a autoria pela análise do estilo do autor bastante característico.

A UNIVERSIDADE REFORMANDA 181

ensino superior; o segundo, de 1967, rebaixava-os para o nível de assessoria; na "apreciação sumária" de seus trabalhos eles foram completamente desqualificados, embora chamados de ilustres. É interessante notar a autossuficiência do coordenador brasileiro. Para dizer que os consultores mostraram ter pleno conhecimento dos problemas do ensino superior nos Estados Unidos, seria preciso que ele próprio os conhecesse profundamente... Do mesmo modo, para julgar os consultores incapazes de penetrar o problema universitário brasileiro, seria indispensável que ele já o tivesse definido. Se o tivesse definido, para que consultores estrangeiros? Para serem examinados nos conhecimentos sobre seu país natal?

Essa mesma questão transparece das causas apontadas pelo coordenador brasileiro para o fracasso dos norte-americanos. Vamos transcrevê-las, permitindo-me fazer minha própria "apreciação sumária". A primeira causa apontada é a dificuldade da língua, previsível, aliás, antes mesmo da assinatura do convênio. A segunda é a "atmosfera de severa crítica com que o Acordo foi recebido em muitos meios (alguns deles isentos de qualquer errado sentimento de jacobinismo)". Não nos foi possível identificar por que essa crítica teria levado ao fracasso, a não ser que ela se fundisse com a terceira causa: o "relativo isolamento" em que ficaram os consultores. Diz o coordenador que "simples visitas a uma dúzia de universidades e contatos mais ou menos seguidos com uma vintena de professores brasileiros não bastariam, evidentemente, para lhes permitir, apesar da sua competência e boa vontade, uma compreensão mais profunda do complexo e multiforme problema universitário brasileiro". Esse problema parece ser mais da coordenação de toda a Eapes do que dos norte-americanos. Ou será que eles eram completamente autônomos, como a própria composição do *Relatório* sugere? Se essa autonomia existiu, o fracasso deveria ser assumido por toda a Eapes. Finalmente, a quarta causa atribuída ao fracasso dos consultores foi a "deficiente bibliografia brasileira" sobre o ensino superior. Seria interessante perguntar: se a bibliografia brasileira fosse suficiente, para que consultores? Afinal, uma boa bibliografia é produzida por pessoas que conhecem os problemas de que tratam...

Quando o coordenador considerava os textos mais polêmicos, sobre a diversidade educacional, os objetivos do ensino superior, a fundação, o regime de créditos, e outros, seu resumo é bastante superficial, não fazendo comentários, pois eles tratariam de "questões opinativas, em que, se são realmente interessantes os pontos de vista americanos, não é menos certo que todos eles exigem uma discussão crítica, que excederia os limites deste resumo" (ibidem, p.219).

182   LUIZ ANTÔNIO CUNHA

Como entender essa reprimenda se os consultores norte-americanos foram tão festejados no início e durante sua estada, se eles e os brasileiros da Eapes competiam pela maior fidelidade de inspiração no modelo universitário vigente nos Estados Unidos? Está claro que se trata de uma resposta às críticas feitas pelos norte-americanos, não digeridas pelos brasileiros que deveriam, com eles, assessorar o planejamento do ensino superior. Parece que essas críticas, no contexto de uma violenta oposição ao convênio MEC-Usaid para o planejamento do ensino superior, um simples elemento da oposição à ditadura, assumiram a forma de uma inadmissível ingratidão. Daí a zangada avaliação do coordenador da Eapes.

Passamos a analisar os textos do grupo brasileiro da Eapes com o intuito de compará-los com os do grupo norte-americano. Do mesmo modo como fizemos com estes, vamos focalizar os temas mais relevantes entre as numerosas questões tratadas.

Um dos trechos dos brasileiros – infelizmente nenhum deles assinado – diz ser necessário um aumento de vagas no ensino superior que permitisse o ingresso de pelo menos 50% dos que concluem, a cada ano, o ensino de 2º grau. Para tanto, impunham-se mudanças não só nas instituições de ensino superior, como também nas condições de admissão. A adoção do vestibular classificatório foi recomendada ainda mais enfaticamente do que o fez o grupo norte-americano. Enquanto Hunter admitia ser conveniente estabelecer um desempenho mínimo, em termos da aptidão para estudos superiores, os brasileiros diziam que não deveria haver aprovações nem reprovações, preenchendo-se todas as vagas disponíveis e previamente anunciadas. Reconheciam que essa medida poderia resultar na aceitação de candidatos mais fracos. "Mas esse inconveniente parece-nos menor do que a figura do chamado excedente, ou seja, do candidato aprovado, mas para o qual não há vaga. A exploração jornalística e política que se vem desenvolvendo em torno de tal figura torna urgente uma reafirmação do caráter, sobretudo classificatório, do exame vestibular" (ibidem, p.150). A elevação do número de candidatos estaria exigindo a adoção de provas objetivas, corrigidas por computadores, obrigando a abandonar a prova de redação, permanecendo apenas a verificação de compreensão de texto pela escolha múltipla. Recomendavam a diminuição do número de matérias objeto dos exames vestibulares, que deveriam coincidir, no máximo, com as cinco estipuladas como obrigatórias pelo CFE para o ensino de 2º grau.

Mas a preferência do redator do texto "O Vestibular" (Fernando Carneiro?) recai sobre uma redução drástica do conteúdo desse exame:

A UNIVERSIDADE REFORMANDA   183

Português, Matemática e uma Língua Estrangeira que não o Espanhol (de preferência o Inglês). O objetivo explícito principal é dispensar os "cursinhos" para o adestramento nas demais matérias. Além disso, recomendava que se estudasse a viabilidade de um sistema de testes para ser aplicado nos alunos do último ano do $2^{\underline{o}}$ grau, em todo o país, para ajudar a classificá-los para os cursos superiores, na mesma linha sugerida por Hunter. Os exames vestibulares deveriam ser unificados em uma universidade, por tipo de escola; e por todas as escolas de uma mesma região, mas não lhes pareceu aconselhável adotar o exame vestibular único para todo o país. Medidas como essas levariam, muito provavelmente, à entrada de alunos mais fracos nos cursos superiores. Para corrigir esse efeito indesejável, os brasileiros recomendaram a elevação do rigor na avaliação do rendimento dos alunos dentro da universidade, acabando com as "aprovações quase automáticas que se fazem em certas escolas superiores, uma vez transposto o obstáculo vestibular" (ibidem, p.151). As reprovações e desligamentos decorrentes desse arrocho permitiriam a abertura de mais vagas para alunos novos, até mesmo de "candidatos cujas perspectivas de aproveitamento não pareçam muito favoráveis" (ibidem, p.151). Em suma, a proposta dos brasileiros consistia em rebaixar a barreira do vestibular e transferir para dentro da universidade – diluído – o mecanismo de seleção. Essa barreira não seria, entretanto, totalmente rebaixada, até porque propunham limitar o número de vezes que um candidato pudesse se inscrever no exame vestibular, medida essa que supunham não fosse "lesiva aos direitos dos jovens", pois os reincidentes seriam aqueles que insistiriam em um determinado curso ou escola. Na medida proposta, estava incluída a sugestão de que a unificação dos exames permitisse atrair o candidato frustrado em tentativas anteriores para escolas e cursos com vagas não aproveitadas.

No âmbito de cada universidade ou escola isolada, o vestibular "por área" e a instituição do ciclo básico serviria não só para deslocar para dentro a seleção até então só feita à entrada, diluindo-a, como também para encaminhar para os cursos menos procurados (p. ex., Enfermagem) os candidatos que "sobrassem" dos cursos mais atraentes (p. ex., Medicina).

O que fica implícito, mas se depreende como o fio condutor de todo esse raciocínio, é matricular mais gente nos cursos superiores sem aumentar os gastos ou, então, a gastos adicionais proporcionalmente menores do que os exigidos pela estrutura vigente (cf. ibidem, p.116-7). Com a mesma finalidade, várias sugestões pregavam a fragmentação do ano letivo, adotando-se o regime de disciplinas semestrais, quadrimestrais e trimestrais, de modo que articulasse os quase quatro meses de férias dos estudantes, formalmente mantidas, com as férias anuais dos professores, de um mês só. Com disciplinas de "curta duração" seria possível aumentar a "taxa de utilização" dos professores.

O pagamento do ensino superior pelos estudantes era uma questão que não podia deixar de ser tratada pela Eapes. Os norte-americanos não se manifestaram a respeito, pelo menos nos textos publicados, e os brasileiros mostraram-se divididos quanto à transferência para os estudantes dos custos do ensino das entidades públicas. Nos dois textos em que essa questão foi abordada, dizia-se que a "gratuidade indiscriminada" era injusta porque limitava a expansão do ensino oficial e impedia corrigir o caráter seletivo da escola superior, do ponto de vista financeiro. Portanto, o estudante que tivesse recursos deveria pagar o ensino público nas escolas oficiais. Mas um dos textos, embora aceitasse esse princípio geral, não via como colocá-lo em prática.

Considerando expectativas e hábitos já entranhados em nosso país, a solução razoável parece-nos ser a de manter a gratuidade ou quase gratuidade reinante nos estabelecimentos oficiais de ensino. E vamos além: para os estudantes com capacidade intelectual acima da média, e comprovada a insuficiência de recursos, deverá o Estado neles investir, fornecendo-lhes bolsas individuais de alimentação e de alojamento.

Embora a Constituição de 1967 previsse o reembolso, "a exigência se nos afigura desarrazoada, no regime de inflação em que vivemos e de mercado de trabalho pouco favorável. Um pagamento posterior com correção monetária será impraticável" (ibidem, p.63). Já outro texto assume posição contrária e vai buscar na própria Constituição elementos para recomendar o pagamento do ensino das universidades públicas pelo sistema de bolsas rotativas.

Parece-nos sumamente recomendável a criação de um Fundo Nacional de Educação, que tivesse, entre outros fins, a concessão de bolsas a alunos carentes de recursos. Tais bolsas não deveriam ser concedidas gratuitamente, não estando o País em condições de enfrentar as grandes despesas daí advindas. Pondo-se em prática o princípio previsto no art. 183 da Constituição, essas bolsas deveriam ser objeto de reembolso futuro, após a obtenção do diploma, previsto um prazo de carência, para que o beneficiário pudesse consolidar sua situação profissional antes de começar a restituir

A UNIVERSIDADE REFORMANDA   185

ao Governo, em favor de outros candidatos, as vantagens de que gozou no passado. Parecendo-nos de todo recomendável este sistema, decorre de sua admissibilidade outra medida que atende à carência de recursos nacionais para a Educação, qual seja a implantação do mesmo sistema de reembolso para os alunos das escolas oficiais, devendo as mesmas cobrar taxas que se aproximassem do custo real para cada aluno. (ibidem, p.116)

A adoção da fundação como regime das universidades federais, então autárquicas, não mereceu a adesão incondicional do grupo brasileiro. Na sua opinião, esse regime jurídico poderia vir a representar uma solução de curto prazo para problemas da administração universitária, corrigindo defeitos gerais da administração pública. Mas, por outro lado, "essas soluções de emergência em prazo longo acabam mostrando suas desvantagens e o próprio Poder Público se vê compelido a legislar em sentido contrário e corretivo" (ibidem, p.69). Não foi possível saber quais seriam essas desvantagens. Teriam relação com as surpresas da "caixa de Pandora" de Hunter ou com a perda de controle da universidade pelo Estado?

A mesma fórmula condescendente dos norte-americanos para desqualificar a crítica ao convênio MEC-Usaid foi utilizada para descartar a rejeição da fundação como propiciadora da desnacionalização e da privatização das universidades federais.

> Quanto ao receio manifesto em alguns setores da opinião pública de que a transformação das Universidades em Fundação seja um primeiro passo para entregá-las ao controle de potências estrangeiras, ele nos parece tão extravagante e tão afastado da realidade dos fatos, que não perderemos tempo em comentá-lo, reconhecendo embora que traduz uma situação grave de angústia. Não tem também fundamento o receio de que, adotada a fórmula *Fundação,* venha o Governo a eximir-se de suas responsabilidades financeiras para com as Universidades. (ibidem, p.69-70)

Em apoio a essa tese, dá-se o exemplo de universidades que funcionavam como fundações – as de Brasília, do Amazonas, do Maranhão, de Sergipe, da Guanabara – e concluía-se: "nenhuma dessas Fundações se desnacionalizou, ou foi abandonada pelo Poder Público" (ibidem, p.70).

Como dissemos mais acima, o relatório parcial dos consultores norte--americanos mencionava como a atividade mais produtiva que tiveram a participação num grupo de trabalho sobre o reconhecimento das faculdades isoladas que se multiplicavam. Não está publicado seu relato sobre esse problema, por isso não foi possível saber se as ideias constantes de um texto do grupo brasileiro concordam com as dos norte-americanos. Sugeria-se que qualquer entidade particular pudesse fundar escolas superiores, com a condição de satisfazer apenas exigências mínimas, que lhe propiciaria uma espécie de reconhecimento parcial. Os alunos dessas escolas iriam, todos os anos, submeter-se a exames das diferentes disciplinas em faculdades oficiais especialmente designadas pelo Conselho Federal de Educação. Comprovada a qualidade do ensino ministrado por aquelas escolas, pelo desempenho dos alunos nos exames, as entidades particulares poderiam obter, ao fim de alguns anos, o pleno reconhecimento oficial. Com essa "avaliação exógena" esperava-se frear o processo de proliferação de faculdades mal aparelhadas e, no entanto, plenamente reconhecidas (cf. ibidem, p.192-3).

O comedimento que, em certos momentos, levava os norte-americanos a advertirem para que não se copiasse a estruturação do ensino superior nos Estados Unidos desapareceu por completo nos brasileiros. Quando Hunter descrevia o regime de créditos, por exemplo, dizia que ele foi necessário para o ensino superior dos Estados Unidos e não o era, na época, para o do Brasil. Esse regime só teria sentido, aqui, se a reforma do ensino levasse a mudanças profundas desse grau de ensino. Mas os brasileiros não esperaram por isso e sentenciaram: "o sistema de *crédito,* já consagrado [sic] em algumas universidades brasileiras, será o instrumento indispensável para a avaliação do trabalho escolar" (ibidem, p.188). Em termos de estruturação mais ampla, a proposta de Anísio Teixeira e de John Hunter foi endossada, com todas as letras, ou melhor, com todas as siglas. Logo do início do *Relatório,* no texto com o título "Educação e Desenvolvimento", aparece esta proposta:

> É indispensável que se propiciem condições para o desenvolvimento das diversas aptidões humanas e que se atenda à diversidade de níveis vocacionais, em cada matéria. Devemos então criar um ensino relativamente simples e prático para a obtenção de graus correspondentes ao B.A. e B.S. americanos, e outro, rigoroso e exigente, para a obtenção de graus correspondentes ao M.A., M.S. e Ph.D. (ibidem, p.29)

Assim, as escolas isoladas existentes deveriam adotar o modelo dos *junior colleges* norte-americanos, não conferindo diplomas que garantissem privilégios ocupacionais. Os egressos de tais escolas iriam concluir sua formação – agora, sim, profissional em outras escolas ou, de preferência, em universidades.

A UNIVERSIDADE REFORMANDA 187

Tudo somado, a impressão que fica ao concluir a análise do *Relatório* da Eapes é de um trabalho surpreendentemente modesto se comparado com os ambiciosos objetivos de ambos os convênios MEC-Usaid para o ensino superior. Mas se é possível suspeitar que a assessoria da Usaid à reforma do ensino superior no Brasil pode não ter sido muito eficaz, por essa via, não significa a inexistência de um canal mais aberto. Ele existiu, de fato, na assessoria à modernização da administração universitária, feita através do Conselho de Reitores das Universidades Brasileiras. Antes de tratar dessa assessoria, vamos fazer uma digressão para apresentar as atividades de um consultor de fora dos quadros da Usaid que teve, não obstante, papel destacado na criação do próprio Crub.

O PÉRIPLO UNIVERSITÁRIO DE ATCON

Rudolph P. Atcon foi uma das figuras mais conhecidas dos estudantes universitários brasileiros no período 1965-1968. Durante esses quatro anos, ele desempenhou o papel involuntário de para-raios que captava as frustrações generalizadas dos estudantes com as condições do ensino superior e os rumos da modernização segundo os paradigmas norte-americanos.

Esse autodenominado especialista em planejamento de universidade, grego de nascimento, tendo estudado na Alemanha e se naturalizado cidadão norte-americano, dizia ter se dedicado à reestruturação de universidades em diversos países da América Central; na América do Sul, teria atuado na Universidade de Concepción, no Chile, e na Associação Colombiana de Universidades; na Europa, teria assessorado o Conselho de Reitores das Universidades da Alemanha Ocidental.[24] No Brasil, Atcon prestou serviços à Campanha de Aperfeiçoamento do Pessoal de Nível Superior – Capes –, do Ministério da Educação, de 1953 a 1956. Voltou ao Brasil logo após o golpe de 1964, tirando proveito da situação. Os

---

24 Estas e as demais informações, salvo quando indicado, foram retiradas da compilação das obras desse autor, realizadas por José Serrano, seu colaborador brasileiro: *Atcon e a universidade brasileira* (1974). Nessa coletânea foi incluído o famoso "Relatório Atcon", publicado pelo MEC em 1965 com o título de *Rumos à reformulação estrutural da universidade brasileira*. O caráter coerente e recorrente da obra levou-nos a citar trechos sem distinguir os títulos dos textos escritos de 1965 a 1968.

consultores norte-americanos desembarcavam em todos os lugares, acionados pelo governo dos Estados Unidos e pelas empresas multinacionais, sendo recebidos como os mestres da nova ordem pelos antigos dirigentes (reforçados) e pelos novos (ansiosos por solidificar seu domínio). As universidades brasileiras não ficaram imunes a esse clima. O antigo e firme impulso de modernização articulou-se com a ideologia tecnocrática do planejamento na busca de mudanças que permitissem controlar as "irracionalidades", como eram definidas as movimentações políticas de professores e estudantes, assim como os "desvios" curriculares. Mas, se havia propostas genéricas de sobra, faltava quem dissesse o que fazer em cada caso específico. Atcon fez isso, atendendo a pedidos, bem como gerando a necessidade de seus serviços.

Tudo começou no primeiro semestre de 1965: em maio desse ano celebrou-se o acordo entre o MEC e a Usaid, que previa a organização da Equipe de Planejamento do Ensino Superior e, em junho, Atcon foi contratado pela Diretoria do Ensino Superior para propor as alterações estruturais que julgasse necessárias para as universidades brasileiras. Em quatro meses visitou doze universidades.[25] Além de colher dados necessários ao seu diagnóstico, a tarefa do consultor teve uma "faceta orientadora" – para usar suas próprias palavras e aspas –, composta de palestras, reuniões e participação em trabalhos de comissões. Essas atividades teriam surgido inesperadamente, mas com toda naturalidade (Serrano, 1974, p.143), embora seja possível perceber a frustração do consultor quando o oferecimento para apresentar suas ideias não foi prontamente aceito, como aconteceu na Universidade Federal do Rio de Janeiro.

O périplo universitário de Atcon teve início ao mesmo tempo em que se firmava o convênio MEC-Usaid visando ao planejamento do ensino superior. Associadas as duas iniciativas como intervenções imperialistas na universidade brasileira – como se o imperialismo já não tivesse na "quinta coluna" sua maior força –, os estudantes não tardaram a manifestar seu repúdio às atividades do consultor, a ponto de seu nome ser tão conhecido como o do ministro Suplicy de Lacerda, patrono da lei de desmontagem dos órgãos de representação discente.

---

25 Universidades Federais do Pará, do Ceará, do Rio Grande do Norte, da Paraíba, de Pernambuco, da Bahia, de Minas Gerais, do Rio Grande do Sul, de Santa Maria, de Santa Catarina e do Rio de Janeiro, além da Universidade Católica do Rio Grande do Sul.

A UNIVERSIDADE REFORMANDA 189

Diante da oposição generalizada e sistemática dos estudantes, contaminando docentes e até mesmo certas administrações universitárias, Atcon defendia em seus textos a tese da universalidade e da neutralidade política das medidas reformadoras que propunha. Dizia ele:

A *política* não tem nada que ver com a reforma estrutural e administrativa da universidade, assuntos estes que são técnicos da pesquisa educacional ou sociológica e não matéria inflamável para alimentar a demagogia. Os que querem a sua pátria, os que desejam o seu progresso, crescimento e melhoria das condições humanas de toda a Nação – independente de suas ambições pessoais – reconhecerão que a reforma estrutural pode ser decretada, permitida ou forçada por pressões políticas, mas jamais por estas definida. Isso só cabe aos técnicos e não aos promotores. (ibidem, p.28)

Os problemas fundamentais e gerais das universidades de todos os países, bem como do Brasil, seriam a melhoria da qualidade do corpo docente, a modificação dos currículos, a ampliação da pesquisa e a atualização do conteúdo das matérias ensinadas. "Passeatas não resolvem isto! Mas, sim, planos e antecipação" (ibidem, p.44). O único elemento de politização admitido seria a decisão da "comunidade" de ensinar São Tomás de Aquino, Karl Marx ou ambos. Desse ponto em diante, o problema seria dos "técnicos", os únicos capazes de traçar os caminhos mais adequados para se atingirem os objetivos traçados.

Vamos ver, mais adiante, que os "rumos da reformulação estrutural da universidade brasileira" não foram assim isentos de uma clara proposta política: a proposta tecnocrática foi a maneira de *rejeitar* como "política", isto é, ilegítima, *toda proposta política de cunho liberal ou de esquerda.*

Certos pontos da proposta de Atcon resultavam do senso comum, pois neles havia muito já insistiam professores e estudantes.

Ele criticava o monumentalismo dos edifícios que foram ou estavam sendo construídos. No caso da Escola de Engenharia da Universidade Federal do Rio Grande do Sul, que tomamos por exemplo, dizia que seus edifícios, recém-construídos, eram "bastante suntuosos e definitivos", enquanto as atividades que deveriam ser neles desenvolvidas ainda não estavam maduras. Em casos assim, recomendava a construção de pavilhões pré-fabricados, modificáveis e removíveis. Após um período de amadurecimento da estrutura da universidade – dez anos, por exemplo –, os pavilhões seriam substituídos por edificações permanentes.

A proposta que fazia ou reforçava, em todas as universidades visitadas, foi a de transferência para áreas situadas fora das cidades. Naquela época, poucas eram as universidades instaladas em cidades universitárias. Quase todas se encontravam divididas em antigos, inapropriados e apertados prédios distantes um dos outros, situação que dificultava bastante a substituição do aglomerado de unidades autônomas de ensino profissional por uma universidade integrada. Atcon insistia na transferência das universidades para fora das cidades não como forma de isolá-las definitivamente, mas ele esperava o crescimento urbano acelerado fazendo que, no espaço de uma década, as cidades chegassem até os sítios universitários. Assim, a cidade universitária se reintegraria à cidade.

Outra questão que estava impedindo a construção de uma universidade integrada era a "política salarial suicida do serviço público". Como os professores e funcionários das universidades federais eram contratados por poucas horas semanais de trabalho, mediante salário muito reduzido, eles eram obrigados a acumular vários cargos (e salários), com um resultado insatisfatório, quer se analisasse do ponto de vista dos serviços prestados, quer do ponto de vista das condições de trabalho. Por isso, Atcon via como a "primeiríssima tarefa da reformulação universitária no Brasil" desvincular o pessoal docente e administrativo dos cânones do serviço público. Sem isso, de nada adiantariam os esforços de modificação estrutural do ensino superior.

Para Atcon, as universidades brasileiras, principalmente as federais, precisavam de autonomia, entendida como a não intervenção do Estado na administração financeira, acadêmica e científica da universidade. Significaria sua liberdade para selecionar, contratar ou remover pessoal, moldar sua própria estrutura e administração, elaborar sua política de desenvolvimento e crescimento, organizar e eliminar cursos, ensinar e pesquisar sem interferências e pagar os salários que cada universidade e não o Dasp determinasse (ibidem, p.7). Para conquistar essa autonomia, seria necessário que as universidades tivessem liberdade, flexibilidade e capacidade de experimentação, atribuições que deviam ser consagradas em leis constitucionais, mas não por uma legislação regulamentadora que acabaria por sufocá-las. Nesse sentido, recomendava uma moratória, promulgada pelo próprio Conselho Federal de Educação, sobre toda espécie de legislação definitiva. As universidades e escolas isoladas ficariam autorizadas a desenvolver experiências educacionais, após o que o CFE voltaria a legislar, com base nos resultados positivos. Recomendava, também, a modificação da legislação vigente, de modo que as universidades tivessem o poder irrestrito de regimentar, reservando o CFE apenas o direito de revisar os estatutos (ibidem, p.200).

A UNIVERSIDADE REFORMANDA 191

Correlativamente à conquista da autonomia, ou mesmo antes, as universidades deveriam fazer sua reforma administrativa, entendida como a implantação de uma administração central baseada nos princípios da eficiência da empresa privada e não nos moldes da "estagnação centralizada do serviço público" (ibidem, p.1-2), pois "uma universidade autônoma é uma grande empresa, não uma repartição pública" (ibidem, p.152). A primeira medida nessa direção seria a adoção do princípio taylorista de isolar a concepção da execução.[26] Os órgãos encarregados de traçar a política da universidade deveriam estar completamente separados daqueles encarregados de executá-la. Assim, se o reitor presidisse a universidade, quem a dirigiria seria o *administrador,* subordinado ao reitor e por ele nomeado, pois "administrar não é concurso de popularidade" (ibidem, p.155).

Na direção da universidade autônoma, o conselheiro universitário deveria ser "equilibrado" por um Conselho de Curadores, formado por pessoas entendidas de finanças e desligadas da vida acadêmico-científica da universidade, não fazendo parte daquele outro; deveriam ser "pessoas destacadas da comunidade" e não meramente economistas. O germe desse conselho poderia ser um "grupo consultor" constituído por "um grande industrial, um destacado banqueiro, outras pessoas de relevo do mundo jurídico ou com projeção social mas não política – ainda que nem todos necessariamente ligados ao mundo financeiro" (ibidem, p.159). Se a universidade deveria ser uma empresa, nada melhor do que colocar na sua direção pessoas que obtiveram sucesso no mundo empresarial. Isso traria a técnica eficiente que estaria faltando, e que os professores não seriam

---

26 O taylorismo, doutrina que pretendia tratar cientificamente da organização do trabalho, elaborada por Frederick W. Taylor, consistia originalmente na decomposição de cada operação manual nos seus mais simples movimentos. Colocando de um lado as atividades de gerência e supervisão da produção, e, de outro, as atividades de execução (uns são pagos para fazer, outros para planejar e avaliar o que aqueles fazem), bem como fragmentando e reagrupando as operações manuais de modo que pudesse dispensar trabalhadores dotados de força física e talentos raros, padronizando a força de trabalho empregada de modo que se tenham sempre abundantes pretendentes a ocupar o lugar dos empregados, o taylorismo buscava aumentar o controle sobre os trabalhadores, assim como elevar sua produtividade física e econômica. Desde a segunda década do século XX, a "organização científica (ou racional) do trabalho" tem sido estendida aos mais diversos campos de atividade, extravasando a oficina mecânica onde foi formulada.

192 LUIZ ANTÔNIO CUNHA

capazes de desenvolver. Aliás, era justamente isso que estaria ocorrendo em algumas universidades brasileiras, festejadas por Atcon. Na Universidade Federal da Bahia, por exemplo, ele encontrou como reitor "um homem de empresa, com plena consciência da necessidade de estruturar a universidade em moldes empresariais", o qual teria levado para ajudá-lo elementos de sua firma (ibidem, p.105). Mas foi na Universidade Federal de Santa Catarina que Atcon encontrou a solução administrativa para as universidades brasileiras.

A implantação da administração central, retirando das unidades (faculdades e institutos) boa parte de suas atribuições, estaria seguindo a racionalização administrativo-financeira das "boas empresas privadas", com a "cooperação" de uma companhia sueca e a utilização de máquinas eletrônicas, cuja adoção foi enfaticamente recomendada (ibidem, p.136-7). O sucesso da UFSC na adoção de uma administração privatista foi tão prontamente reconhecido que o consultor recomendou que lá fosse treinado o pessoal administrativo das demais universidades. Apesar de tudo isso, Atcon não se deixou abalar pela crítica que o acusava de levar à privatização da universidade. Do mesmo modo que propunha a "despolitização" da universidade pela adoção de um controle político tecnocrático-empresarial, dizia que "administração eficiente, com bases empresariais, tampouco significa a 'privatização' do ensino superior e muito menos a entrega da universidade a 'interesses alheios'" (ibidem, p.40).

Porém, foi na proposta de estruturação administrativo-pedagógica da universidade que Atcon mostrou maior originalidade. Para obter adesão para o modelo pretendido, investiu, primeiramente, contra a tendência das universidades brasileiras de anexar institutos a faculdades tradicionais e de organizar institutos centrais, justapostos àquelas unidades ou as substituindo. Quanto aos institutos, unidades primordialmente destinadas a pesquisas, ele os defendia, mas apenas nos casos de áreas especializadas, quando resultantes de atividades conjuntas de outras universidades e instituições não acadêmicas, públicas e privadas. O grosso da pesquisa deveria ser desenvolvido no âmbito dos departamentos (ibidem, p.242).

Atcon dizia que os institutos centrais foram criados por ele próprio na Universidade de Concepción no Chile, onde esteve de 1957 a 1960. O instituto central reuniria, num só local, todo o pessoal, todo o material e todas as atividades de ensino e pesquisa voltadas para um campo básico

A UNIVERSIDADE REFORMANDA 193

do conhecimento, para onde iriam todos os estudantes obrigados a cursar matérias necessárias ao seu preparo profissional ou simplesmente interessados nelas. Com isso, buscava quebrar a rígida e antieconômica estrutura da universidade como justaposição de escolas profissionais.[27] De lá teriam sido transportados para a Universidade de Brasília, cujo prestígio teria feito que os institutos centrais estivessem sendo implantados em várias universidades brasileiras, principalmente nas novas, organizadas após as "federalizações" dos anos 1950 (ibidem, p.27).[28] Seu julgamento a respeito da solução que ele próprio teria concebido era bastante negativo. Dizia não ter levado em conta o "individualismo ibérico", o qual, com a cátedra vitalícia, teria impedido a integração pretendida e forçado a "regressão" dos institutos centrais a meras unidades independentes, como se fossem faculdades. Além do mais, a multiplicação desses institutos centrais, em cada universidade, estaria provocando o "superpovoamento" do conselho universitário, com sérios prejuízos para a direção da instituição.

Para evitar esses problemas, Atcon propunha que em vez de se reunirem as matérias/pesquisas/professores/instalações de *um* campo básico do conhecimento num instituto central, que se reunissem os recursos de *todos* os campos básicos num centro, denominado de Estudos Gerais, no qual as matérias afins se reuniriam em departamentos de Matemática,

---

27 É interessante notar a semelhança dos objetivos dos institutos centrais, assim concebidos, com os da Faculdade de Filosofia, Ciências e Letras, traçados por Fernando de Azevedo em 1934, quando da criação da Universidade de São Paulo. A propósito, Atcon dizia que o centro de estudos gerais, versão atualizada daqueles institutos, seria "a maneira mais eficaz de substituir a forma, absorver as tarefas e ampliar os deveres qualitativos e quantitativos da tradicional faculdade de filosofia" (Serrano, 1974, p.247).

28 Todavia, essa fonte de inspiração foi negada pelo próprio criador e primeiro reitor da Universidade de Brasília: "A estrutura da UnB contrasta ... fortemente, com o sistema norte-americano dos *colleges* de estudos gerais, encarregados dos *undergraduate courses*, que se tentou copiar sem êxito na América Central e em Concepción, no Chile. Ao contrário dos *colleges*, os nossos institutos centrais seriam os únicos órgãos de ensino e pesquisa em suas áreas de especialidade, e por isso mesmo operariam em três níveis: os *cursos básicos ou introdutórios*, proporcionados a todos os estudantes; os *formativos*, destinados aos estudantes agregados no instituto central depois de dois anos de estudos básicos para se fazerem especialistas em certas disciplinas; e os *pós-graduados*, dos programas de mestrado e doutorado" (Ribeiro, 1978, p.105).

194   LUIZ ANTÔNIO CUNHA

Química, Física, Biologia, Geologia, Psicologia, Filosofia, História, Letras, Educação etc.[29] As matérias destinadas especificamente à formação profissional estariam alocadas em departamentos agrupados nos centros tecnológico, cibernético, biomédico, agropecuário, artístico, desportivo. O Centro de Estudos Gerais (CEG) receberia todos os estudantes que ingressassem na universidade, e, após etapa de estudos básicos, os selecionaria. Forneceria, também, aos que já estivessem estudando nos demais centros as matérias não profissionais de que necessitassem. A tarefa talvez mais importante do CEG seria a de fornecer, a muitos estudantes, uma educação superior geral, semelhante à dos *colleges* universitários norte-americanos.

Para um grande número de posições não é necessária a especialização profissional, tal como é concebida na atualidade. Até agora, a sociedade tem sido obrigada a preencher com profissionais todas as suas posições de domínio e controle, não porque estejam melhor preparados para o desempenho dessas variadas funções, mas só porque eles *são os únicos possuidores de graus acadêmicos universitários*. Esta situação ilógica e antieconômica deve mudar o quanto antes, e deste fim é que deve ocupar-se a nova unidade universitária. (ibidem, p.70)

Além do mais, sendo esses cursos superiores gerais mais curtos e/ou mais baratos do que os cursos profissionais, a organização do CEG permitiria a ampliação das oportunidades de escolarização, em resposta à demanda existente, a custos mais baixos. Para esses cursos iriam "os meros caçadores de um título universitário", para quem não importaria uma especialização profissional.[30] Atcon sabia que esses cursos não se-

---

29   Após o fracasso dos institutos centrais de Concepción (Chile), o consultor chegou à solução do centro de estudos gerais num plano para a Universidade Nacional Autônoma de Honduras, em 1960/61. Chamou-nos a atenção o fato de Atcon referir-se em todos os seus escritos à universidade chilena, ao passo que só foi possível encontrar referência à universidade hondurenha em *Administração Integral da Universidade* (Atcon, 1974, p.70).

30   Essa solução é convergente com a proposta de Anísio Teixeira, de 1952, de estabelecer no ensino superior *ciclos*, como os do ensino médio então existente. As escolas superiores desprovidas de maiores recursos ofereceriam apenas o primeiro ciclo, ensinando a "cultura geral superior", conferindo grau de bacharel, como o *college* norte-americano, mas não conferindo privilégio profissional; escolas providas dos recursos adequados poderiam oferecer um segundo ciclo de cursos profissionais (engenharia,

riam facilmente aceitos e "seria pouco sério tentar justificar a criação deste novo centro em nome de uma aspiração não existente" (ibidem, p.255). No entanto, mesmo sendo grande sua certeza dessa necessidade futura, lançava mão, para justificá-la, das vantagens integradoras que o CEG traria para as universidades existentes.

O Centro de Estudos Gerais não foi o único elemento original da proposta de Atcon.[31] Causava surpresa, também, o Centro Cibernético. Ele deveria reunir os departamentos voltados para a pesquisa e o ensino de matérias jurídicas, políticas, econômicas, jornalísticas e administrativas, que "são todas atividades ligadas ao *controle social*, razão pela qual não seria de todo inconveniente agregá-la sob o rótulo da 'cibernética', a ciência dos sistemas de controle e governo sociais" (ibidem, p.233). A concepção do papel de advogados e jornalistas – para tomar apenas dois exemplos – como agentes de controle social revela com nitidez o caráter autoritário da proposta do consultor, coerente, aliás, com a defesa da adoção, pelas universidades, da estrutura e dos procedimentos das empresas privadas. O caráter autoritário de suas sugestões ficou frequentemente borrado pela cautela em recomendar mais diretamente tal ou qual diretriz a seguir em casos específicos, preferindo avaliar várias alternativas, sugerindo, brandamente, uma delas, mas já aventando a hipótese de reformulá-la. Esse é, também, um procedimento típico de consultores, que precisam compor suas orientações com as do cliente, de quem depende, afinal, a própria continuação do contrato de trabalho.

De todas as sugestões de Atcon no seu famoso relatório, a criação de um Conselho de Reitores das Universidades Brasileiras foi, certamente, a que teve maior alcance.

Apesar de já estar em preparação o convênio entre o MEC e a Usaid para a organização de uma equipe de assessores para o planejamento do ensino superior, Atcon afirmava não haver condições de o Estado

---

direito, medicina, etc.) que habilitariam potencialmente os diplomados; o terceiro ciclo, à imagem do *exame de estado* francês ou alemão, consistiria em estágio prático e exame (prestado nas ordens ou associações profissionais), após o que o diplomado estaria legalmente habilitado ao exercício profissional (Teixeira, 1976, p.192).

31 A denominação desse centro teve algumas variações na obra do consultor. No *Manual sobre o planejamento integral do campus universitário* (1970), chamou-o de Centro de Campos Básicos, e em *Administração Integral da Universidade* (1974), de Centro Básico.

196   LUIZ ANTÔNIO CUNHA

promover estudos de interesse de todas as universidades, pelo emperramento da burocracia do serviço público. Por isso e, também, por visar
promover a autonomia das universidades através de suas próprias iniciativas, ele sugeriu a criação de um Conselho de Reitores, assumindo como
sua a sugestão do relatório do Higher Education Team, da Usaid, de abril
de 1964. O Conselho de Reitores seria constituído como uma sociedade
civil, mantida pela contribuição de todas as universidades e por doações, organizado em moldes empresariais, capaz de, por sua secretaria
executiva, realizar os estudos que interessassem a todas, como seria o
caso do detalhamento das medidas que o próprio Atcon havia sugerido
(ibidem, 193-8). "Seria o lugar mais lógico para empreender, no nível
mais alto e a longo prazo, pesquisas metapedagógicas e o planejamento
integral do ensino superior, em todo o referente à sua administração,
estrutura e seu conteúdo acadêmico-científico" (ibidem, p.68). Atcon
dizia que o Conselho deveria ser algo diferente do Fórum de Reitores,
convocado pelo ministro da Educação, que serviria de plataforma de
debates sobre medidas por ele propostas ou decididas previamente. O
Fórum não desenvolvia projetos próprios nem tinha uma organização
permanente, enquanto o Conselho, sim. Este não deveria ser, por outro
lado, uma associação brasileira de universidades, pois, sendo elas oficiais, na maioria, o controle estatal seria inevitável. Por isso o Conselho
deveria ser formado pelos reitores como indivíduos que ocupavam um
cargo universitário e não pelas universidades como entidades jurídicas.
Mais adiante voltaremos a tratar do Conselho de Reitores e seu primeiro
secretário executivo, justamente Rudolph Atcon.

Boa parte dos rumos apontados por Atcon para a reformulação da
universidade brasileira, em 1965, foi mera adaptação de sugestões por
ele apresentadas em 1961 a *todas* as universidades latino-americanas.

Em seu texto escrito em 1961, em Tegucigalpa (Honduras), mas só
publicado em 1963, em Bogotá (Colômbia), o consultor desfia a série de
medidas que deveriam ser tomadas para a modernização da universidade
do continente: abolição da cátedra vitalícia, introdução do regime departamental e do tempo integral para professores (e estudantes), abolição das
faculdades profissionais quase autônomas, adoção dos "estudos gerais",
substituição dos orçamentos detalhados do governo por dotações globais,
e outras já comentadas (Atcon, 1963). Até mesmo a sugestão para que
se criasse uma instituição de assessoria a todas as universidades latino-
-americanas não escapou a esse interessado consultor! Propôs que fosse

A UNIVERSIDADE REFORMANDA 197

criada uma espécie de Cepal educativa[32] da qual o Conselho de Reitores das Universidades Brasileiras veio a ser uma versão menos abrangente, mas que atendia à vocação do consultor continental.

Contudo, é possível que em Honduras, em 1961, Atcon tivesse menos necessidade de dissimular seus propósitos políticos do que no Brasil, em 1965. Supomos isso em razão da presença de um quadro geral de referência política e ideológica que ele havia dito ser aplicável ao Brasil, mas que não está explícito nos *Rumos*...

Naquele ano, Atcon via como inevitável o processo de industrialização da América Latina, mas a exclusiva preocupação com os recursos materiais para essa mudança estaria provocando desequilíbrios que, por sua vez, estariam dissolvendo os valores e as instituições existentes, tudo isso levando à revolução social. A importância da reforma educativa, especialmente da reforma universitária, residia na possibilidade de se promoverem "mutações controladas em consonância com as linhas estabelecidas previamente" (Atcon, 1963, p.21). Essas "mutações" seriam então transmitidas de modo ordenado e harmônico a todas as instituições sociais e a todos os "meios corporativos de produção", sem afrontamento das crenças estabelecidas. Para que essa difusão controlada fosse possível, seriam necessárias duas condições, intimamente articuladas: a autonomia da universidade diante do Estado e o controle do movimento estudantil. A universidade latino--americana, estatal na maior parte, sofria interferências governamentais na administração financeira, acadêmica, científica e de pessoal. Em consequência, a universidade não se expandia nem se renovava, levando o movimento estudantil a estar em permanente mobilização. Os estudantes, por sua vez, foram considerados por Atcon "o elemento mais reacionário na atual sociedade latino-americana" (ibidem, p.95), por pertencerem à elite e usufruírem de ensino gratuito, por não se interessarem pelos estudos e pela sua "arrogante sensação de poder" (ibidem) advinda da corte que lhes faziam os partidos políticos interessados em tirar proveito de suas greves e manifestações de rua.

> Cuba é o exemplo do que nos espera. Ali também as tensões tinham subido até o ponto de erupção, e também ali a universidade tinha sido uma cidadela da reação, da corrupção e da indiferença. Tampouco ali o Estado

---

32 Comissão Econômica para a América Latina, órgão da ONU destinado a estudar e propor medidas aos governos dos países do continente.

198   LUIZ ANTÔNIO CUNHA

nem a universidade se preocuparam em converter-se em instrumento de inovação para criar oportunidades para todos. O resultado foi uma revolução sangrenta e custosa, com verdadeira violência e destruição das instituições, seguida eventualmente, também, pela violação e pela dissolução da universidade. (ibidem, p.157)

Para evitar que isso se repetisse nos demais países, duas medidas se destacavam do longo rol proposto por Atcon. Primeiro, a universidade deveria ser legalmente independente e privada, livre de controle e interferências estatais, completamente dissociada das regulamentações do serviço público, financiada por donativos governamentais não especificados, e, em contrapartida, politicamente neutra. Segundo, retirar os estudantes dos conselhos universitários, submetê-los a uma disciplina acadêmica rigorosa e introduzir a Educação Física nos currículos como matéria obrigatória. Cortadas as interferências do Estado, enfim, seria possível promover, de modo eficaz, as reformas estruturais de que ela carecia.

Voltemos, agora, aos efeitos da atuação de Atcon no Brasil.

Nenhuma universidade brasileira chegou a se estruturar exatamente conforme as sugestões de Atcon, embora ele tenha chegado a elaborar planos específicos para a Pontifícia Universidade Católica do Rio de Janeiro e a Universidade Federal do Espírito Santo, ambos em 1966.

A PUC-RJ encontrava-se, nesse ano, em processo de ampla reestruturação que previa até mesmo a implantação do regime de créditos/matrícula por disciplina, raro no ensino superior brasileiro da época. Atcon foi chamado para dar seu parecer sobre a reestruturação em curso, o que deu ensejo para que ele fizesse o seu projeto. Apesar das reações que o projeto suscitou, várias sugestões foram acatadas e implantadas, principalmente a eliminação das escolas e dos institutos, introduzindo-se a estrutura centros-departamentos. Nem o Centro de Estudos Gerais nem o Centro Cibernético foram adotados, embora fossem criados o departamento de Educação e o de Teologia, reunindo este não só as disciplinas de Cultura Religiosa integrantes dos currículos de todos os cursos da universidade, mas, também, as que viriam a definir um curso destinado à formação de teólogos. Um desvio importante da proposta de Atcon foi a organização dos departamentos de modo que a cada um coubesse um ou mais cursos profissionais em nível de graduação. Foi o que aconteceu com a área de direito. Antes da reforma, a PUC-RJ tinha uma Faculdade de Direito. Atcon propôs substituí-la por três departamentos: de Direito Privado, de Direito Público e de Direito Penal. A reforma efetivamente realizada acabou por definir e implantar um só departamento de Direito, como a antiga faculdade, só que "rebaixada", pois tinha, entre seu chefe e o reitor, a autoridade do decano do centro de Ciências Sociais. Outro desvio foi a manutenção dos departamentos de Física e de Matemática junto aos de Engenharia, no centro técnico-científico.

A Ufes não só adotou a estrutura centros-departamentos, como também criou um centro de estudos gerais, a primeira universidade brasileira que o fez. Ele reunia, ainda em 1981, os departamentos de Biologia; Ciências Sociais; Filosofia e Psicologia (que já estiveram separados); Física e Química; Geociências; História; Línguas e Letras; Matemática e Estatística. Mas o projeto do centro sofreu modificações. Em vez do departamento de Educação, foi criado o centro pedagógico, com três departamentos (Fundamentos da Educação e Orientação Educacional; Administração e Supervisão Escolar; Didática e Prática de Ensino). O departamento de "Disciplinas Sociais" cedeu lugar ao departamento de Ciências Sociais. Cursos de "Educação Geral", equivalentes às "Artes Liberais" dos Estados Unidos, nunca foram oferecidos. Além do mais, o consultor veria – certamente com horror – que o centro de estudos gerais, além de prestar serviços aos cursos profissionais dos outros centros, teve os seus próprios cursos de graduação voltados para o mercado de trabalho: Matemática (bacharelado e licenciatura), Física (licenciatura), Ciências Biológicas (licenciatura), Letras (licenciatura, com duas opções), História (licenciatura), Geografia (licenciatura). Como se vê, outra heresia do modelo de Atcon foi a ligação de cada curso a um departamento, justamente o que procurava evitar no nível dos institutos centrais! O Centro Cibernético teve seu nome substituído pelo de Centro de Ciências Jurídicas e Econômicas, em reverência às duas grandes faculdades que lhe deram origem, mas manteve seu espírito de reunir as disciplinas e os cursos passíveis de serem utilizados para o "controle e governo sociais". Eram oito seus departamentos: Direito Público, Direito Privado, Economia, Administração, Ciências Contábeis, Serviço Social, Comunicação Social, Biblioteconomia. Exceto o caso do curso de Direito, oferecido por dois departamentos, cada um dos outros tinha seu próprio curso profissional em nível de graduação como atividade principal.

Além da PUC-RJ e da Ufes, que receberam de Atcon planos específicos para sua reforma, outras universidades brasileiras adotaram a estrutura centros-departamentos pregada por seu relatório.

A Universidade Federal de Santa Catarina, cujo "dinamismo administrativo" tanto encantou o consultor, a ponto de vir a ser mostrada como modelo vivo pelo Conselho de Reitores, adotou tal estrutura, embora não muito fielmente. De todo modo, ela mantinha, ainda em 1981, um Centro de Ciências Físicas e Matemáticas separado do Centro Tecnológico; um Centro de Ciências Biológicas distinto do Centro de Ciências da Saúde; e um Centro Socioeconômico, aproximação do Centro Cibernético, reunindo os departamentos de Ciências da Administração, Ciências Contábeis, Ciências Econômicas, Direito Privado e Social, Direito Processual e Prática Forense, Direito Público e Ciência Política. No entanto, mantinha ainda um Centro de Educação que, surpreendentemente, abrangia um Departamento de Biblioteconomia e Documentação.

A Universidade Federal do Rio Grande do Norte separou os departamentos de "ciências exatas" dos departamentos de "Tecnologia", compondo com eles dois centros, conforme as diretrizes de Atcon. Mas as Letras e as Ciências Humanas não integravam, com as "Ciências Exatas", o Centro de Estudos Gerais que o consultor tanto enfatizava. Na linha defendida por ele, a UFRN definiu um Centro de Ciências Sociais Aplicadas, que oferecia cursos de Contabilidade, Administração, Economia, Direito, Pedagogia, Serviço Social. No entanto, os ensinamentos de Atcon foram aproveitados apenas em parte, pois a cada curso correspondia um departamento. Já a Universidade Federal de Santa Maria organizou um Centro de Estudos Básicos composto pelos departamentos de Filosofia; Sociologia e Psicologia; Química; Geociências; Letras; Física; História; Morfologia; Patologia; Biologia; Matemática. Ao lado deste, havia os centros de Tecnologia, de Ciências Biomédicas, de Artes, de Ciências Rurais, de Educação Física, conforme o modelo atconiano. Mas as Ciências Pedagógicas, com um só departamento, o de Educação, tinham um centro só para elas, distinto do de Ciências Jurídicas, Econômicas e Administrativas.

A Universidade Federal Fluminense fez uma adaptação muito curiosa da estrutura proposta por Atcon. Se procurarmos a ligação dos departamentos aos centros, veremos que há uma correspondência muito próxima da proposta do consultor nos quatro centros em que se dividia: Centro de Estudos Gerais, Centro de Estudos Sociais Aplicados, Centro Tecnológico e Centro de Ciências Médicas. Porém, entre os departamentos e os centros, interpuseram-se faculdades tradicionais e institutos, justamente o que ele mais condenava. O Centro de Estudos Gerais agrupava seus departamentos nos institutos de Física; de Química; de Matemática; de Geociências; de Biologia; de Ciências Humanas e Filosofia; de Letras; de Artes e Comunicação Social. O Centro Tecnológico se dividia entre pra-

A UNIVERSIDADE REFORMANDA 201

ticamente duas escolas de Engenharia, e o de Ciências Médicas, em nada menos de seis unidades de ensino: Instituto Biomédico, Faculdade de Farmácia, Escola de Enfermagem, Faculdade de Odontologia, Faculdade de Medicina, Faculdade de Veterinária. Já o Centro de Estudos Sociais aplicados reunia a Faculdade de Economia e Administração, a Faculdade de Educação, a Faculdade de Direito e a Escola de Serviço Social.

Essa confusão organizacional tem seu ponto máximo na Universidade Federal do Rio de Janeiro, sem que, no entanto, tivesse havido nesta qualquer influência das ideias de Atcon. A modernização da UFRJ teve dois momentos. O primeiro foi a introdução de enclaves modernos mantendo o arcaísmo da instituição, como foi o caso da Coppe.[33] O segundo momento foi a transição das cátedras para os departamentos, buscando-se eliminar algumas duplicações. As unidades – escolas, faculdades e institutos – foram mantidas e agrupadas em centros para efeito de coordenação e controle, de modo que, acima do nível dos departamentos, encontra-se o nível de escolas, faculdades e institutos, e, acima destes, o dos centros. O Centro de Filosofia e Ciências Humanas, por exemplo, é composto pelas Faculdades de Educação, de Comunicação, de Educação Física e Desportos, pela Escola de Serviço Social e pelos institutos de Psicologia e de Filosofia e Ciências Sociais. O IFCS, por sua vez, compõem-se dos departamentos de Ciências Sociais, de Filosofia e de História, cada um oferecendo curso de bacharelado e licenciatura.

Sua influência não parou aí. Alguns membros do Conselho Federal de Educação que exerceram inconstestada influência nesse órgão durante a meia década que se seguiu à promulgação da Lei da Reforma Universitária e do ato institucional 5 assumiram a estrutura centros-departamentos como a mais adequada para a universidade brasileira. Por isso, as universidades que adaptaram seus estatutos àquela lei e as universidades que foram criadas nos anos 1970 adotavam a estrutura centros-departamentos para receber o apoio desses poderosos conselheiros. Estão no primeiro caso universidades federais, como as da Paraíba e de Santa Maria, e, no segundo, universidades federais, como a de São Carlos (SP), e particulares, como a Santa Úrsula (RJ). Nenhuma delas, entretanto, aventurou-se a incluir no seu organograma o Centro de Estudos Gerais nem o Centro Cibernético.

---

33 Coordenação de Pós-Graduação e Pesquisa em Engenharia.

O CONSELHO DE REITORES COMO CABEÇA DE PONTE

A ideia do grupo de trabalho da Usaid, de criação de uma associação de universidades, transformada por Atcon numa associação de reitores de universidades, foi assumida por pelo menos um deles, que conseguiu a adesão de seus colegas. Isso aconteceu durante o VI Fórum de Reitores, realizado em Fortaleza, em junho de 1965.[34] A ideia de implantação de uma "mais ampla colaboração universitária" teve boa acolhida, sendo designada uma comissão de cinco reitores para examinar a forma de institucionalizá-la. Em abril do ano seguinte, ao fim do VII Fórum de Reitores, no Rio de Janeiro, os dirigentes de 25 universidades públicas e privadas aprovaram a constituição do Conselho de Reitores das Universidades Brasileiras (Crub).

O Crub nasceu como uma entidade civil de direito privado com sede no Rio de Janeiro (posteriormente transferida para Brasília), congregando reitores em efetivo exercício do cargo em todas as universidades do país, com o objetivo de "promover o estudo e a solução dos problemas relativos ao desenvolvimento do ensino superior no Brasil". O Conselho não reunia universidades mas seus reitores, enquanto estivessem nesse cargo. Com isso, imaginava-se evitar o envolvimento da burocracia das universidades, principalmente as federais, e o do MEC, que as controlava.

O primeiro presidente do Crub foi Miguel Calmon, da Universidade Federal da Bahia, e o secretário executivo, justamente Rudolph Atcon, que passou a ocupar um cargo dotado, na época, da autonomia exigida pelo intuito de ditar os "rumos da reformulação estrutural da universidade brasileira", como anunciava no título de seu famigerado relatório.

As contribuições dos sócios-reitores não seriam suficientes para a consecução dos ambiciosos objetivos propostos nem se esperava que fossem. Desde que houvesse uma entidade dotada da legitimidade conferida pelos reitores, a Usaid transferiria recursos, driblando a burocracia do MEC, já ocupada, aliás, em assimilar os demais convênios.

Em 30 de junho de 1966, dois meses após a criação do Crub, foi firmado um convênio entre o MEC e a Usaid visando à modernização da

---

34 Para o estudo do Crub, valemo-nos dos relatórios semestrais da entidade e da correspondência arquivada na Subsecretaria de Cooperação Econômica e Técnica Internacional do Ministério do Planejamento. Foram muito úteis, também, as informações prestadas por ex-integrantes do corpo técnico da secretaria executiva do Conselho.

administração universitária. O diagnóstico da situação atual, que abria o convênio, dizia que o rápido crescimento do número de universidades no Brasil (de 3, em 1944, para 37, em 1966) não deixou tempo para que se cuidasse da administração universitária. Como resultado, antevia-se o surgimento de problemas nas áreas de exames vestibulares, planejamento acadêmico, administração financeira e planejamento físico das cidades universitárias, que "tornar-se-ão tão complexos que limitarão severamente a eficiência destas instituições e terão fatalmente efeito prejudicial no desenvolvimento do ensino superior no Brasil".

Para que as universidades "desejosas" de tomar medidas que levassem à introdução de "métodos e práticas modernas de administração", previam-se várias formas de atuação: consultoria técnica para as universidades que já estivessem em condições de modernizar suas administrações; seminários para estimular as outras universidades; e cursos de curta duração, no Brasil, para administradores universitários em assuntos específicos, e nos Estados Unidos e/ou outros países, para quarenta pessoas ocupantes de posições administrativas-chave (sic) nas universidades participantes. Apesar de o convênio dizer que as universidades "desejosas" de reforma seriam escolhidas conjuntamente pelo MEC e pela Usaid, é possível que já fossem conhecidas, pois o número delas (18) estava estipulado. Nesse sentido, dizia-se que a primeira tarefa dos consultores norte-americanos seria visitar "certas instituições a fim de determinar o interesse específico e as necessidades de reforma". Do "efeito demonstração" de suas reformas e dos seminários realizados nas universidades ainda não despertadas para as vantagens da modernização administrativa, resultaria uma difusão inovadora por todo o ensino superior: a meta era que, em 1970, todas as universidades já tivessem alcançado algum estágio da mudança pretendida.

A consultoria técnica e os seminários contariam com a participação de vinte norte-americanos, totalizando 18 homens-mês. Para seu pagamento estava reservado todo o dinheiro alocado pela Usaid para esse convênio, 75 mil dólares. Os recursos restantes seriam fornecidos pelo MEC ou pelas próprias universidades, destinados a cobrir despesas de viagem e estada dos consultores, e para fornecer-lhes secretárias e intérpretes, com a exceção das bolsas fora do Brasil, que seriam custeadas pela Usaid.

Firmado o convênio, o ministro da Educação designou o Crub para executar as tarefas previstas. Mas o problema dos recursos não tinha sido satisfatoriamente resolvido. Os dólares alocados pela Usaid iriam para os bolsos dos consultores e as bolsas dos administradores-estudantes no exterior. Para o Conselho, mesmo, nada havia, o que lhe dificultava coordenar a consultoria e os seminários, pois não era suficiente o dinheiro que os sócios-reitores lhe transferiam de seus orçamentos universitários, já pressionados pela ascensão de matrículas e pelos cortes governamentais. Por outro lado, o ministro do Planejamento, Roberto Campos (para quem não havia falta de recursos para o ensino, o problema é que se gastava mal), resolveu patrocinar a ação do Crub. Se, de um lado, ele cortava os orçamentos das universidades (as federais, no caso), promovia, indiretamente, uma maneira de elas aumentarem a "produtividade" dos recursos que lhes eram destinados. Foi por sua iniciativa que novo convênio foi assinado, em 16 de março de 1967, entre o MEC, a Usaid e o Crub.

A finalidade do novo convênio era fornecer recursos ao Conselho, em cruzeiros, até o volume correspondente às contribuições dos sócios (limite máximo de Cr$ 200.000,00). Dito de outro modo, era simplesmente duplicar os recursos disponíveis para que o Crub pudesse executar as tarefas previstas no convênio de 1966 entre o MEC e a Usaid, no qual sua presença estava oculta no texto e no orçamento. O novo convênio não acrescentava tarefas novas, apenas alertava para a necessidade de se articular a assistência técnica à modernização administrativa com as atividades da Equipe de Planejamento do Ensino Superior, de que já falamos anteriormente. No mais, apenas trazia, em anexo, uma relação ilustrativa das atividades de pesquisa e treinamento relacionadas com a reforma administrativa das universidades, a serem desenvolvidas pelo Crub. Eram elas:

1. Pesquisa sobre a situação socioeconômica do estudante universitário brasileiro.

2. Pesquisa sobre a unificação e operação mais racional e funcional dos exames de admissão para as universidades.

3. Estudo destinado à apresentação de proposta sobre soluções alternativas quanto ao financiamento dos estudos universitários para estudantes de poucos ou nenhum recursos.

4. Treinamento, abrangendo todas as universidades brasileiras, sobre operações e funcionamento da administração centralizada, nos moldes das atualmente em uso na Universidade Federal de Santa Catarina, com a plena cooperação desta universidade, em Florianópolis.

5. Treinamento, mediante acordo bilateral, de limitada assistência técnica visando estimular métodos administrativos avançados em planeja-

mento universitário, registros centrais, contabilidade centralizada, auditoria, financiamento etc.

6. Coordenação de todas as comissões de planejamento universitário e de incentivo para a criação de tais comissões onde quer que estas ainda não existissem.

7. Estudo visando à preparação de um dossiê completo sobre todos os aspectos de "Estudos Gerais".

8. Coordenação visando à assistência a todas as universidades no que diz respeito ao melhor preparo e controle de seus orçamentos anuais.

9. Pesquisa sobre a legislação educacional vigente para fins de sua integração e simplificação.

10. Pesquisa destinada a conseguir meios e métodos para aumentar o número de matrículas estudantis nas universidades nacionais.

11. Estudo e coordenação sobre técnicas relacionadas às atividades de extensão cultural universitária e de assistência comunitária.

12. Pesquisa e treinamento, em escala nacional, sobre técnicas de planejamento universitário.

13. Treinamento para preparação simultânea de grupo de dirigentes de bibliotecas centrais para todas as universidades.

14. Treinamento para preparação simultânea de estatísticos educacionais para todas as universidades.

15. Treinamento, no país e no exterior, para preparação simultânea de administradores de hospitais universitários.

16. Estudo sobre a política nacional de salários, visando à formulação de meios e métodos para assegurar a justa remuneração para os professores no ensino de tempo integral, bem como para o pessoal de pesquisa (cf. Brasil, 1968a, p.39-40).

A Usaid buscou na Universidade de Houston os consultores previstos pelos convênios e a coordenação dos cursos para administradores universitários brasileiros no exterior. Em dezembro de 1966, aquela agência firmou um contrato com essa universidade texana para que fornecesse um assessor ao Crub, em regime de dedicação exclusiva, e consultores, em regime de curto prazo, para assistirem o Conselho de Reitores na organização e realização de conferências e seminários sobre administração universitária e para assessorarem as instituições de ensino superior que solicitassem seus serviços. A Universidade de Houston deveria fornecer, também, cursos de curta duração sobre administração universitária nos Estados Unidos e em outros países.

Um convênio assinado entre o MEC, a Usaid e o Crub,[35] em junho de 1968, reconheceu o contrato da Universidade de Houston e garantiu o financiamento da agência norte-americana para que o Conselho de Reitores pudesse contratar diretamente os serviços daquela universidade. Os objetivos permaneceram os mesmos fixados pelo convênio de 1966, embora menos ambiciosos em termos quantitativos: em vez de falar em 18 universidades prontas a modernizar sua administração, falou-se em dez. O número de homens-mês de consultores, por outro lado, aumentou para sessenta. O número de funcionários administrativos que receberiam treinamento no exterior subiu, também, para sessenta, admitindo-se a possibilidade de chegar a cem.

Em outubro do mesmo ano, o Conselho de Reitores, com o respaldo da Usaid, assinou contrato com a Universidade de Houston, estendendo o que essas duas haviam celebrado dois anos antes. O convênio previu que as despesas em dólares da Universidade de Houston, efetuadas por conta de serviços de consultoria ao Crub, fossem reembolsadas, em dólares, pela Usaid. Mas, em fins de 1968, a reação à "intervenção" dos consultores norte-americanos no ensino superior brasileiro, principalmente à Eapes, vista como resultado do convênio MEC-Usaid, alimentada pelos artigos de John Hunter publicados pela imprensa, levou o Crub a precaver-se. Um dos artigos de um dos anexos do contrato firmado com a

---

35 Esse convênio reafirmou o de julho de 1966 e o de março de 1967, que incluiu o Crub. O novo convênio foi assinado, também, pelo secretário executivo do Conselho de Cooperação Técnica da Aliança para o Progresso – Contap. Esse conselho, criado em 1965, no âmbito do Ministério do Planejamento, destinava-se a gerir os recursos para o financiamento de programas e projetos de cooperação com países estrangeiros. O Contap era presidido pelo ministro do Planejamento e reunia representantes da Sudene, da Comissão de Coordenação da Aliança para o Progresso (Cocap) e do Escritório do Governo Brasileiro para a Coordenação do Programa de Assistência Técnica (Ponto IV), seu secretário executivo. Boa parte dos recursos geridos pelo Contap provinha do Acordo do Trigo, mediante o qual esse produto importado era vendido ao Brasil e pago em cruzeiros. Estes eram depositados aqui, em vez de remetidos aos Estados Unidos, e empregados no financiamento a fundo perdido de projetos de desenvolvimento aprovados por uma comissão mista de representantes dos governos dos dois países.

Universidade de Houston determinou que nem ela nem qualquer de seus quadros (não apenas os consultores) poderia publicar qualquer artigo, baseado em informação obtida em função da consultoria e dos cursos que seriam ministrados, que contrariasse "os regulamentos ou interesses do Brasil". Caso algum consultor norte-americano quisesse publicar um artigo sobre o ensino superior brasileiro deveria noticiar ao Crub com um mês de antecedência, prazo em que ele deveria liberar ou não a publicação de tal artigo. Essa tática do Crub de evitar confrontos fez que Rudolph Atcon, seu idealizador e primeiro secretário executivo, fosse dispensado desse cargo, sem que, no entanto, deixasse de colaborar com a instituição.

A REAÇÃO CONTRA OS CONSULTORES ESTRANGEIROS

Os consultores estrangeiros desembarcaram no ensino superior brasileiro de diversas origens institucionais: de universidades norte--americanas, como a de Houston e as integrantes do Midwest Universities Consortium (com destaque para a Michigan State University); ou de conduções particulares, como a do livre-atirador Rudolph Atcon. Era política da Usaid não trazer funcionários governamentais para o campo educacional, ao contrário do que fazia, por exemplo, com a assistência técnica no campo da segurança pública. Não poderia ser, aliás, de outro modo, em razão da grande descentralização, autonomia administrativa e privatização do ensino superior nos Estados Unidos. No Brasil, o consulente mais visível foi o Ministério da Educação na primeira fase da maratona de Atcon, na Equipe de (Assessoria ao) Planejamento do Ensino Superior e na reforma das faculdades de Filosofia. Menos visíveis, embora mais ansiosas, as universidades, públicas e particulares, aquelas mais do que estas, foram as clientes mais importantes dos consultores, agenciadas pelo Conselho de Reitores que não só encaminhava as demandas de seus sócios, como também, e principalmente, as induzia.

Apesar de numerosos os consultores, diferentes suas origens institucionais e diversos os interesses dos consulentes, a orientação que deram aos clientes foi bastante coerente. Não pressupomos a existência de um gênio maligno que, invisível, os controlasse. No entanto, todos eles traziam para cá as experiências vividas com o modelo norte-americano de universidade, cuja reprodução, quase universal, não os levava a contestar – o que acontecia, entretanto, com os estudantes. Mesmo quando os

208 LUIZ ANTÔNIO CUNHA

consultores vinham do México (e nesse país administradores universitários brasileiros eram submetidos a treinamento em serviço), as instituições escolhidas eram as organizadas segundo padrões norte-americanos. Só para citar um exemplo desse nada surpreendente "paradigma deslocado", Harry Ramson, um dos consultores que mais tempo esteve a serviço do Crub, era professor de arquitetura da Universidade de Rice e arquiteto- -chefe da Universidade Autônoma de Guadalajara.

O entrosamento dos consultores e dos consulentes, na prática, foi um elemento importante dessa coerência. À primeira vista, poderia parecer que não tivesse havido tal entrosamento. Um dos membros da Eapes, Henry Hoge, escreveu no relatório final, respondendo às críticas que os consultores recebiam de amplos setores da opinião pública: "Com respeito ao relatório Atcon, o autor nega toda e qualquer vinculação com este documento e, na verdade, rejeita suas teses principais como irreais e inadequadas para o Brasil" (Brasil, 1969b, p.581). Quais seriam as "teses principais" de Atcon rejeitadas por Hoge? Teriam sido o Centro de Estudos Gerais, o Centro Cibernético e a estrutura centros-departamentos? Tudo o mais é coincidente com as sugestões explícitas e implícitas da Eapes: departamentalização, cursos gerais não profissionais, cursos básicos, combinação de *colleges* em nível municipal com universidades regionais, etc. É interessante notar que, em 1968, quando Hoge criticava Atcon em abstrato, este, concretamente, já tinha articulado a criação do Conselho de Reitores, ideia do Higher Education Team (1964), da Usaid, do qual foi secretário-executivo nos três primeiros e mais importantes anos, desen- volvendo projetos financiados pela mesma agência que mantinha a Eapes, com objetivos em tudo convergentes. É possível que tal declaração se de- vesse a uma tentativa de não se comprometer com o nome de Atcon, sobre quem recaíam as maiores suspeitas de agente de interesses imperialistas, talvez por ter vindo ao Brasil como livre-atirador. Aliás, o próprio Crub procurou preservar-se, substituindo seu criador e secretário-executivo em fins de 1968, o que não o impediu de continuar atendendo a convites de universidades e do próprio Conselho de Reitores para elaborar projetos, coordenar seminários, proferir palestras e escrever textos.

À medida que o novo regime se consolidava, a política externa do novo Governo mudava de posição *independente* para o *alinhamento sem restrições com o mundo livre,* tão bem expressa pelo novo embaixador em Washington, Juracy Magalhães, ao dizer que o que era bom para os Estados Unidos era bom para o Brasil (A diplomacia..., 1965).

Ainda que incapaz de impedir o processo modernizador das universidades em virtude das forças que o impeliam, de dentro e de fora delas, a reação da opinião pública acabou por pressionar a ação dos consultores estrangeiros nas mudanças do ensino superior.

O desencadeador dessa reação foi o Projeto Camelot. Criado em 1964 com recursos do Special Operations Research Office-Soro, do Exército dos Estados Unidos, o Projeto Camelot buscou camuflagem na American University, de Washington, que deveria supervisionar os contratos com instituições de pesquisa dos países visados. Seus objetivos eram: 1) criar métodos para avaliar o potencial de "guerra interna" nas sociedades nacionais; 2) identificar, da maneira mais segura possível, as ações que um governo poderia realizar com o fim de avaliar as condições julgadas capazes de gerar um potencial de "guerra interna"; 3) determinar a probabilidade de prescrever as características de um sistema de obtenção e utilização das informações essenciais que são necessárias à realização dos dois objetivos acima (Horowitz, 1969). As razões autoatribuídas para o projeto eram de que o Exército dos Estados Unidos tinha um papel a desempenhar na política global norte-americana de encorajar o progresso e a mudança, de forma equilibrada, nos países mais pobres do mundo, assim como no programa global de contrarrevolução do governo dos Estados Unidos. Com base num sólido conhecimento das "áreas problemáticas", seria possível prevenir a necessidade de revoluções através de programas de desenvolvimento político, econômico, social e psicológico.

O Projeto Camelot, com verba anual de 1,5 milhão de dólares, deveria durar de três a quatro anos, com ênfase especial na América Latina. Nesta área, seriam realizados estudos históricos comparativos nos seguintes países: Argentina, Bolívia, Brasil, Colômbia, Cuba, El Salvador, Guatemala, México, Paraguai, Peru, República Dominicana e Venezuela. Levantamentos topográficos e outros estudos de campo seriam feitos na Argentina, na Bolívia, no Brasil, na Colômbia, no Equador, no Paraguai, no Peru e na Venezuela. Outros países da Europa, da África e da Ásia também seriam objeto de estudos. Numa segunda fase do Projeto, um país seria escolhido para estudos aprofundados.

Os problemas começaram, para o Projeto Camelot, no Chile, no contexto da reação ao desembarque das tropas norte-americanas em São Domingos (maio de 1965) para sufocar um levante civil-militar contra a ditadura local. Sondados por um representante da American University interessado em ampliar o Projeto, os sociólogos e a direção geral da Univer-

210   LUIZ ANTÔNIO CUNHA

sidade do Chile recusaram-se a participar e fizeram publicar nos jornais o texto com os objetivos visados pelo Soro. A reação foi enorme e alastrou-se rapidamente, chegando logo ao Brasil, onde o protesto contra a invasão da República Dominicana pelos Estados Unidos era imediatamente estendido à ditadura aqui instalada por um golpe de Estado, também apoiado pelo governo daquele país. Essa ligação foi dramaticamente confirmada pelo envio de tropas brasileiras para substituir e auxiliar as dos Estados Unidos em São Domingos, comandadas pelo coronel Meira Mattos, o mesmo que, nesse ano, invadira com tropa embalada o Congresso Nacional para dissolver as resistências dos deputados ao endosso de novas cassações de mandatos e, no ano seguinte, já general, veio a desembarcar na universidade brasileira armado de seu famigerado relatório. A repulsa ao Projeto Camelot, até mesmo no Congresso dos Estados Unidos, fez que ele fosse cancelado em agosto de 1965. Mas o alerta continuava, favorecendo a descoberta de programas de assistência técnica com objetivos convergentes, embora mais modestos.[36]

Curiosamente, foi o hábil embaixador norte-americano no Brasil, professor universitário em seu país, quem forneceu a "deixa" para a longa série de contestações aos consultores estrangeiros em nosso ensino superior.

Convidado pela Associação Alumni, que congregava brasileiros ex-estudantes bolsistas nos Estados Unidos, de quem recebera o título de sócio-honorário, Lincoln Gordon proferiu palestra no Automóvel Clube de São Paulo, em 23 de abril de 1965, focalizando temas de interesse universitário. Logo de início, ironizou a universidade brasileira, que se considerava muito importante por ter sido modelada pela universidade europeia, para ele já obsoleta. Impunha-se reformar a universidade brasileira, segundo o modelo da norte-americana, sob pena de "não se formar técnicos à altura do desenvolvimento nacional". O embaixador foi mais além em seus conselhos, entrando em considerações sobre a política na universidade. Disse ele:

> É preciso também que os jovens abandonem o jogo político e que os administradores se esforcem por promover uma campanha neste sentido. Em sua luta, os comunistas frequentemente argumentam que aos universitários cabe a maior participação na vida política nacional. No entanto,

---

36 Como seria de esperar, suspeitas de intenções imperialistas recaíram sobre pesquisadores estrangeiros e entidades de pesquisa que nada tinham que ver com isso.

A UNIVERSIDADE REFORMANDA   211

na própria Rússia isto não é a prática comum. Naquele país, os estudantes têm horários rígidos de aulas a ponto de não terem tempo sequer para pensar em política.[37]

A divulgação desses conselhos pela imprensa teve o efeito de uma bomba nos meios universitários paulistas, principalmente na USP, orgulhosa de seus ritos acadêmicos para europeus e de seu corpo docente formado por mestres cuidadosamente escolhidos na França, na Itália e em outros países daquele continente. Ainda mais por estar seu corpo docente ainda mobilizado contra as ameaças de mutilação e repressão em nome do "combate ao comunismo". Porém, o efeito dessa bomba não foi imediato, só se manifestando depois de três semanas. Foi preciso o desembarque de tropas norte-americanas na República Dominicana e a declaração do Governo brasileiro de que estava disposto a enviar soldados para integrar a "Força Interamericana de Paz", em substituição parcial àquelas, para que se conseguisse lançar um manifesto contra as declarações do embaixador.

No seu manifesto de 14 de maio de 1965 (no qual suspeitamos encontrar o marcado estilo de Fernando de Azevedo), diziam oito dezenas de professores da USP:

> Jornais de São Paulo e do Rio de Janeiro, publicaram há dias a notícia, não desmentida, de que o Sr. Ministro da Educação e Cultura projetava ou decidira contratar professores norte-americanos para planejarem a reestruturação das Universidades do Brasil. A ideia ministerial importa, antes de tudo, num vasto atestado de incapacidade ou incompetência passado às nossas universidades e às suas centenas de professores, no que concerne a problemas de ensino, de educação e cultura no país. Em todas, e em nenhuma delas, julgaria S. Exa. não haver, em número suficiente, professores brasileiros que recrutar, para constituírem uma Comissão de Estudos e Planejamento do ensino universitário, em bases e segundo diretrizes novas. Esquece-se S. Exa. de que as Universidades estrangeiras, de não importa que país, são, como quaisquer instituições, intransferíveis em suas estruturas originais: pois, com elas, não se transferem para outros ambientes as condições de vida social e econômica, os recursos, as tradições e a atmosfera cultural que respiram e de que se sustentam. Não temos de copiar ou transplantar modelos. O que é preciso, é estudá-las todas e

---

37 *O Estado de S. Paulo*, 23 abr. 1965, 1º Caderno, p.16.

212 LUIZ ANTÔNIO CUNHA

delas extrair o que de melhor tenham e se possa enquadrar num sistema, maleável e vivo, adaptado às condições, exigências básicas e aspirações de sociedades, tão complexas como as nossas, em transformação desigual e marcadas por grandes desníveis econômicos e culturais. Para se inserir o "ideal" no "real", é tão necessário conhecer aquele como este, por cuja análise se tem de começar.

Mal nos recuperamos do desapontamento que nos causou a desoladora notícia (e muito relutamos em aceitá-la), quando nos chegam ao conhecimento as considerações e críticas feitas, em São Paulo, no Automóvel Club, pelo Exmo. Embaixador dos Estados Unidos no Brasil. Perdoe-nos o eminente representante do governo desse grande povo manifestar-lhe a nossa surpresa diante da posição que tomou, nas severas críticas que fez às nossas Universidades. Podem estar, e certas estão algumas, mas nós, brasileiros, já as tínhamos formulado, e com veemência em várias ocasiões, e de nossas deficiências nesse setor já sabíamos, apontadas como o têm sido tantas vezes por tantos de nossos educadores, mais esclarecidos e experimentados no trato dessas questões. As nossas Universidades, organizadas, a seu juízo, "segundo o padrão do continente europeu, obsoleto e superado" (são palavras suas), deviam mudar de rumo e orientar-se, naturalmente, para o tipo ou padrão norte-americano. Quando em 1934, Armando Sales de Oliveira fundou a Universidade de São Paulo, não cuidou ele de contratar professores estrangeiros para lhe darem a primeira organização. Essa delicada tarefa o então interventor em São Paulo confiou-a a uma Comissão constituída de professores brasileiros, dos institutos de ensino superior e de pesquisa então existentes. O que Armando Sales procurou e contratou no estrangeiro – na França, na Itália, na Alemanha, na Espanha e em Portugal – foram missões de professores para inaugurarem cursos novos, em suas especialidades respectivas. Continuamos fiéis a essa sábia orientação, e dispostos não só a acolher, como também a buscar a colaboração, sumamente importante, de mestres estrangeiros para o ensino e a pesquisa. A estruturação de nossas universidades é, porém, de nossa competência. Não há, aliás, no continente europeu e na América do Norte, um "padrão", mas vários padrões de universidade, que diferem umas das outras, por suas estruturas, pela ênfase que dão a determinados setores de estudos e pesquisas, e por sua maior ou menor projeção internacional. Os rumos que nos aponta o ilustre professor, hoje embaixador, de cuja presença muito nos honramos, não são exatamente aqueles que precisamos imprimir à nossa Universidade. Ciência e técnica, filosofia e humanismo parecem-nos por igual indispensáveis, como indispensável a associação do ensino e da pesquisa, teórica e experimental, sem a qual não é possível qualquer contribuição importante para o progresso científico. Com os mesmos olhos de simpatia e interesse com que vemos as grandes Universidades

A UNIVERSIDADE REFORMANDA 213

da América do Norte, como da América Latina, nós nos voltamos, atentos, para as Universidades Europeias, pelas quais conservamos o mesmo respeito e profundo reconhecimento.[38]

As reações à assistência técnica da Usaid à modernização do ensino superior se intensificaram em 1967, alimentadas pelos protestos mundiais à escalada das Forças Armadas dos Estados Unidos no Vietnã e pelas denúncias de norte-americanos na imprensa sobre a política de "ajuda" de seu governo.

O renomado politólogo da Washington University (Missouri), Irving Horowitz, denunciou as antigas e estreitas ligações entre a Central Intelligence Agency – CIA – e a Michigan State University (Horowitz, 1967), de onde vieram dois dos quatro membros da Equipe de Assessoria ao Planejamento do Ensino Superior, bem como John Hunter, o de atuação mais marcante. De um estudante da mesma universidade, Ted Goertzel, que realizava pesquisas no Brasil para sua tese de doutoramento, partiu a explicitação da concepção empresarialista do ensino superior que presidiria os convênios MEC-Usaid (Goertzel, 1967).

Desde 1966, todos os congressos da União Nacional dos Estudantes e os de certas Uniões Estaduais incluíram tópicos, se não seções inteiras, nas quais se condenava a intervenção da Usaid na universidade brasileira com destaques para o Projeto Camelot e o Relatório Atcon. Um documento estudantil amplamente divulgado no estado da Guanabara fazia um longo e acurado estudo dos objetivos dos convênios MEC-Usaid e os colocava como sendo os mesmos do Projeto Camelot. "Este, como disse um general norte-americano, está morto; mas seus objetivos continuam sendo tão importantes agora como sempre o foram."[39]

A síntese mais interessante dentre as que conhecemos sobre avaliação da assistência técnica norte-americana, feita pelo movimento estudantil, está em um capítulo da cartilha impressa pela Comissão de Recepção aos Calouros,

---

38 *Folha de S.Paulo*, 14 maio 1965, 1º Caderno, p.7. Entre os 82 professores que assinaram o manifesto estão: Fernando de Azevedo, Lívio Teixeira, João Cruz Costa, Erwin Theodor Rosenthal, Florestan Fernandes, Ruy Coelho, Newton Bernardes, José Cavalcanti de Souza, Paula Beiguelman, Octávio Ianni, Ruy Fausto, Luiz Pereira, Bento Prado Júnior, Marialice Foracehi, Azis Simão, Isaac Nicolau Salum, J. Aderaldo Castelo, Elza Furtado Gomide, Shigeo Watanabe, Paulo Saraiva, J. Artur Gianotti, Juarez Lopes, Eduardo Corona, Jean Maitrejan e Paulo Brum.

39 Estudantes analisam educação, *Jornal do Brasil*, Rio de Janeiro, 7 maio 1967.

do Centro Acadêmico Visconde de Cairu, da Faculdade de Ciências Econômicas e Administrativas da USP (Bê-a-burro, 1968). Redigida em princípios de 1968, a cartilha continha capítulos sobre o Centro Acadêmico, o movimento estudantil, a faculdade, a evolução da sociedade brasileira e sobre o convênio MEC-Usaid. Transcrevemos este capítulo na íntegra:

O que é o Acordo MEC-Usaid

A luta principal do movimento estudantil no momento tem sido contra o acordo MEC-USAlD, que pretende elaborar a Reforma Universitária. Baseado no relatório Atcon, feito pelo professor Rudolph Atcon a serviço da agência interamericana – Usaid – sobre o ensino na América Latina. O relatório, a partir de críticas (a todos evidentes) do ensino brasileiro, propõe soluções deslocadas de nossa realidade. O Brasil é um dos países que destina menos verbas para a educação no seu orçamento; e o prof. Atcon apresenta a medida de eliminação do ensino gratuito, transformação das universidades em fundações. Sem falar na mentalidade capitalista, tecnicista que pretende impor aos cursos, transformando a universidade num apêndice das organizações industriais.

Veja um trecho lindo: "A Educação é direito de todos e será dada no lar e na escola, assegurada a igualdade de oportunidade, deve inspirar-se no princípio da unidade nacional e nos ideais".[40] Isto é, a Constituição Federal antes de Castello Branco ela dizia ainda que o ensino oficial era gratuito, em todos os níveis.[41] Hoje, no artigo 138, § 3º da nova Constituição está escrito: "o ensino oficial ulterior ao primário será gratuito, para quantos, demonstrando efetivo aproveitamento, provarem falta ou insuficiência de recursos".

Dizendo as coisas de um modo mais direto, que esta constituição parece evitar: o ensino depois do golpe de 1964, vai ser pago por quem estuda; só não paga quem provar que é miserável, que não repita de ano. O argumento do governo para justificar esta cobrança de anuidades seria estúpido, se não revelasse um certo cinismo: "quase todos que frequentam a faculdade atualmente podem pagá-la, a cobrança de taxas não vai modificar a situação existente".

---

40 Os ideais referidos pela Constituição de 1946 são, explicitamente, os de solidariedade humana.

41 *Não* está correto. A Constituição de 1946 também só estipulava a gratuidade do ensino primário. A confusão talvez tenha sido produzida pela gratuidade de *fato* do ensino superior nos estabelecimentos federais desde 1950. A Constituição do Estado de São Paulo, de 1947, é que estipulava ser o ensino público gratuito em todos os níveis.

A UNIVERSIDADE REFORMANDA 215

Realmente, os trabalhadores já não frequentavam a escola quando ela era gratuita, porque o problema está na distribuição da renda dentro da sociedade. Assim cobrar taxas agora não modifica muito a situação.

Mas, criando a escola paga por lei, acentua-se e legaliza-se o privilégio, os poucos que conseguiam furar a barreira econômica que os separava da escola vão ser mais reduzidos ainda. Dentro desta visão, o argumento do governo tem simplesmente o significado de incrementar e institucionar (sic) o privilégio.

O item III do artigo 168, § 3º fala ainda que "o Poder Público substituirá sempre que possível o regime de gratuidade pelo de concessão de bolsas de estudo, exigindo o posterior reembolso no caso de ensino de grau superior".

Mas é apenas uma forma de apresentar uma saída enganosa para o problema. Dar dinheiro para que alguns possam pagar o curso não levará o povo para a escola isso porque mesmo quando a escola era gratuita a educação já se constituía num privilégio dos que tinham renda mais alta.

A Hora e a Vez dos Americanos

Agora, queremos sua atenção para uma sigla. Você já ouviu falar muito dela, talvez já ache a palavra muito natural: MEC-Usaid. É o nome de um convênio de assistência entre o Ministério da Educação e Cultura e a United States Agency for International Development (Agência dos Estados Unidos para o Desenvolvimento Internacional). A modificação da constituição que instituiu o ensino pago foi proposta pela Usaid.[42] Portanto, esta Agência americana não pode soar muito naturalmente, ela tem objetivos, você precisa conhecê-los.

O convênio MEC-Usaid se inspira num relatório de um professor americano chamado Rudolph Atcon. Ele elaborou um plano geral para reforma da Universidade Brasileira. Este plano, que já começou a ser posto em prática através da abolição do ensino gratuito, revela toda a estratégia da Usaid para o ensino brasileiro. Foi elaborado pelo prof. Atcon em 1958. Naquela época tinha uma apresentação mimeografada e se intitulava "Anteprojeto da Concentração da Política Americana da América Latina na Reorganização Universitária e sua Integração Econômica". É um nome bem sugestivo, já dá algumas ideias das intenções do trabalho: política americana para a universidade latino-americana com vistas a uma integração econômica com os EUA. Em 1961 o estudo de Atcon mudou de

---

42 Não houve essa modificação, conforme indicamos anteriormente.

216 LUIZ ANTÔNIO CUNHA

nome para outro mais sutil, passou a ser The Latin American University e em 1963 aparece em espanhol na revista colombiana ECO. Nessa época, foi encampado pela Usaid e passou a se constituir na base da política educacional norte-americana para a América Latina.

O mais importante no relatório do prof. Atcon são as recomendações finais, que mostram o plano através do qual a Usaid orienta o nosso Ministério da Educação e Cultura.[43] Elas se encontram no final do relatório e as principais são as seguintes:

I – Integração: o êxito final de nosso trabalho depende de uma focalização socioeconômica e educacional perante a América Latina. Por isso devemos criar um organismo de cúpula para coordenar os estudos e programas de ação, semelhante aos organismos de coordenação econômica que já existem, como a Cepal. Esse organismo educacional de alto nível deve estar qualificado para: a) desenvolver uma filosofia educacional para o Continente ... b) estabelecer programa de ação educacional em todos os níveis e em todos os países; c) dar prioridade máxima a todas as questões educacionais e obter os meios financeiros para levar à prática tal política; d) criar e manter um serviço de consultoria para as universidades latino--americanas.

III – A Universidade latino-americana deve consolidar sua autonomia e adquirir um grau de independência real. O melhor sistema legal para alcançar este grau de liberdade é a transformação da universidade estatal em universidade privada.

VII – Reforma administrativa – item *g* – eliminação da interferência estudantil na administração das escolas tanto colegiada como gremial.

VIII – Reforma fiscal – item *d* – colaboração do ensino 'superior em bases rentáveis, cobrindo matrículas crescentes durante um período de dez anos: 1) A responsabilidade financeira poderia estabilizar-se, eventualmente, na divisão, pelo estudante e pela universidade do custo real do mesmo. 2) Deve ser estabelecido um fundo assistencial de bolsas adicionais para compensar o desaparecimento de uma educação gratuita.

Como se vê as coisas são colocadas claramente. Trata-se de um plano para todo o ensino na AL, sob o esquema americano. Pretende eliminar o ensino público, gratuito e as influências que os estudantes possam ler nos destinos da ... criança de dez anos que não seja excessivamente estúpida

---

43 Parece que os redatores da *Cartilha do Calouro* não conheciam *Rumos à reformulação e estruturação da universidade brasileira,* embora tivesse sido publicado três anos antes. No entanto, estavam bem informados sobre o artigo de ECO.

A UNIVERSIDADE REFORMANDA   217

pode perceber que o plano está religiosamente em prática pelos governos que se seguiram ao golpe. A lei Suplicy proibiu a participação independente dos estudos dentro da Escola; a Constituição de Castello aboliu o ensino gratuito.

Os próximos passos – Atcon é paciente, fala em dez anos para suas reformas – serão o aumento progressivo das taxas escolares que hoje ainda são relativamente pequenas e a transformação total da universidade pública em universidade particular.

Aí então as escolas serão como empresas, preocupadas com o lucro. Poderão formar o pessoal que o achar conveniente de acordo com as verbas das indústrias que pagarem mais. E como nossa indústria é basicamente comprometida com a americana as conclusões são fáceis de tirar.

Existe uma palavra que sintetiza muito bem este fenômeno, de um país dominar a estrutura jurídica do outro através de um sistema de domínio econômico. É uma palavra que você também já ouviu muitas vezes e quando dita em voz muito alta cria complicações com os homens que cuidam da famosa Segurança Nacional. Com sua permissão, esta palavra é Imperialismo.

Embora bastante exagerado e incorreto em certos pontos, os estudantes tinham clareza das articulações entre os consultores (Atcon e os da Usaid) e da direção geral de suas propostas: a modernização do ensino superior, a privatização da universidade e a desmobilização do movimento estudantil.

Já no mês de maio de 1966, os estudantes universitários se mobilizaram na maioria dos estados em movimentos de protestos que uniram reivindicações específicas (restaurantes, professores, anuidades, etc.) às de caráter geral, entre as quais estava a repulsa aos convênios MEC-Usaid, simbolizada na queima da bandeira dos Estados Unidos, que ardeu em pelo menos nove cidades. Em Belém, os estudantes depredaram a sede do United States Information Service (Usis), órgão de divulgação cultural.

A imprensa conservadora se dividiu diante dos convênios MEC--Usaid. Alguns jornais, como *O Globo,* do Rio de Janeiro, divulgaram com entusiasmo as declarações dos ministros da Educação dizendo que os consultores vinham nos ajudar a fazer o que não éramos capazes sozinhos.[44] Outros, como *O Jornal do Brasil,* da mesma cidade, não sendo contra a

---

44 Cf. *O Globo*, Rio de Janeiro, 9 maio 1967; 12 maio 1967.

218   LUIZ ANTÔNIO CUNHA

vinda de consultores, punham em dúvida a capacidade do Ministério da Educação de tirar proveito do trabalho de técnicos estrangeiros, por não dispor de estrutura administrativa nem de quadros competentes.[45]

À medida que o movimento estudantil se radicalizava, em todo o país, o lema *Fora MEC-Usaid* só rivalizava em força e generalidade com *Abaixo a Ditadura,* entre as palavras de ordem propriamente políticas. Nesse contexto, a Eapes recebia o grosso do chumbo lançado contra os consultores estrangeiros. Era definida como produto *do* convênio MEC--Usaid. Essa restrição livrou os outros convênios dos ataques. Servindo de "boi de piranha", a Eapes, apesar do baixo nível de sua equipe, acabou por desempenhar, involuntariamente, um importante papel. Ao atrair sobre si os ataques, livrou deles o caminho dos convênios voltados para o ensino de 1º e 2º graus e, no 3º grau, do Conselho de Reitores que, este sim, provocou modificações significativas no ensino superior brasileiro.

Com a intensificação da repressão policial aos movimentos de massa, após a edição do ato institucional 5 (dezembro de 1968), dificultando enormemente as articulações políticas e censurando a imprensa, as atividades dos consultores ficaram mais fáceis. Além do mais, extinta a Eapes e substituído Atcon na secretaria executiva do Conselho de Reitores, desapareceram os dois alvos imediatos da reação aos consultores estrangeiros.

A partir de 1969, estando fora Atcon e o MEC-Usaid, fechados os canais de participação política ostensiva, os consultores tiveram seu caminho aplainado e vieram em numerosas levas. Até que secasse a fonte dos recursos, em 1973, conseguiram orientar os dirigentes universitários brasileiros para a reestruturação administrativa e pedagógica das instituições de ensino superior de acordo com o modelo vigente nos Estados Unidos, conforme havia sugerido, dez anos antes, o Higher Education Team.

---

45   Cf. *O Jornal do Brasil,* Rio de Janeiro, 13 maio 1967; 27 junho 1967 (editoriais).

5
A produção da lei da reforma universitária

A generalidade da insatisfação para com a situação do ensino superior – evidenciada pelas passeatas de estudantes nas principais cidades do país – levou a que o governo ouvisse as sugestões daqueles que, em seu próprio âmbito, defendiam a urgência da reformulação profunda desse grau de ensino.

Assim, em julho de 1968 foi constituído um grupo de trabalho que, no curtíssimo prazo de um mês, apresentou anteprojetos de leis, sendo um de reforma universitária, e de decretos regulando aspectos de interesse dessa questão, acompanhados por um relatório onde se apresentaram as justificativas das medidas sugeridas. O anteprojeto de lei foi retocado pelo governo e enviado ao Congresso, onde sofreu toda a sorte de emendas em razão dos grandes e contraditórios interesses que a matéria despertava em diferentes segmentos da sociedade brasileira.

Neste capítulo apresentamos, inicialmente, as concepções do grupo de trabalho sobre a questão da reforma universitária, expressas em seu relatório, o processo de transformação sofrido pelo anteprojeto de lei, desde sua elaboração pelo grupo até a sanção presidencial e, finalmente, as críticas sofridas por esse processo de formulação de política educacional e seu produto.

O TRABALHO DO GRUPO PELO SEU RELATÓRIO

Em 2 de julho de 1968, o decreto 62.937 mandou instituir, no MEC, um grupo de trabalho composto de onze membros, a serem designados pelo presidente da República, para, sob a presidência do ministro da Educação, "estudar a reforma da Universidade brasileira, visando à sua eficiência, modernização, flexibilidade administrativa e formação de recursos humanos de alto nível para o desenvolvimento do País". O decreto dizia que o Poder Executivo solicitaria a uma das casas do Congresso Nacional a designação de um representante para integrar o grupo de trabalho, que deveria operar em regime de urgência, pois tinha trinta dias de prazo para alcançar objetivo tão ambicioso.

Outro decreto presidencial, assinado no mesmo dia (mas sem número), designou os membros do grupo de trabalho. Eram eles: Tarso Dutra, deputado federal pelo Rio Grande do Sul e ministro da Educação (presidente do GT); Antônio Moreira Couceiro, professor da Universidade Federal do Rio de Janeiro e presidente do Conselho Nacional de Pesquisas; padre Fernando Bastos D'Ávila, vice-reitor da PUC-RJ e assessor da Associação dos Dirigentes Cristãos de Empresas; João Lyra Filho, reitor da Universidade do Estado da Guanabara; João Paulo dos Reis Velloso, representante do ministro do Planejamento, mais tarde ministro ele próprio; Fernando Ribeiro do Val, representante do ministro da Fazenda; Roque Spencer Maciel de Barros, catedrático da Universidade de São Paulo, membro e relator da Comissão de Reestruturação da USP, que havia apresentado seu *Memorial* na semana anterior; Newton Sucupira, ex-professor, ex-diretor de faculdade e ex-reitor da Universidade Federal de Pernambuco, membro do Conselho Federal de Educação; Valnir Chagas, ex-professor e ex-diretor de faculdade da Universidade Federal do Ceará, membro do Conselho Federal de Educação; João Carlos Moreira Bessa, presidente do Diretório Central de Estudantes da PUC/RJ e Paulo Possas, aluno da Escola de Engenharia da UFRJ, indicados pelo vigário-geral do Rio de Janeiro, José de Castro Pinto e pelo Mudes.[1] No dia 5 de julho, o presidente da República nomeou o deputado federal por Minas Gerais, Aureliano Chaves, representante do Congresso Nacional no GT.

A 10 de julho, o GT fez sua primeira reunião, apresentando, contudo, composição diferente. O representante parlamentar (indicado na véspera) acabou sendo o deputado federal pelo Paraná, Haroldo Leon Perez, posteriormente eleito, por via indireta, governador de seu estado, posição que veio a perder por denúncia de corrupção apurada pelo Serviço Nacional de Informações. Os dois estudantes não compareceram. Diante

---

1 O Movimento Universitário para o Desenvolvimento Econômico e Social era uma entidade criada pelos empresários para a promoção de estágios de estudantes, entre outras finalidades.

A UNIVERSIDADE REFORMANDA 221

da onda de indignação que se levantou contra a ilegitimidade de sua representação, eles se recusaram a integrar o grupo.[2] Segundo o próprio relatório do GT, o ministro da Educação telegrafou aos presidentes dos Diretórios Centrais de Estudantes de todas as universidades, solicitando listas de nomes de onde pudesse retirar os representantes discentes. Não obteve respostas. Mesmo assim, o *Relatório* diz que foram mantidos "contatos informais com áreas estudantis".

Passamos a analisar o conteúdo do Relatório do Grupo de Trabalho. A composição heterogênea do GT, abrangendo pessoas de formação filosófica idealista e economistas tecnicistas, levou a uma concepção dual de universidade.

A universidade foi definida, de um lado, como "uma obra do espírito", "expressão da racionalidade criadora e crítica". Por ter o "verdadeiro poder espiritual", a universidade exerceria a "magistratura do espírito". Ela se constituiria "a partir de uma vontade e de um espírito originários de seu próprio ser". No entanto, essa "obra do espírito" não estaria pronta, mas em construção. Assim, a universidade deveria estar voltada para a "plasmação do futuro", o que implicaria a sua própria transformação, pois ela não poderia "aferrar-se a tradições que não correspondam a valores permanentes do espírito". Para esse lirismo idealista, foi invocado o pensamento de Karl Jaspers e José Ortega y Gasset, nos mesmos termos de Roque Maciel de Barros no *Memorial sobre a reestruturação da USP*.[3]

A universidade foi definida, de outro lado, como um dos fatores essenciais do processo de desenvolvimento: um pré-investimento no "processo racional de construção da nova sociedade através da transformação global e qualitativa de suas estruturas, visando à promoção do homem na plenitude de suas dimensões". Esse papel, a universidade o desempenharia pela criação do "*know-how*" indispensável à expansão da indústria nacional" e pelo oferecimento de um "produto universitário amplamente diversificado e capaz de satisfazer às solicitações de um mercado de trabalho cada vez mais diferenciado".

---

2 *O Jornal do Brasil* de 7 jul. 1968 (1º Caderno, p.29) divulgou a declaração de renúncia dos estudantes.

3 No entanto, em "Condição atual da universidade e a reforma universitária brasileiras [1973]", Newton Sucupira apresenta-se como o redator das passagens do *Relatório* que contêm as dimensões filosóficas da universidade e da reforma.

222   LUIZ ANTÔNIO CUNHA

Para conciliar esse duplo ponto de vista, o idealista e o tecnicista, os membros do GT subordinaram a função da universidade de propulsora do desenvolvimento à constituição da "liderança espiritual" desse processo. Nas suas palavras:

> o Grupo vê a Universidade como o lugar onde a cultura de um povo e de uma época tende a atingir a plenitude de sua autoconsciência. Assim, é uma de suas finalidades essenciais promover a integração do homem em sua circunstância histórica, proporcionando-lhe as categorias necessárias à compreensão e à crítica de seu processo cultural. Vista sob essa luz, a reforma (universitária, LAC) tem por objetivo elevar a Universidade ao plano da racionalidade crítica e criadora, tornando-a a instância de reflexão sobre as condições e o sentido do desenvolvimento. É a etapa em que a universidade transcende o momento da instrumentalidade para afirmar-se em sua gratuidade criadora e assumir o papel de liderança espiritual.

Apesar da concepção idealista da universidade – a instituição portadora do "poder espiritual", que se realizaria "a partir de uma vontade e de um espírito originários de seu próprio ser" – o *Relatório* traçou limites para a liberdade desse "espírito". A comunidade que a teria instituído, o Estado que lhe asseguraria existência legal e proveria os recursos, assim como a utilização social das habilitações profissionais por ela conferidas e o saber por ela produzido concernem o conjunto de toda a nação, a totalidade das instituições organizadas nos planos econômico, social, cultural e o próprio Estado. Para poder exercer sua "magistratura do espírito", a universidade precisaria articular-se, num sistema de influências recíprocas, com todos os outros "poderes da cultura", entre os quais foi incluído, surpreendentemente, o Estado. Pelo próprio fato de o Estado dever ser o "fator de equilíbrio e direção" do "sistema de forças" no qual a universidade está integrada, impunha-se que se exercesse, sobre ela, "ação estimuladora e disciplinadora" sem prejuízo da autonomia universitária. Esse atributo da universidade era distinguido de arbítrio, devendo ela submeter-se à sociedade e ao Estado.

Uma aplicação dessa concepção limitada e limitadora da autonomia universitária estava na esperança de que o Fundo Nacional de Desenvolvimento da Educação – cuja criação o GT propunha – pudesse "realizar o equilíbrio, difícil mas viável e necessário, entre a autonomia da Universidade e a gestão do Estado". Assim, a autonomia universitária desceu ao nível da racionalização na distribuição dos recursos. Outra aplicação dessa

A UNIVERSIDADE REFORMANDA 223

limitação da autonomia da universidade apareceu no *Relatório* quando se tratou de uma questão tipicamente acadêmica: a pós-graduação. O GT defendeu a formulação de uma política nacional para esse ensino, a qual deveria resultar da iniciativa do Governo Federal, expressa em decreto. As razões para tal limitação da autonomia da universidade – transformada, então, em *executora* da política governamental – foram duas:

> De um lado o alcance das medidas a serem tomadas e o vulto dos recursos exigidos ultrapassam as possibilidades de ação das universidades. Doutra parte, trata-se de matéria de interesse nacional, intimamente vinculada ao desenvolvimento da pesquisa científica e à expansão e melhoria do ensino superior e que, portanto, transcende o âmbito de cada universidade em particular.

O *Relatório* não disse o porquê desse argumento para a pós-graduação.

Suspeitamos que essa posição resultasse da perspectiva elitista que presidiu a concepção da pós-graduação, que levou o GT a alertar, já em 1968, para a necessidade de se garantir "o alto nível próprio à natureza" desse curso. Se a graduação estava sendo assaltada por uma "legião de jovens", fazendo a qualidade do ensino se deteriorar, a pós-graduação deveria ser posta a salvo: "a ser criada indiscriminadamente, na maioria dos casos, a pós-graduação se limitará a repetir a graduação, já de si precária, com o abastardamento inevitável dos graus de Mestre e Doutor".

Essas considerações sobre a limitação da autonomia universitária tinham, como um dos corolários, a limitação da participação dos professores na sua direção. Para isso, o *Relatório* defendeu "abrir-se a administração das atividades universitárias à participação de quantos brasileiros tenham condições de aprimorá-la com as contribuições da experiência, da cultura e dos talentos". Ao contrário da tradição das universidades brasileiras, desde 1920, "às funções de reitores e diretores poderão ser convocados valores humanos que, embora alheios à carreira do magistério, possuam alto tirocínio na vida pública ou empresarial". Na mesma direção apontada por Rudolph Atcon (1965), cada universidade deveria ter um superintendente, com atribuições máximas em questões de planejamento e direção administrativa. Complementarmente, o anteprojeto de lei elaborado pelo GT estipulou que no órgão colegiado a que estivesse afeta a administração superior da universidade ou do estabelecimento isolado deveriam ser reservados lugares para "representantes da comunidade".

Esses representantes vieram a ser especificados na lei finalmente promulgada, como mostraremos mais adiante.

Colocadas as formas pelas quais o GT procurou conciliar posições opostas, apresento outros aspectos do *Relatório* que julgamos relevantes para o entendimento da reforma universitária de 1968.

A universidade foi qualificada pelo GT como o "tipo natural de estrutura para o ensino superior", contrariamente à realidade desse grau de ensino em que os estabelecimentos isolados eram não só a regra como estavam em expansão. Por isso, numa ingenuidade inconcebível para um grupo de trabalho com a responsabilidade que este teve, imaginou-se que, pela mera indução da definição legal, os estabelecimentos isolados viessem a se juntar em federações de escolas, como preconizava a indicação 48/63 do CFE, alcançando, posteriormente, "a substância de universidades e como tais virem a ser constituídas".

O sentido da transformação do ensino superior, na linha da paroquialização,[4] da fragmentação e da privatização, fez que a esperança do GT fosse atropelada pelos fatos, codeterminados pela própria política do CFE de abrir caminho para a multiplicação das escolas isoladas.

O fogo cruzado a que se achava submetido o regime jurídico das universidades federais levou o GT a uma situação de compromisso entre os que defendiam o regime autárquico e os entusiastas do regime das fundações. Naquele caso estavam o embrionário movimento de professores e o ostensivo movimento estudantil, unidos na rejeição da proposta, cada vez mais aceita no âmbito do MEC e com o endosso de certos consultores norte-americanos, de transferir as universidades federais para o setor privado, assumindo elas o regime jurídico de fundações. Para o GT, não deveria haver um sistema único, podendo as instituições de ensino existir sob o regime de autarquias, de fundações ou mesmo de associações de escolas (federações). No caso em que o Governo Federal organizasse universidades como fundações, elas não estariam dele desvinculadas, entendida essa vinculação como "ascendência e controle, sobretudo no pertinente às atividades econômicas e financeiras". Pelo menos foram estas as ligações explicitadas. Mas o GT não encontrou "razões ponderáveis" para que as universidades federais então existentes se convertessem ao regime jurídico de fundações. Implicitamente, essas razões não se aplica-

---

4 O termo paroquialismo é empregado aqui com o significado de limitado em pensamento, interesses e objetivos ao nível local (cf. Oliven, 1981).

A UNIVERSIDADE REFORMANDA 225

riam às universidades federais que viessem a ser criadas, como, de fato, já estava acontecendo desde 1961, quando a Universidade de Brasília abriu a série das universidades-fundações. Para atenuar os problemas acarretados para as universidades federais sob o regime autárquico ("os costumeiros entraves de burocracia interna e, sobretudo, do excessivo controle dos órgãos governamentais"), o *Relatório* trouxe a novidade do "regime de autarquia educacional com características próprias", ou de "autarquia de regime especial", sem, entretanto, caracterizá-la.

Referências ao movimento estudantil surgiram em várias passagens do *Relatório,* redigidas cuidadosamente para evitar o acirramento das posições. Em nenhum lugar tirava-se a razão dos estudantes em seus movimentos de protestos. Ao contrário, buscava-se encontrar nas suas manifestações a base para o empenho governamental na transformação da universidade. Como na passagem seguinte: "A crise que hoje atravessa a Universidade, a contestação de que ela é objeto, fora e dentro dela mesma, e o sentimento generalizado de frustração no meio universitário, revelam o amadurecimento da consciência nacional para a implantação das reformas desde há muito reclamadas". E mais explicitamente: "O movimento estudantil, quaisquer que sejam os elementos ideológicos e políticos nele implicados, teve o mérito de propiciar uma tomada de consciência nacional do problema e o despertar enérgico do senso de responsabilidade coletiva". O *Relatório* dizia que a participação do estudante no "contexto universitário", longe de ser apenas tolerada, passou a ser "explicitamente solicitada". Isso porque

cabe, com efeito, ao estudante, uma permanente função crítica, seja do sistema no qual se processa a sua formação, seja da estrutura social global na qual ela se desenvolve. Mas, para que esta função crítica não se deteriore numa atitude estéril de permanente contestação, é indispensável a criação de condições que garantam a institucionalização do diálogo, um clima de lealdade e cooperação.

Sem intenção nem condições de alterar o essencial da legislação que regulava a representação estudantil nas instituições de ensino superior, o GT estipulou a proporção máxima de estudantes nos órgãos colegiados (20%). O único avanço efetivamente proposto foi assegurar a presença de representantes estudantis em todos os colegiados e comissões das instituições de ensino superior. No mais, a Lei Suplicy e o Decreto Aragão permaneceriam em vigor, com toda a sua força.

A cautela diante do movimento estudantil deve ter sido a razão do quase esconderijo do tema mais explosivo entre todos os que foram analisados pelo GT: a cobrança de anuidades nas instituições públicas de ensino superior. Ele estava disfarçado sob o título "financiamento de bolsas", exilado no último item do último capítulo da última parte do *Relatório*. Dizia-se, aí, que o "sistema de financiamento de bolsas" previa que o pagamento do ensino, por alguns alunos, propiciaria a gratuidade para outros: "O critério básico é de que quaisquer recursos captados de entidades oficiais e privadas, e de alunos de renda familiar mais alta, sejam necessariamente destinados a financiar gratuidade para alunos de renda mais baixa".[5] O sistema seria introduzido gradualmente, atingindo apenas os estudantes que ingressassem no ensino superior a partir de 1969. Estes seriam classificados em três grupos, conforme o montante da renda familiar. Os alunos de renda muito alta ("digamos, com renda familiar mensal acima de 35 vezes o maior salário-mínimo nacional") pagariam anuidade equivalente ao custo do ensino. Os de renda alta ("digamos, entre 15 e 35 vezes o maior salário-mínimo") teriam o valor da anuidade e, em certos casos, até mesmo os recursos que solicitassem e recebessem para sua manutenção, financiados em até 15 anos, com dois anos de carência após a conclusão do curso. Os alunos de baixa renda ("abaixo de 15 salários-mínimos mensais") teriam, além da gratuidade total do curso, bolsas de manutenção, "em certo número de casos". O sistema previa, também, que o custeio das bolsas pudesse ser feito por pessoas físicas ou empresas.

Em nota de rodapé apresentava-se uma outra razão para a cobrança de anuidades dos estudantes de renda familiar mais alta, além de "financiar a gratuidade" para alunos de renda baixa. Diante dos clamores estudantis contra a "desobrigação do Estado para a educação", retrucava-se: "É importante assinalar que tais recursos constituem *uma fonte adicional de recursos para a expansão do sistema,* que assim poderá crescer mais rapidamente. Não se destinam eles a substituir os recursos públicos, que por sua vez serão aumentados, segundo a política do atual Governo" (grifos do original). É interessante notar que, ao contrário de outras questões básicas aparecidas no anteprojeto de lei elaborado pelo GT, após explanadas no *Relatório,* o "sistema de financiamento de bolsas"

---

5 Todo o trecho estava grifado no original.

não mereceu um artigo sequer. É possível que tal omissão se devesse à previsível rejeição pelo Congresso Nacional de uma medida que atrairia, sobre os deputados e senadores que votassem a favor dela, a ira das camadas médias, independentemente de posição política. Não é descabido supor que a expectativa do GT coincidisse com as medidas efetivamente tomadas: nas novas universidades públicas e naquelas onde o movimento estudantil era fraco, o ensino passava a ser pago; nas demais, como na UFRJ, na UFMG e na USP, o ensino continuava a ser praticamente gratuito.

O empenho do GT para conciliar oposições não se limitou aos pontos de vista idealistas e tecnicistas de onde seus membros viam a universidade. Entre o ensino de massa e a "natureza seletiva" dos cursos de graduação foi preciso procurar ligações que exigiram esforços nada desprezíveis.

O ensino superior foi qualificado pelo GT como seletivo "pela sua própria natureza", pois dependeria dos talentos individuais, desigualmente distribuídos. Além do mais, a universidade "para ser fiel a uma de suas dimensões essenciais há de contribuir para a manutenção da alta cultura que permanece o privilégio de alguns".[6] Por outro lado, o ensino superior precisaria absorver "o fluxo crescente de candidatos" que o procurava, chamados também de legião, numa alusão talvez inconsciente a uma tropa atacante. Essa contingência estaria levando, apesar de indisfarçado contragosto, à aceitação do "ideal democrático" de abrir mais as portas da universidade aos candidatos que a procuravam. A "diversificação vertical com escalonamento de estudos, que vão desde o ciclo básico às carreiras curtas e longas dentro da graduação até o plano superior da pós-graduação", foi a solução encontrada para a "conciliação difícil, mas necessária, entre o ensino de massa, de objetivos práticos e imediatos, e a missão permanente da universidade, a de constituir-se o centro criador de ciência e a expressão mais alta da cultura de um povo".[7]

---

6 Em um texto escrito posteriormente, no auge do regime autoritário, Newton Sucupira já não disse, a propósito da pós-graduação, que a alta cultura *permanece,* mas que, por sua natureza, *é* privilégio de alguns (cf. Sucupira, [1973], p.42).

7 Em textos escritos antes e depois do Relatório do GT, Newton Sucupira atribuiu a Raymond Aron, sociólogo conservador francês, a formulação da "aparente antinomia resultante do ideal democrático (expansão) e o imperativo de manutenção da alta cultura (seletividade) (cf. Sucupira, 1968; 1975, p.32).

Na linha dos decretos-leis 53/66 e 252/67, relativos às universidades federais, "a cujos princípios quase todas as demais instituições oficiais e particulares se vão espontaneamente ajustando", o relatório do GT generalizou as soluções por eles preconizadas de eliminar a duplicação de meios para fins idênticos ou equivalentes. Uma dessas soluções consistia na divisão dos cursos de graduação em dois ciclos. O 1º ciclo, chamado de básico, de conteúdo geral, teria tríplice função: recuperar falhas do ensino médio, evidenciadas pelo vestibular; orientar para a escolha das carreiras; e proporcionar estudos básicos para o 2º ciclo, chamado de profissional.

O relatório do GT não deixou claro por que a divisão do curso de graduação em dois ciclos serviria como um "mecanismo de absorção" da "legião de jovens" que procurava o ensino superior. Mas é possível deduzir a razão das propostas contidas em outras diretrizes de política educacional (como as do Relatório Atcon, do Relatório Meira Mattos e do Relatório da Eapes).[8] Diziam esses relatórios que o ciclo básico, já adotado em certas instituições de ensino, poderia servir para dirigir o fluxo de candidatos dos cursos mais procurados (como medicina, por exemplo) para os que tinham vagas sobrando (como enfermagem, por exemplo). Para que os exames vestibulares pudessem ser "um recurso para a mais racional distribuição de vagas", seria necessário acabar com os exames separados por curso, associados, pelo *Relatório*, à estruturação da universidade em escolas estanques, cujas comportas se propunha a abrir. Para o aluno, as desvantagens do vestibular por curso seriam a precoce opção pela carreira a seguir, a impossibilidade de ser orientado para as carreiras mais de acordo com suas aptidões e as características do mercado de trabalho. Isso tudo tornaria impraticável "qualquer disciplina no sentido de uma política nacional de formação de recursos humanos". Para o GT, a solução viria da "unificação crescente do vestibular. De início, por grupos de cursos afins e, mais tarde, abrangendo todos os grupos de cursos de uma universidade; depois, de várias universidades e escolas isoladas, até alcançar o âmbito de regiões inteiras do País". E o *Relatório* acrescentava outros benefícios além dos do aluno: "Com isto, sobre possibilitar o aproveitamento pleno

---

8   No caso do Relatório Atcon, devem-se levar em conta as especificidades de sua proposta organizacional, principalmente a do Centro de Estudos Gerais, já comentadas anteriormente.

A UNIVERSIDADE REFORMANDA 229

das vagas, evita-se o conhecido fenômeno das inscrições múltiplas que oferece uma visão distorcida da realidade. E passa-se a contar com um segundo dispositivo de absorção".[9]

Além da fragmentação do curso de graduação, o Grupo de Trabalho assumiu uma proposta que vinha sendo apresentada, insistentemente, para oferecer cursos de duração mais reduzida, paralelos aos cursos básicos, de modo que diminuísse o custo do ensino. Essas "carreiras curtas" deveriam "cobrir áreas de formação profissional hoje inteiramente desatendidas ou atendidas por graduados em cursos longos e dispendiosos". Este seria outro "dispositivo de absorção" que se oferecia. Para fazer frente às críticas que denunciavam a introdução de mecanismo discriminatório adicional no ensino superior, o GT procurou articular o ciclo básico dos cursos longos com os cursos curtos: "Evitando compartimentação rígida e antidemocrática dos dois esquemas, que poderiam assim reproduzir em novo plano e dualismo da escola média tradicional, previu-se desde logo ampla circulação do 1º ciclo geral para os cursos profissionais destinados às carreiras curtas, e vice-versa". Outra crítica que se fazia aos cursos de curta duração era a de que, substituindo os cursos "completos", eles formariam profissionais incapazes de desenvolver a tecnologia exigida pelo desenvolvimento autônomo. A essa crítica respondia o GT com mais um elemento da "diversificação vertical" do ensino superior: "A criação das carreiras profissionais curtas, hoje tão reclamadas para atender às necessidades da indústria e à diversificação do mercado de trabalho, deve ter como contrapartida a instituição de cursos de pós-graduação nas áreas tecnológicas sem as quais torna-se difícil criar o *know-how,* tão necessário ao nosso desenvolvimento".

A pós-graduação mereceu especial destaque no relatório do GT, constituindo um dos dez itens que o compunham, embora o anteprojeto de lei fosse extremamente lacônico a seu respeito: "O Conselho Federal de Educação conceituará os cursos de pós-graduação e baixará normas gerais para sua organização..." (art.16). Tanto o destaque no *Relatório* quanto a delegação ao CFE deveram-se, provavelmente, à presença, no GT, de Newton Sucupira, relator do parecer 977/65, que conceituou a

---

9 O primeiro "dispositivo de absorção" de excedentes não era propriamente no ensino superior, mas no mercado de trabalho, resultado da reforma do ensino médio. Comentaremos essa proposta mais adiante.

pós-graduação no Brasil. O texto do *Relatório* reproduziu as ideias e as palavras do Parecer, que, por sua vez, só ficaria (como ficou) reforçado pela omissão da lei quanto à estrutura da pós-graduação, enquanto descia a detalhes em outras matérias. Texto e silêncio colaboraram, assim, para revelar a hegemonia de uma concepção de universidade.

A implantação da pós-graduação na universidade brasileira foi considerada pelo GT condição básica para transformá-la em centro criador de ciências, de cultura e de novas técnicas. Isso porque "na universidade moderna a pós-graduação constitui, por assim dizer, a cúpula de estudos, o nível de cursos em que se desenvolve a pesquisa científica, se formam os quadros do magistério superior e se afirma a gratuidade criadora das mais altas formas da cultura universitária". As normas e diretrizes que estruturavam os cursos de pós-graduação *lato sensu* e *stricto sensu,* divididos estes em cursos de mestrado e doutorado, foram consideradas "suficientemente flexíveis para deixar ampla margem de liberdade às instituições", o que veio a ser generalizadamente contestado na década de 1970, particularmente nas reuniões da Sociedade Brasileira para o Progresso da Ciência.

Seguindo a linha de institucionalizar medidas de política educacional que vinham se tornando dominantes nos meios governamentais, o GT enfrentou de modo decidido a questão do regime de cátedras. A Constituição de 1967 já havia revogado o privilégio da vitaliciedade da cátedra, substituída então, nas universidades federais, pela carreira docente, constante de concurso de títulos e provas para os níveis inicial e final. Essa era uma antiga exigência dos que defendiam a expansão e a melhoria do ensino superior. Com efeito, a inevitável expansão do ensino superior, particularmente na forma universitária, não poderia ficar limitada pelo mecanismo de recrutamento, formação e até contratação de professores, pela intermediação do catedrático. Este, não raramente, empenhava-se em evitar a existência de assistentes brilhantes que poderiam denunciar sua incapacidade científica ou mesmo pedagógica. Ocorreram, sem dúvida, casos contrários, de catedráticos que utilizaram seus privilégios justamente para impulsionar a produção universitária e a promoção de valores novos no seu campo. O exemplo que nos é mais caro e próximo é o de Fernando de Azevedo e seu substituto Florestan Fernandes, na cátedra de Sociologia I, da FFCL da Universidade de São Paulo, responsáveis pelo recrutamento e pela formação de várias gerações de sociólogos, cuja produção foi fundamental para a maioria das Ciências Sociais no Brasil. Houve cate-

A UNIVERSIDADE REFORMANDA 231

dráticos, e mesmo assistentes, que, inspirados neste caso particular (e em outros, certamente), chegaram a defender o regime de cátedras como uma espécie de anteparo ao contrato de professores medíocres. Essa defesa seria certamente precária, pois medíocre era a maioria dos catedráticos, muitos deles alçados a essa posição na esteira dos decretos de "federalização" das universidades nos anos 1950. Em todo o caso, sem embargo dos exemplos excepcionais, como o indicado anteriormente, o regime de cátedras deveria ser extinto até mesmo para que o quadro de professores pudesse vir a se ampliar mais livremente. Com as ressalvas que a comparação exige, a passagem do regime de cátedras para o da carreira docente ("aberta em todos os níveis") foi análoga ao da passagem do regime de acesso à mestria, vigente nas corporações de ofício, para o das manufaturas.

A extinção da cátedra vitalícia abriu caminho para a plena institucionalização do regime departamental, já utilizado em algumas instituições de ensino e tão reclamado por Atcon, por Meira Mattos e pela Eapes, bem como pelo CFE desde os grandes debates em torno da regulamentação da representação estudantil (cf. Cunha, 1983). Nas instituições federais de ensino superior, o departamento já havia sido definido pelo decreto-lei 252/67 como "a menor fração da estrutura universitária". No entanto, a persistência do regime de cátedras fazia que o departamento fosse apenas uma nova denominação para o catedrático mais seus assistentes, adjuntos, livre-docentes, laboratórios, serviços e bibliotecas. Às vezes, juntavam-se duas ou mais cátedras para formar um só departamento. Outras vezes, uma cátedra era dividida em departamentos. De todo modo, a cátedra é que era a unidade da universidade. Para multiplicar o número de professores seria necessário multiplicar o número de cátedras, com as inevitáveis duplicações de meios para fins idênticos ou equivalentes, justamente o que aqueles decretos procuravam combater. Assim, dizia o *Relatório* que em lugar da cátedra deveria surgir o departamento, "organismo muito mais amplo, que programará, solidariamente, as atribuições de ensino e pesquisa dos docentes, representando um passo decisivo para o progresso e aperfeiçoamento das nossas instituições universitárias".

A extinção da cátedra e a instituição do sistema departamental abririam caminho para se acabar com o regime seriado dos cursos superiores. Segundo o *Relatório*, "o regime obsoleto de 'séries' inteiramente prescritas, em que o aluno não tem qualquer participação no delineamento do seu plano individual, precisa de substituir-se pelo de matrícula por disciplinas

232   LUIZ ANTÔNIO CUNHA

fazendo-se o controle da integralização curricular por métodos flexíveis como o de 'créditos'". Enfatizando a participação do aluno na composição do seu currículo – o que não encontraria, suponho, muitos opositores –, o GT não apresentou (mas também não rejeitou) o argumento fundamental dos consultores norte-americanos de que este poderia vir a ser um mecanismo para elevar o número de matrículas sem aumento de despesas. Isso porque os estudantes de um curso poderiam matricular-se nas disciplinas de outros ou, então, os de vários cursos poderiam optar por um mesmo grupo de disciplinas (eletivas). De qualquer modo, aumentaria o número médio de alunos por professor, baixando o custo médio da matrícula. O novo sistema, eliminando a duplicação da oferta de disciplinas idênticas e facilitando o "trânsito" de estudantes por vários departamentos, independentemente dos cursos, viabilizaria o objetivo proposto. Os problemas pedagógicos resultantes de tal "racionalização" foram ignorados, fazendo que se inventassem várias maneiras de driblar o sistema de matrícula por disciplinas, tais como a multiplicação de pré e correquisitos e as mudanças de denominações de disciplinas para fazê-las exclusivas de certos cursos/departamentos/unidades.[10]

No que dizia respeito ao dimensionamento do ensino superior, o GT teve de conciliar várias orientações conflitantes. Não podia deixar de propor ao Governo que atendesse à demanda de mais vagas para os jovens das camadas médias que engrossavam as passeatas em dezenas de cidades do país, já que foram essas camadas que deram pronto e ostensivo apoio ao golpe de 1964. Além do mais, era justamente dos funcionários, dos profissionais liberais e dos pequenos comerciantes e industriais que

---

10 Em passagem alguma do *Relatório,* como em qualquer outro documento oficial ou oficioso a que tivemos acesso, encontramos referência sobre um eventual objetivo político atribuído ao regime de matrícula por disciplinas, como tantas vezes se disse ter havido. Com efeito, esse regime, onde foi efetivamente implantado, acabou com a *turma* como grupo de interação preferencial dos estudantes e base de ação política. Se esse não foi um objetivo intensionado, sua consequência foi, certamente, saudada com entusiasmo pelos setores mais conservadores das classes dominantes e do Governo, apesar das declarações um tanto demagógicas do *Relatório* sobre as virtualidades dos protestos estudantis. De todo modo, é difícil saber a importância do regime de matrícula por disciplinas para a desmobilização do movimento estudantil, relativamente a outros processos não menos relevantes, para sua determinação como a repressão política, as modificações na composição social do alunado, a transferência das faculdades para "cidades universitárias", e outros.

A UNIVERSIDADE REFORMANDA   233

surgia crescente descontentamento com a política econômica – que, aliás, não foi traçada para o benefício das camadas médias, mas, sim, do grande capital, nacional e internacional. Cumpria, pois, oferecer um aumento de oportunidades de ingresso no ensino superior para essas camadas, de modo que se não ganhasse mais apoio político para um governo em crise, pelo menos não perdesse o remanescente. Por outro lado, não se poderia atender a *toda* a demanda existente, pois o volume de gastos exigidos para isso seria de tal monta que comprometeria seriamente a política econômica, voltada para a ampliação e modernização da burocracia e para a transferência de recursos públicos para o setor privado, para acelerar a acumulação de capital onde fosse mais veloz, até mesmo na área do ensino.

A conciliação dessas orientações conflitantes resultaria, segundo o *Relatório*, de três ordens de medidas, a serem tomadas a curto, médio e longo prazo.[11]

Como medidas a serem tomadas a curto prazo, o GT iniciou sua longa lista com a proposta de criação de outro grupo de trabalho para propor ao ministro da Educação, até o fim de 1968, um programa detalhado para a expansão das matrículas no ensino superior, partindo do patamar de 110 mil vagas nos exames vestibulares do início de 1969.[12] O esforço principal dessa primeira leva da expansão deveria ser realizado de modo que "fortalecesse as unidades que, pelo seu alto nível de eficiência administrativa e didática, possam constituir-se em 'centros avançados' de ensino". Além disso, deveria enfatizar as modalidades profissionais prioritárias nas áreas de saúde (Medicina, Odontologia, Enfermagem, Farmácia), na área tecnológica e a formação de professores para os graus médio e superior. As universidades públicas receberiam dotações financeiras adicionais para aumentar sua capacidade docente dando estímulo financeiro para que 3 mil professores passassem ao regime de tempo integral, 4.500 ao de tempo semi-integral e contratando mil estudantes como monitores.

---

11 Essas medidas foram agrupadas por nós, não correspondendo à ordem em que aparecem no *Relatório*.
12 No início de 1968 haviam sido abertas 89.500 vagas. Na realidade as vagas vieram a crescer mais do que o projetado, chegando a 115.400. Mas o número de candidatos cresceu ainda mais, mantendo estável a relação candidatos/vaga, que só declinou em 1971, com a multiplicação das escolas particulares isoladas.

Para aumentar a disponibilidade de recursos financeiros, o GT sugeriu a criação do Fundo Nacional de Desenvolvimento da Educação – FNDE, destinado a financiar a programação do ensino superior bem como, secundariamente, projetos e programas de ensino primário e médio a cargo do governo federal. Para aumentar o controle sobre os recursos que pessoas físicas ou jurídicas podiam abater do imposto de renda devido, no caso de doá-los a instituições educacionais, o GT propôs que esse abatimento só pudesse ser feito em benefício do FNDE. No mesmo sentido, propôs que fossem destinados ao Fundo 20% dos recursos não distribuídos da loteria esportiva.[13] No que dizia respeito ao aspecto físico da expansão do ensino superior, o *Relatório* apontou necessidade de se estabelecer uma escala de prioridades para construção das cidades universitárias, as quais seriam parcialmente financiadas com a venda dos imóveis urbanos que viessem a ser desocupados pelas faculdades.

A médio prazo, impunha-se a reestruturação do ensino superior segundo a marca da "racionalização". No próximo item, vamos fazer uma digressão para decifrar essa categoria.

RACIONALIZAR PARA NÃO SOBRAR

O golpe de 1964 abriu caminho para a ascensão de um novo tipo de pensador da educação no país, como, de resto, em todas as áreas da administração pública: o economista. Esse personagem, muitas vezes graduado em engenharia, travestido de filósofo e pedagogo, traduzia *todas* as questões educacionais em termos de custos e benefícios de taxas de retorno do investimento. O processo educacional era associado à produção de uma mercadoria que, como todo processo econômico, implica um custo (os gastos efetuados) e um benefício (algo similar à receita auferida pela venda da mercadoria). O benefício podia ser expresso apenas em número de alunos promovidos ou formados durante um certo tempo (análogo ao número de peças por hora...) ou, mais sofisticadamente, ao diferencial de salário supostamente acrescido como resultado do conhecimento adquirido. Pois bem, para o engenheiro/economista daquela onda tecnocrática, racional era tudo que levasse à maximização do rendi-

---

13 Essas propostas resultaram nas leis 5.525, de 5 de novembro de 1968, e 5.531, de 13 de novembro de 1968, aprovadas pelo Congresso, por iniciativa do Governo, antes mesmo da lei da reforma universitária.

A UNIVERSIDADE REFORMANDA 235

mento do processo educacional. Isso seria conseguido pela diminuição dos custos necessários à obtenção do mesmo benefício, pelo aumento do benefício, mantendo-se os custos ou, ainda, pela elevação de ambos – do benefício mais do que proporcionalmente aos custos.

A disseminação de tal modo de pensar a educação foi tamanha que chegou a contaminar pessoas formadas segundo os padrões tradicionais. Exemplo patente dessa contaminação encontramos na Comissão Especial do Conselho Federal de Educação, criada para tratar da articulação da escola média como a superior.[14] Depois de alinhar argumentos psicopedagógicos que, no seu entender, justificariam a ampliação e a integração dos estabelecimentos de ensino médio, a Comissão Especial apresentou a razão principal:

> o imperativo de um emprego racional de recursos materiais e humanos, cada vez mais reduzidos em relação às necessidades. Numa hora em que a ideia de racionalização se impõe em indústrias que se aglutinam, em bancos que se fundem, na Previdência (Social, LAC) que se unifica e em universidades que se "concentram", não é possível manter e multiplicar a "pequena escola média", que mesmo nos Estados Unidos, como assinala Conant, só funciona a um preço exorbitante e constitui, por isto, 'um dos mais sérios obstáculos ao desenvolvimento de uma boa educação secundária no País.[15]

Como diria um economista, seria racional tirar partido da redução de custos advinda de economias de escala.

Não tomamos esse exemplo ao acaso. O texto acima foi extraído da indicação 48/67, citada várias vezes no *Relatório*, elaborado, por sua vez, por um GT no qual estavam presentes dois dos membros daquela Comissão Especial. Além do mais, a presença de Moniz de Aragão nessa Comissão situa-se na linha de continuidade do processo de modernização/racionalização do ensino superior, no segmento iniciado pela reforma da Universidade do Brasil e continuado pelos decretos-leis 53/66 e 252/67, por ele patrocinados enquanto era ministro. Também não é ocasional a presença de José de Vasconcelos, relator do grupo de trabalho que elaborou o anteprojeto de Lei de Diretrizes e Bases do ensino de 1º e 2º

---

14 Comissão formada pelos seguintes conselheiros: Clovis Salgado (presidente), Valnir Chagas (relator), Raymundo Moniz de Aragão, Newton Sucupira, Roberto Figueira Santos e José Vasconcelos.

15 *Documenta*, n.79, dez. 1967, p.104.

236 LUIZ ANTÔNIO CUNHA

graus, do qual viria a resultar a lei 5.692/71, um dos desdobramentos da reforma do ensino superior, como mostraremos adiante.

Em texto escrito por Newton Sucupira antes da constituição do GT, comentando os decretos-leis 53/55 e 252/67, essa concepção aparece cristalina, apesar da procura da especificidade da empresa universitária.

A universidade, em certo sentido, deve ser considerada como verdadeira empresa cuja finalidade é produzir ciência, técnica e cultura em geral. Como toda empresa moderna, há de racionalizar seu processo de produção para atingir o mais alto grau de eficiência e produtividade. Certamente se trata de empresa *sui generis*, cuja produção intelectual, em muitas de suas modalidades, não poderia ser aferida por critérios estritamente econômicos. De qualquer maneira, a universidade como forma de organização do saber que se define em termos de serviço e eficiência prática, promovendo sua comunidade de técnicos e cientistas, não pode fugir ao imperativo de racionalização que é uma das características maiores das sociedades industriais. Em princípio, a universidade, por ser o lugar onde se elabora e se transmite o saber racional, deveria ser a mais racionalizada das instituições. (Sucupira, 1968, p.84)

O *Relatório* estava de tal modo impregnado da ideia de racionalização que isso não pode ser atribuído apenas à influência dos dois economistas que compunham o GT. Como mostrou Sofia Lerche Vieira (1982, cap.4) numa minuciosa análise de conteúdo do texto do *Relatório*, a ideia da racionalização é o princípio básico da reforma universitária proposta, dela derivando as demais diretrizes, balizadas todas em categorias próprias da linguagem tecnicista: eficiência, eficácia, produtividade e outras. As ideias expressas no *Relatório* visavam dar à universidade, nas próprias palavras deste, "uma espécie de racionalidade instrumental em termos de eficiência técnico-profissional, que tem por consequência o aumento da produtividade". Dever-se-ia racionalizar: a organização das atividades universitárias, a administração universitária, a expansão do ensino superior, os gastos com a educação, a distribuição das vagas pelos exames vestibulares etc. Qualquer que fosse o ângulo da tomada, a racionalização era vista como o caminho por excelência da reforma universitária.

Das várias aplicações da ideia de racionalização feitas pelo GT, destacamos a que nos pareceu ter íntima ligação com o processo de expansão do ensino superior: a minimização do custo da matrícula adicional. A associação de escolas isoladas em federações e, principalmente, a mudança

A UNIVERSIDADE REFORMANDA   237

da estrutura interna das universidades fariam que o aumento do número de vagas fosse cada vez menos custoso. Isso porque, com o aumento da *produtividade* dos recursos materiais (salas, bibliotecas, laboratórios, quadras de esporte) e humanos (professores), cada aluno custaria *em média* cada vez menos. Para conseguir essa proeza, seriam tomadas as medidas apresentadas mais atrás, que vamos retomar brevemente. Em primeiro lugar, seria preciso acabar com as vagas ociosas, pois elas implicavam custos sem benefício, diminuindo o rendimento médio. Para eliminar as vagas ociosas em cursos de uma universidade ou em estabelecimentos isolados, impunha-se, segundo o tecnicismo triunfante, levar os estudantes a ocupar os lugares vagos, mesmo que não tivessem procurado por eles. Daí a unificação dos exames vestibulares e a instituição do curso básico, anterior e comum a vários cursos profissionais.

Todas essas medidas levariam à expansão das matrículas no ensino superior com gastos relativamente menores do que estavam sendo feitos no período de 1967-68 e dos previstos para 1969.

Mas o Grupo de Trabalho sabia ser necessário tomar medidas que evitassem, a longo prazo, o crescimento "desordenado" da procura de vagas nas universidades. Mesmo que as medidas de "racionalização" tivessem sucesso, propiciando uma forte expansão das matrículas, problemas maiores poderiam surgir: "transferir-se a frustração dos excedentes a candidatos a emprego produtivo".

Em texto publicado em 1971, mas escrito antes da formação do GT, Roque Maciel de Barros expressou com clareza essas preocupações:

> Todos nós sabemos, embora continuem a ser criadas faculdades e mais faculdades de Direito, que temos, no País, uma pletora de advogados, um número incomparavelmente mais elevado do que aquele que a nação está a exigir. Assim, sendo a oferta de advogados muito mais elevada do que a procura, muitos e muitos jovens bacharéis em Direito não encontram aplicação adequada para os conhecimentos que adquiriram ou que, na maioria dos casos, deveriam ter adquirido. Acabam, por conseguinte, obtendo empregos que nada têm a ver com sua presumível qualificação, alguns que de forma alguma exigiriam estudos universitários, outros que exigiriam talvez outro tipo de formação superior. Em certos casos, inclusive, à falta de outro emprego, os bacharéis em Direito, acabam por tornar-se professores de uma nova escola de Direito, cuja "federalização" em breve será por eles pleiteada e cuja função será a de agravar o problema dos "excedentes profissionais", com a formação de novas levas de advogados não exigidos

pelo mercado de trabalho. Isso que acontece no caso do Direito, já há algum tempo começa a registrar-se, igualmente, no campo das ciências humanas (Sociologia, Psicologia, Economia) e da Pedagogia, nos quais se estão formando mais pessoas do que as que podem ser produtivamente absorvidas pelo mercado de trabalho. E esses novos "excedentes" começam a forçar a criação artificial de um mercado de trabalho, lutando por rígidas regulamentações profissionais, pela criação de escolas inviáveis em que possam lecionar, pelo estabelecimento de novos empregos públicos, a rigor, desnecessários, que irão roubar recursos que poderiam ser destinados à própria criação de novos empregos produtivos, que são vitais para o crescimento nacional. (Barros, 1971, p.214-5)

O possível desdobramento político desse problema econômico seria um temor não desprovido de alertas na conjuntura estudada.

Para compreender esse temor, vamos fazer outra digressão e comentar uma passagem do pensamento de Schumpeter (1961), extraída de um livro traduzido em 1961, de grande circulação nas elites conservadoras brasileiras. Na parte II de seu livro (onde se pergunta "poderá sobreviver o capitalismo?"), o capítulo 13 trata da "hostilidade nascente" ao capitalismo. Neste, há um tópico no qual o autor esboça uma sociologia do intelectual. Diz ele que um dos aspectos mais importantes da transformação recente da sociedade capitalista é a vigorosa expansão do sistema educacional, particularmente do ensino superior que, por ser apoiado "pela opinião e pela autoridade pública", cresce "muito além do que seria normal pelos seus próprios meios". Isso teria importantes efeitos sobre o tamanho e a atitude do "grupo intelectual". O aumento do número de intelectuais (em sentido amplo) formados pelas instituições de ensino superior leva, inevitavelmente, ao desemprego de uns, a condições insatisfatórias de emprego para outros e, ainda, à situação de inemprego dos muito escolarizados em ocupações que não são consideradas condizentes a seu nível de aspiração e aí permanecem com "um estado de espírito absolutamente antagonístico. O descontentamento dá origem ao ressentimento, o qual, muitas vezes, racionaliza-se e transforma-se em crítica social" (1961, p.191).

Mais do que a disseminação do marxismo, Schumpeter procurou mostrar que é a situação da camada intelectual, em termos de emprego, que leva à posição de hostilidade contra a ordem capitalista. E mais: que essa hostilidade aumenta, em vez de diminuir, com o êxito dessa sociedade. O alerta não se limita a apontar a posição política da camada intelectual.

Focaliza, também, o papel que os intelectuais podem vir a ter não na criação do "movimento trabalhista", mas na transformação dele em algo substancialmente diferente do que seria sem sua ajuda. Por exemplo, fornecendo-lhe o lema e a teoria da luta de classes.

Para mostrar a presença de ideias desse tipo no pensamento de intelectuais que integravam os grupos dominantes mesmo fora do governo brasileiro, vamos transcrever trecho de um diálogo entre Mário Henrique Simonsen, banqueiro e diretor do Instituto Brasileiro de Economia, da Fundação Getulio Vargas, e Roberto de Oliveira Campos, ministro do Planejamento do Governo Castello Branco. Esse diálogo foi travado num fórum de debates, promovido pelo Ipes em outubro/novembro de 1968, no Rio de Janeiro, depois, portanto, da divulgação do *Relatório* do GT.

Mário Henrique Simonsen – Tenho notado uma certa correlação entre o grau de agitação estudantil e a falta de ajustamento das escolas ao mercado de trabalho. Tenho notado que as escolas que mais se agitam são as de Filosofia e de Direito, as que menos se agitam são as de Engenharia e de Medicina. Precisamente porque, nas primeiras, os alunos começam a se defrontar com dificuldades crescentes no mercado de trabalho e, nas segundas, têm maiores esperanças quanto a este mercado. Não lhe parece que por meio de uma relotação de vagas e verbas, o governo poderia dar uma contribuição não total mas, pelo menos, parcial para esse problema de crise estudantil?

Roberto de Oliveira Campos – Acredito que sim. Sempre defendi uma flexibilidade total na manipulação de verbas ... Esse ajustamento das verbas e das facilidades financeiras à efetiva demanda de educação setorial, é um elemento importante para o progresso educacional. Diria que a inquietação estudantil, certamente, se alicerça bastante nesta constatação, pelo aluno, da futilidade do seu treinamento face ao mercado de trabalho. Isso lhe dá um sentimento de revolta e explica o porquê da explosividade das faculdades de Filosofia, cuja vocação prática é menos definida, maior que as de Engenharia e de Medicina.

A essas ideias, cuja filiação atribuímos a Schumpeter, o tecnocrata, ex-ministro e futuro senador acrescentou outras, de caráter moralista, provavelmente residuais no ex-seminarista:

Mas, além da sensibilidade profética que o aluno tem para a futilidade do ensino que lhe é dado, existe também a exigência escolástica. A menor explosividade e politização das faculdades de Engenharia e de Medicina

240   LUIZ ANTÔNIO CUNHA

refletem o esforço escolástico, muito mais intenso, que o aluno é obrigado a fazer, comparativamente com o exigido pelas faculdades de Direito e de Filosofia. Essas, destinadas a assuntos mais gerais e menos quantificados, não exigindo praticamente trabalhos de laboratório, deixam um vácuo de lazer, que é preenchido com aventuras políticas. Há, portanto, um duplo problema: um, é a sensibilidade profética para com a desocupação futura, pela desadaptação entre o treinamento e o mercado de trabalho. (Instituto de Pesquisas e Estudos Sociais, 1969, p.79)[16]

Sem nos deter na análise do pensamento transcrito acima, de resto carente de base empírica e de orientação teórico-metodológica adequada, pensamos não ser descabida a suposição de que o aspecto mencionado das ideias de Schumpeter estivesse presente nas medidas de longo prazo propostas pelo Grupo de Trabalho da Reforma Universitária, para não só eliminar a existência dos "excedentes candidatos a vagas em universidades", como também controlar (isto é, conter) a expansão das vagas de modo que evitasse "excedentes candidatos a emprego produtivo". Se os movimentos dos *estudantes excedentes* já sacudiam a precária base política do regime, o que não dizer dos *profissionais excedentes*? Essa previsão encontrava, aliás, base objetiva em certas ligações que se estabeleciam entre o movimento estudantil e o movimento operário de Contagem e Osasco, em 1968.

Ao tratar da articulação da escola média com a superior, o *Relatório* calcou seu conteúdo na Indicação 48/67, que criticou a estruturação do ensino médio em termos dualistas: um ramo secundário, preparatório ao ensino superior, e ramos técnico-profissionais. Rejeitava seu caráter discriminatório e defendia a organização de um ginásio comum, enriquecido por "sondagem e desenvolvimento de aptidões para o trabalho" e de um "colégio integrado", no qual os diversos tipos de formação profissional fossem obrigatórios para todos, ao lado dos "estudos gerais". A justificativa do *Relatório* era a seguinte: "Estes, além da importância que têm em si mesmos, levam os mais capazes à universidade; aqueles predispõem ao exercício de ocupações úteis, evitando a marginalização dos que encerram a vida escolar ao nível do segundo grau". O véu dissimulador que recobre essas boas intenções aparece em outro trecho do *Relatório,* no qual a vantagem proclamada para a profissionalização no

---

16   Para uma análise desse fórum, consultar Souza (1981).

A UNIVERSIDADE REFORMANDA 241

ensino médio é a de conciliar a "crescente demanda demográfica social por mais alto nível de ensino" com as "condições do mercado de trabalho, que condicionam as oportunidades efetivas de empregos". As distorções do ensino médio, isto é, a dualidade entre o ramo secundário e os ramos técnico-profissionais estariam impedindo a conciliação almejada, que poderia viabilizar-se tão logo se procedesse à reforma desse grau de ensino, de modo que o fizesse *terminal*, canalizando para o mercado de trabalho, antes da universidade, "grande parcela da população".[17]

Com isso, o Relatório do Grupo de Trabalho da Reforma Universitária induziu a formação dos seus congêneres que, já a partir de 1969, acabaram gestando o anteprojeto de Lei de Diretrizes Bases do ensino de 1º e 2º graus (5.692/71).[18] Quase dois meses antes que o anteprojeto fosse transformado em lei, o presidente da República baixou um decreto estabelecendo critérios para a expansão do ensino superior, no qual transcreveu quase literalmente as recomendações do GT.[19] Estabeleceu que, no exame dos pedidos de autorização e reconhecimento de universidades e de estabelecimentos isolados de ensino superior, bem como de financiamentos de programas e projetos de instituições existentes ou a serem criadas, deveriam ser observados os seguintes critérios: 1) evitar o aumento de vagas e a criação de novas unidades de ensino, a não ser que se tratasse de iniciativa de "alto padrão"; 2) transformar os currículos de unidades de ensino voltados para a formação de profissionais de mercado saturado para áreas em que houvesse carência; e 3) montar no CFE uma assessoria de especialistas e representantes dos Ministérios da Educação e do Planejamento para aplicar esses critérios. No financiamento aos programas de expansão, o decreto determinou que se evitasse o desperdício de recursos e se assegurasse a "eficiência sem suntuosidade", se explorassem as possibilidades de melhor utilização da capacidade instalada e se fortalecessem as unidades de planejamento, orçamento, execução financeira e auditoria interna.

Se efetivadas, essas normas severas não permitiriam a intensidade nem a forma da expansão do ensino superior que já havia começado.

---

17 Seria esse o primeiro "mecanismo de absorção" apontado pelo *Relatório* a que nos referimos anteriormente.

18 Para o estudo da elaboração dessa lei, ver CUNHA, Luiz Antônio. *Política educacional no Brasil: a profissionalização no ensino médio*. Rio de Janeiro: Eldorado, 1973.

19 Decreto 63.341, de 1º de outubro de 1968.

SUBSÍDIOS PARLAMENTARES

Apresentado o conteúdo do Relatório do Grupo de Trabalho da Reforma Universitária, passamos a tratar da destinação dada ao anteprojeto de lei por ele proposto fixando "normas para a organização e o funcionamento do ensino superior e sua articulação com a escola média", que desembocou na lei 5.540/68. Modificações no estatuto do magistério, na legislação sobre os incentivos fiscais, na destinação do fundo especial da loteria esportiva e no financiamento do ensino (com a criação do FNDE) foram objeto de projetos de lei específicos que, enviados ao Congresso Nacional, tiveram tramitação independente e mais rápida. Não vamos, pois, comentá-los.

Iniciadas, então, as atividades do GT a 10 de julho de 1968, a 16 de agosto o Ministério da Educação já encaminhou o *Relatório* e os anteprojetos de leis e decretos ao presidente da República. Por um mês e meio esse material foi digerido no âmbito da assessoria presidencial até que, a 2 de outubro, o general Costa e Silva enviou mensagem ao Congresso Nacional encaminhando os anteprojetos de lei oriundos do GT. A 2 de novembro, o Congresso Nacional, em sessão conjunta da Câmara e do Senado, aprovou a lei que fixava "normas para a organização e o funcionamento do ensino superior e sua articulação com a escola média". Depois de vetar muitas passagens,[20] o presidente da República sancionou a lei, que teve o número 5.540, a 28 de novembro de 1968, 15 dias antes de assinar o ato institucional 5.

A mensagem presidencial, acompanhada pelos projetos de lei, foi recebida no Congresso com diferentes atitudes. Para uns parlamentares, a lei que deveria surgir reformando o ensino superior acabaria ou, pelo menos, aliviaria o problema dos excedentes; para outros, de pouco serviriam os esforços dos parlamentares no estudo da matéria, pois não haveria condições políticas para se tratar de outras questões, também vitais para a vida universitária; para outros, ainda, de nada adiantaria a discussão do projeto, pois a intenção do governo seria conseguir a aprovação da lei por decurso de prazo, aproveitando a falta de *quorum* em virtude do envolvimento dos deputados com as eleições municipais marcadas para 15 de novembro.[21]

---

20 José Nilo Tavares chamou a lei 5.540 de "Lei do Veto" por ter 45 artigos e parágrafos rejeitados pelo presidente Costa e Silva (Tavares, 1979, p.111).

21 Um bom panorama desse leque de atitudes pode ser visto nos discursos publicados pelo *Diário do Congresso Nacional*, Seção I, de 9 de outubro de 1968.

A UNIVERSIDADE REFORMANDA   243

Antes de entrar na discussão das mudanças sofridas pelo anteprojeto até que virasse lei, vamos indicar os subsídios que os parlamentares tiveram para apreciar o conteúdo da mensagem presidencial. Discussões sobre o ensino superior não eram raras no Congresso, induzidas pelas manifestações estudantis em todo o país. Os temas eram, predominantemente, a má qualidade do ensino, a falta de vagas, a insuficiência e a tardia liberação das verbas pelo governo e a repressão policial do movimento estudantil.

A preocupação com esses problemas levou à organização de uma Comissão Parlamentar de Inquérito, no âmbito da Câmara dos Deputados, para investigar a estruturação do ensino superior no país, constituída por iniciativa do deputado Ewaldo Pinto, do MDB (SP), presidente da CPI. Instalada a 29 de novembro de 1967, a CPI recolheu informações obtidas por questionários enviados às direções das instituições de ensino superior, a professores e a entidades diferentes, e colheu depoimentos de "personagens do ensino superior de renome nacional", desde ex-ministros a dirigentes estudantis. Os trabalhos da Comissão, que teve seu relatório elaborado com a assessoria de oito técnicos de um Instituto de Pesquisas e Estudos da Realidade Brasileira (Iperb), especialmente contratados para essa finalidade, se estenderam até princípios de dezembro de 1968 (Brasil, 1969a).

As conclusões da CPI, elaboradas pelo deputado Lauro Cruz, da Arena (SP), seu relator, repetiram em muitos pontos as ideias do Grupo de Trabalho da Reforma Universitária (GTRU) e elogiaram a lei 5.540, recém-promulgada. Além disso, defendeu a expansão do ensino superior (com a ressalva dos cursos de Direito), que deveria ser feita com a multiplicação de escolas e com subsídios governamentais ao setor privado. A CPI entrou por um campo que o GTRU evitou, apesar de ser muito discutido na segunda metade dos anos 1960: o êxodo de pessoal de grau superior, particularmente de técnicos e cientistas. Para barrar essa drenagem de recursos humanos e econômicos, a CPI recomendou a adoção de medidas para ampliar o mercado de trabalho e para melhorar as condições de remuneração e de trabalho, em geral.

O inquérito da Comissão Parlamentar não ficou a salvo dos conflitos políticos divisores da sociedade que tinham, naquela conjuntura, o movimento estudantil como ponto mais sensível. De modo amplo, os parlamentares da Arena procuraram defender as medidas tomadas pelo governo e acrescentar outras, não escondendo seu desagrado para com o movimento estudantil; os do MDB, por outro lado, procuraram mostrar a insuficiência da política educacional do governo e a justeza das reivindicações estudantis. Para exemplificar essa dualidade de posições, no âmbito da CPI, vamos transcrever duas conclusões, conforme o texto do relator da Arena, e os votos em separado (vencidos) de dois deputados do MDB, o próprio presidente da comissão e o relator-substituto. Começamos pela conclusão 17.

Texto do relator:

É imprescindível a participação do corpo discente em todos os órgãos colegiados consultivos, técnicos ou deliberativos das universidades ou estabelecimentos isolados, devendo a distribuição das tarefas de estudo, administração e pesquisa ocupar integralmente o seu tempo dentro da escola. (ibidem, p.142)

Voto em separado:

É imprescindível a presença do corpo discente em todos os órgãos colegiados consultivos, técnicos ou deliberativos das universidades e estabelecimentos isolados, devendo a distribuição das tarefas de estudo, administração e pesquisa ensejar a ocupação do estudante dentro da escola, inclusive através da mais efetiva participação dele na realização da verdadeira natureza dos objetivos de transformações e mudanças sociais que se incluem nos fins da universidade, sobretudo em área subdesenvolvida. (ibidem, p.399)

Divergência análoga pode ser notada quanto à conclusão nº 18.

Texto do relator:

Face à complexidade dos problemas que determinaram a inquietação entre estudantes, suas aspirações e divergências com as estruturas atuais, fenômeno esse de extensão mundial, impõe-se por parte das autoridades, educadores e quaisquer grupos responsáveis pelo equilíbrio social, um estudo aprofundado desses problemas e das medidas que visem à sua solução num clima de compreensão e tolerância, para que se alcancem a pacificação dos espíritos, a justiça social, o respeito à lei e à ordem pública, e o País venha a prosperar mais rapidamente, vencendo todos os obstáculos que ainda entravam o seu desenvolvimento. (ibidem, p.142)

Voto em separado:

Em face da inquietação entre estudantes, suas aspirações e da contestação das estruturas atuais, de que são a vanguarda os jovens, impõe-se

A UNIVERSIDADE REFORMANDA 245

por parte das autoridades, educadores e quaisquer grupos responsáveis pela direção da comunidade, um estudo aprofundado dos problemas daí decorrentes e das soluções que lhes convenham melhor, cabendo a tais responsáveis repelir, nas áreas que lhes sejam afetas, a consideração dos movimentos estudantil apenas como objeto de repressão e de punição, certos de que o nosso desenvolvimento só será possível, de modo autônomo se, nos seus projetos e na sua execução, esteja livremente empenhada a juventude que se forma e se promove em todos os graus de ensino, em especial no ensino superior. (ibidem, p.399)

Pode-se ler, com clareza, que o relator estava empenhado em manter os estudantes ocupados, dentro da escola, nas atividades de ensino, de pesquisa e de administração da instituição, motivo de sua participação nos órgãos colegiados, visando, em última análise, à manutenção da ordem e à promoção do desenvolvimento. Ordem e progresso ou, na versão revisada, segurança e desenvolvimento. Para tanto, recomendava às autoridades a adoção das virtudes potenciais da compreensão e tolerância, pois o movimento estudantil seria um fenômeno mundial, quase dizendo (como se disse) que se tratava apenas de um conflito de gerações. A oposição, por seus votos, procurava enfatizar o papel da juventude como vanguarda das transformações das estruturas sociais, processo no qual a universidade brasileira deveria se engajar, razão por que condenava os que viam no movimento estudantil apenas um objeto de repressão e de punição.

No plano estadual, os parlamentares também se empenharam em contribuir para a solução da crise da universidade.

Com o intuito de apresentar subsídios ao Grupo de Trabalho da Reforma Universitária, constituído no plano federal, o Diretório Regional da Aliança Renovadora Nacional, do estado de Minas Gerais, organizou o seu próprio GT. Composto de professores e estudantes da Universidade Federal de Minas Gerais,[22] o relatório foi encaminhado ao ministro da Educação e transcrito nos Anais da Câmara Federal, a pedido de um deputado.[23]

---

22 O Grupo de Trabalho era integrado pelos professores Orlando de Carvalho (coordenador), Celso Cordeiro Machado, Jaime Ferreira da Silva Junior, Amílcar Viana Martins, Eduardo Cisalpino, José Farias Tavares, Leônidas Magalhães, Hilton Rocha, Magda Soares, Luiz de Paula Castro, Giovanni Gazzinelli e Ruy Lourenço Filho; e pelos estudantes João Jaciel, Advíncula Reis e Tomaz Boardmann.

23 *Diário do Congresso Nacional* (Seção I), 10 ago. 1968, p.5055-8.

246   LUIZ ANTÔNIO CUNHA

Ao contrário do *Relatório* federal, que se apresentava como desdobramento direto das disposições dos decretos-leis 53/66 e 252/67, o relatório dos mineiros é aberto com críticas à limitação das medidas preconizadas, pois elas:

> Não tiveram por objetivo uma reforma do conteúdo ou dos fins da educação superior, senão apenas a melhoria técnica dos órgãos e do aparelhamento material que integram o nosso sistema de ensino superior. Não formulando os fundamentos de uma filosofia da educação, nem transformando os rumos até agora adotados para sua adequação às necessidades socioeconômicas do país, parece tornar-se imperativo que a reforma educacional do país não se limite à sua revisão estrutural, mas que, sobretudo, procure atender à vocação de nosso desenvolvimento e à dinâmica das transformações que formam a tônica da realidade de nossos dias.[24]

Numa surpreendente autocrítica preventiva, difícil de se encontrar, àquela época, no meio docente, os professores mineiros advertiram:

> É necessário se evite se torne nosso sistema de ensino superior força de resistência à nossa evolução, pois sabemos que, por sua própria natureza, toda estrutura educacional, uma vez institucionalizada, tende ao conservadorismo e sustentação de valores tradicionais, às vezes ultrapassados.[25]

Contudo, passada essa declaração de intenções não se constata, no restante do relatório, a presença da reclamada filosofia da universidade brasileira. Verifica-se, inicialmente, a existência de ideias avulsas sobre o ensino superior, de um certo modo consensuais em seu meio, versando rapidamente sobre a integração do ensino com a pesquisa, flexibilidade curricular, carreira e regime de trabalho docente. Nesta última questão, o relatório mineiro chegou até mesmo a defender a existência da cátedra, então sob fogo cruzado, assim como a propor que a chefia dos departamentos fosse ocupada, em cada qual, sempre pelo docente de maior hierarquia na carreira do magistério. Ao contrário das concepções sobre o funcionamento da universidade, mesmo modernizada, o relatório mineiro deu especial importância aos órgãos colegiados, em diversos níveis, contando sempre com a representação dos auxiliares de ensino e dos estu-

---

24 *Diário do Congresso Nacional* (Seção I), 10 ago. 1968, p.5055-8.
25 *Diário do Congresso Nacional* (Seção I), 10 ago. 1968, p.5056.

A UNIVERSIDADE REFORMANDA 247

dantes, de modo que tivessem "esses elementos a participação efetiva nas deliberações".[26] Ao tratar dos recursos financeiros para o ensino superior, o relatório propôs a extensão dos incentivos fiscais aos contribuintes do imposto de renda que aplicassem no campo educativo. Contornando a politicamente difícil questão do pagamento do ensino superior pelos estudantes ou seus pais, os professores mineiros sugeriram uma solução não menos difícil para aumentar o volume de recursos financeiros disponíveis para o ensino superior: a tomada de um empréstimo compulsório pelo Governo Federal, na proporção de um dia de rendimentos por mês de todas as pessoas físicas sujeitas ao pagamento do imposto de renda. Em troca, os contribuintes receberiam títulos do Tesouro Nacional que renderiam juros e correção monetária, resgatáveis ao fim de cinco anos. O governo tomaria esse empréstimo compulsório durante cinco anos.

A seção mais extensa e substancial do relatório mineiro era a que tratava da seleção de candidatos ao ensino superior.

Dizia o relatório desses professores e estudantes da UFMG que os exames vestibulares se transformaram em problema nacional com o descompasso entre o crescimento do ensino superior e o do ensino médio, este mais rápido do que aquele, gerando o fenômeno dos "excedentes". Para enfrentar esse problema, deveriam ser tomadas medidas de modificação quantitativa e qualitativa dos vestibulares.

A modificação quantitativa, tendo em vista a recuperação do equilíbrio perdido, viria de uma verdadeira "reorientação da demanda" do ensino superior brasileiro. Para isso, seria preciso que se induzisse a procura de cursos importantes para a "modificação e desenvolvimento da estrutura da produção e aumento da produtividade no Brasil" (Agronomia, Veterinária etc.); que se aumentasse a oferta de vagas em cursos de grande importância para o progresso tecnológico e o desenvolvimento da pesquisa científica (Engenharia, Química, Física, Geologia etc.); e, finalmente, se contivesse a procura por cursos onde ela seria "maior do que a necessária na esfera econômica e social" para o desenvolvimento do país.

A modificação qualitativa dos exames vestibulares não exigiria esforço menor. O relatório lamentou que esses exames fossem necessários, impondo-se pela diversidade dos critérios de avaliação utilizados pelas escolas de ensino médio, o que impedia a seleção dos candidatos pelas notas

---

26 *Diário do Congresso Nacional* (Seção I), 10 ago. 1968, p.5057.

248   LUIZ ANTÔNIO CUNHA

nelas obtidas. Lamentou o relatório, também, as consequências nefastas que os exames vestibulares exerciam sobre o ensino médio. Como esses exames estariam sendo organizados em bases diferentes das características e finalidades da escola média, esta procurava conciliar ambas as orientações, não sucedendo nenhuma delas. Os exames vestibulares estariam voltados para os "aspectos mecânicos da aprendizagem", pois pediam que os candidatos dissertassem sobre questões específicas de cada área do conhecimento. Não apresentariam validade geral nem consistência de um ano para outro. Segundo o relatório mineiro, as provas estariam sendo preparadas "com absoluto descaso pelas normas técnicas e raramente ou nunca o instrumento de medida é submetido a análise e estudo".[27] Impunha-se, então, uma modificação no próprio critério de seleção para a universidade, de modo que os exames vestibulares deixassem de ser encarados como solução para um problema administrativo (distribuição dos candidatos pelas vagas) e passassem a ser vistos como um problema pedagógico. Nas suas palavras:

> É urgente a reformulação qualitativa dos exames vestibulares, no sentido de que atendam realmente ao direito do talento, que não se identifica por medida de conhecimentos memorizadas, mas por medidas de habilidades intelectuais. No momento atual, enquanto medidas de maior alcance não puderem ser tomadas, cumpre ao ensino superior, antes de mais nada, selecionar de maneira adequada, entre o elevado número de candidatos aqueles que são realmente 'candidatáveis', isto é, aqueles que trazem o direito do talento, os portadores da capacidade e das habilidades intelectuais que deles vão exigir os estudos de alto nível.[28]

Como sugestão concreta, o grupo mineiro defendeu a realização dos exames vestibulares em duas etapas. A primeira consistiria num exame realizado em todo o país, no mesmo dia, com a aplicação de "testes de medida de habilidades intelectuais, tanto quanto possível padronizados, preparados por equipe de especialistas".[29] Para a organização dessa equipe, o relatório mencionou a existência de pessoas experientes nesse tipo de testes na Fundação Carlos Chagas, no Instituto Nacional de Estudos Pedagógicos e na própria UFMG. Como legitimação da tese defendida,

---

27 *Diário do Congresso Nacional* (Seção I), 10 ago. 1968, p.5057.
28 *Diário do Congresso Nacional* (Seção I), 10 ago. 1968, p.5057.
29 *Diário do Congresso Nacional* (Seção I), 10 ago. 1968, p.5057.

A UNIVERSIDADE REFORMANDA 249

foram evocadas as experiências do Japão e de Porto Rico, onde testes de habilidade intelectual foram aplicados a todos os candidatos, simultaneamente. À segunda etapa dos exames vestibulares só se submeteriam os candidatos aprovados na primeira. Seria esta, então, a etapa classificatória, destinada a preencher as vagas existentes, visando verificar os conhecimentos das áreas de estudos para as quais se dirigiam os candidatos.

Exames vestibulares em duas etapas – a primeira, de habilitação, e a segunda, de classificação – foram assumidos pela política educacional federal a partir da inflexão de 1973. Mas, em vez dos testes de habilidades intelectuais, a primeira etapa incluiu a redação em língua portuguesa, banida dos vestibulares pelas chamadas provas objetivas.

O PROCESSO LEGISLATIVO

Apresentadas algumas das referências imediatas de que os deputados dispunham, passamos a apresentar a gênese da lei da reforma universitária, desde o anteprojeto formulado pelo GT até o texto final, sancionado pelo presidente da República e publicado no *Diário Oficial*.[30]

O anteprojeto de lei tinha cinco capítulos: do ensino superior, do corpo docente, do corpo discente, disposições gerais e disposições transitórias, contendo, ao todo, 44 artigos. Essa estrutura permaneceu ao longo de todo o processo legislativo, embora o número de artigos crescesse para 59, alguns vetados na versão final, no todo ou em parte. Queremos advertir o leitor que não faremos uma análise minudente das versões do texto legal, comentando todos seus artigos, parágrafos e letras, mas nos deteremos naqueles que julgamos relevantes para a reconstrução do processo de transformação do ensino superior brasileiro, adotada a postura metodológica apresentada na Introdução. Das 142 emendas apresentadas no âmbito da Comissão Mista de deputados e senadores,[31] formada para estudar o projeto de lei, tomaremos apenas aquelas que alteraram os pontos que julgamos importantes, bem como as justificativas apresentadas.

---

30 A fonte das informações utilizadas é o *Diário do Congresso Nacional*, particularmente dos dias 8, 9, 10 e 22 de outubro, e 5 de novembro de 1968.

31 O presidente da Comissão Mista foi o senador Josaphat Marinho, MDB (BA), e o relator, o deputado Lauro Cruz, Arena (SP), que ocupou posição análoga na Comissão Parlamentar de Inquérito comentada anteriormente.

O GT não julgou necessário traçar os objetivos do ensino superior no anteprojeto de lei, embora tivesse dedicado bastante espaço a eles no *Relatório*, como vimos. O Congresso, todavia, preferiu explicitar esses objetivos, assim colocados: "a pesquisa, o desenvolvimento das ciências, letras e artes e a formação de profissionais de nível universitário", transcrevendo o artigo 66 da Lei de Diretrizes e Bases da Educação Nacional de 1961. Em outro lugar do anteprojeto de lei dizia-se que o ensino superior seria "indissociável da pesquisa", uma proclamação de que pouco caso se tem feito. Pesquisa e ensino desvinculados sempre houve nas universidades. Por outro lado, situação ainda mais dramática tem sido a existência de ensino sem pesquisa, resumindo-se aquele a uma prática rotineira de repetição, transmissão, memorização e reprodução. Mais fácil foi a tradução dessa proclamação para o nível individual: o indivíduo é que seria indissociável, nos seus papéis de professor e pesquisador. O corolário desse entendimento foi a condenação da existência, nas universidades, de dois quadros paralelos, um de professores, outro de pesquisadores, como já se assinalou na história do nosso ensino.

Embora a *extensão* fosse o único dos objetivos das instituições de ensino superior destacados pelo GT no anteprojeto de lei – assim mesmo como parágrafo de um artigo (2º) –, o texto aprovado pelo Congresso elevou-o à dignidade de artigo (20), sem, entretanto, ligá-lo aos colocados no artigo 1º A *extensão* foi tratada assim: "As universidades e os estabelecimentos isolados de ensino superior estenderão à comunidade, sob forma de cursos e serviços especiais, as atividades de ensino e os resultados da pesquisa que lhe são inerentes".

O GT pretendeu revolucionar a estrutura do ensino superior ao estabelecer (art. 2º) que este seria ministrado em universidades e, *excepcionalmente*, em estabelecimentos isolados, organizados como instituições de direito público ou privado. Na realidade, as universidades é que eram excepcionais, antes da lei e, principalmente, depois. Não por causa delas, mas pelo intenso crescimento do setor privado, na forma de estabelecimentos isolados, processo este propiciado pela própria política educacional, que, simultaneamente, freou o crescimento das universidades públicas. Permaneceu, entretanto, mais uma das declarações de intenção, tão a gosto do legalismo brasileiro, que imagina dar forma ao mundo pela letra da lei, isto é, pelo pensamento dos autores da letra da lei. No entanto, houve uma emenda do senador Josaphat Marinho que suprimia o caráter excepcional da existência de estabelecimentos isolados. Embora esse parlamentar mostrasse que a generalização da organização universitária não contava com os recursos necessários nem encontrava apoio na experiência de outros países, o relator deu parecer contrário à emenda, sem justificativa.

Ao contrário de toda legislação anterior, até da Lei de Diretrizes e Bases da Educação Nacional (1961), que só via a universidade formada sobre faculdades, escolas ou institutos preexistentes e reconhecidos, o anteprojeto previu a possibilidade (já realizada anos antes pela Universidade de Brasília) de uma universidade se constituir *diretamente*, isto é, sem unidades precedentes. Essa concepção foi incorporada na lei, mas o Congresso alterou as características que deveriam revestir a universidade, em ambos os tipos de formação. Seriam as seguintes suas características:

- Unidade de patrimônio e administração.

- Estrutura orgânica com base em departamentos reunidos ou não em unidades mais amplas. O GT havia escrito: organicidade de estrutura...

- Unidade de funções de ensino e pesquisa, vedada a duplicação de meios para fins idênticos ou equivalentes. Esta característica, já expressa pelos decretos-leis 53/66 e 252/67, não foi colocada pelo GT, mas resultou de uma emenda. Ela complementou, sem explicitar, o declarado logo no art. 2º, que dizia ser o ensino superior indissociável da pesquisa. Pela via do Congresso, foram então inseridas no texto do projeto de lei as orientações e as expressões mais importantes daqueles decretos-leis, o que, estranhamente, não foi feito pelo GT, em primeira instância, nem pelo MEC ou pelo CFE, em segunda. Ao mesmo tempo, a Comissão Mista suprimiu do texto do projeto a declaração explícita de que as universidades federais deveriam obedecer aos princípios e às normas desses decretos-leis por ser matéria implícita em vários pontos.

- Racionalidade de organização, com plena utilização de recursos materiais e humanos.

- Universalidade de campo, pelo cultivo das áreas fundamentais dos conhecimentos humanos, estudados em si mesmos ou em razão de ulteriores aplicações e de uma ou mais áreas técnico-profissionais. O bom senso levou o autor da emenda a não definir essas áreas

252   LUIZ ANTÔNIO CUNHA

fundamentais dos conhecimentos humanos, o contrário do que fez o decreto-lei 252/67.[32]

- Flexibilidade de métodos e critérios, com vistas às diferenças individuais dos alunos, às peculiaridades regionais e às possibilidades de combinação dos conhecimentos para novos cursos e programas de pesquisa.
- Fidelidade à natureza da universidade como obra de cultura, instrumento de transmissão de saber e fator de transformação social. Essa característica resultou de emenda que, embora tenha sido aprovada, foi vetada pelo presidente da República Costa e Silva com a seguinte justificativa: "A expressão 'fator de transformação social' contida no texto constituir-se-ia em permissão expressa para outro regime que não o democrático consagrado na Constituição (art.149, I) com consequências imprevisíveis para a segurança nacional".

As universidades que se organizassem diretamente seriam autorizadas a funcionar e reconhecidas; as que resultassem da reunião de estabelecimentos já reconhecidos estariam apenas sujeitas a reconhecimento.

A autonomia das universidades foi um dos pontos mais controversos de todo esse processo. O GT propôs que elas gozassem de "autonomia didático-científica, financeira e administrativa", que seria exercida "na forma da lei e dos seus estatutos". Com tal formulação, deslocava essa polêmica questão para uma lei específica. A Comissão Mista não concordou com esse adiamento e resolveu tratar logo da questão com a explicitação da autonomia. O artigo sobre essa questão foi emendado, acrescentando-se os seguintes parágrafos, adicionando-se às três já nomeadas a autonomia disciplinar, de especial importância política naquela conjuntura:

§ 1º A autonomia didático-científica e disciplinar consiste na faculdade de:

a) criar, organizar, modificar e extinguir cursos, atendendo à legislação vigente e às exigências do meio social, econômico e cultural;
b) fixar os currículos de seus cursos, observando as bases mínimas estabelecidas pelo Conselho Federal de Educação;

---

32   Para esse decreto-lei, as áreas de conhecimento seriam as seguintes: Ciências Matemáticas, Físicas, Químicas e Biológicas, Geociências, Ciências Humanas, Filosofia, Letras, Artes (art. 3º, § único).

A UNIVERSIDADE REFORMANDA 253

c) estabelecer planos e projetos de investigação científica em qualquer área de sua competência;

d) estabelecer o calendário escolar e regimes de trabalho didático e científico de suas diferentes unidades, sem outras limitações a não ser as previstas em lei;

e) fixar os critérios para admissão, seleção, promoção e habilitação de alunos;

f) conferir graus, diplomas, títulos e outras dignidades universitárias;

g) elaborar o próprio código disciplinar para o corpo docente, o discente e o técnico-administrativo.

§ 2º A autonomia administrativa consiste na faculdade de:

a) elaborar e reformar, submetendo à aprovação do Conselho de Educação competente,[33] os próprios estatutos e os regimentos de suas unidades;

b) indicar o reitor, o vice-reitor e outros elementos da direção, segundo as normas previstas nesta lei;

c) contratar professores e auxiliares de ensino e promover sua nomeação atendendo aos preceitos legais vigentes;

d) firmar contratos, acordos e convênios;

e) aprovar e executar planos, programas e projetos de investimentos referentes a obras, serviços e aquisições em geral;

f) admitir e demitir quaisquer funcionários, dispor sobre regime de trabalho e remuneração, dentro de suas dotações orçamentárias e outros recursos financeiros.

§ 3º A autonomia financeira consiste na faculdade de:

a) administrar os rendimentos próprios e o seu patrimônio e dele dispor, na forma prevista no ato de constituição, nas leis e nos estatutos respectivos;

b) receber subvenções, doações, heranças, legados e cooperação financeira resultantes de convênios com entidades públicas ou privadas;

c) realizar operações de crédito ou de financiamento, com aprovação do Poder competente, para aquisição de bens imóveis, instalações e equipamentos;

d) organizar e executar o orçamento total de sua receita e despesa, devendo os responsáveis pela aplicação dos recursos prestar contas anuais.

§ 4º Os estatutos das universidades poderão prever outras atribuições, além das constantes presentes do artigo.

---

33 Poderia ser o Conselho Federal ou o Estadual de Educação, conforme a área de atuação da universidade.

Essa emenda, de autoria do deputado Raymundo Andrade, Arena (RS), foi acolhida pelo relator com alguns retoques feitos em outras que apontavam na mesma direção, embora menos abrangentes. Na justificativa à sua emenda, dizia o deputado:

> A autonomia, além de base orgânica e funcional da instituição de ensino e pesquisa, é o seu mais poderoso instrumento de eficiência. A Universidade, para ser eficiente, carece de liberdade de ação e não se pode subordinar estrita e rigidamente ao poder hierarquicamente superior. A este não terá necessidade de ouvir em cada caso concreto, para o que deve possuir a faculdade de decidir como entender, dentro, certamente, de um elenco de normas genéricas, que regulam as diversas categorias de casos concretos. É a vinculação ao órgão superior que não se deve jamais confundir com subordinação direta. Não se há de pretender, é claro, a autonomia absoluta, que se confundiria na prática com soberania ou arbítrio. O conceito de soberania tanto na administração pública como na privada, é sempre relativo, nele havendo dois elementos essenciais: um, as raias que limitam a ação; outro, o poder de agir livremente dentro dessas raias. O Projeto de lei nº 32, de 1968,[34] filia-se a essas ideias, mas os limites da autonomia não estão nele demarcados, o que convém fazer, de modo a evitar abusos. A nossa emenda tem duplo propósito: assegurar a autonomia universitária e defini-la. Só assim, dentro dos limites cuidadosos e nitidamente estabelecidos para o exercício de sua autonomia a universidade poderá "agir e progredir por si, sem as peias das chinesices burocráticas", como dizia, com muita propriedade, Pandiá Calógeras ao referir-se à necessidade de conceder autonomia às entidades responsáveis pelo ensino e a pesquisa.

Tantos anos já se passaram e poucas dessas atribuições a universidade brasileira adquiriu (ou recuperou).[35] O presidente da República vetou todos esses acréscimos, deixando apenas a formulação superficial do GT. Justificou ele: "Por versarem sobre matéria puramente explicitativa, própria de regulamentação estatuária, prevista no *caput* do artigo. Por outro lado, os seus textos incidem em contradições e repetições de outros dispositivos da proposição, o que poderia redundar em dúbia interpretação".

---

34 Foi esse o número que o projeto enviado pelo governo recebeu no Congresso.

35 Mais adiante, ao tratar da questão da escolha dos dirigentes, apresentaremos um artigo das "disposições gerais" que previu a suspensão da autonomia universitária, com intervenção do CFE na gestão das universidades e estabelecimentos isolados.

O regime jurídico das instituições de ensino superior, objeto de vivas discussões, foi também emendado pelo Congresso, dessa vez com sucesso. O texto do GT determinava que as universidades e os estabelecimentos isolados de ensino superior, quando oficiais, seriam organizados como autarquias de regime especial ou como fundações. A emenda aprovada dizia que essas fundações deveriam ser de direito público. A justificativa do deputado Martins Rodrigues, MDB (CE), autor da emenda, apresentou razão do qualitativo *público*:

> Discutível a forma de "fundação". Se o texto permanecer como está insinuar-se-á a desestatização ou a desoficialização do ensino superior, em outras palavras, a sua privatização, tendência de todo o sistema ora dominante no País. Se não há como resistir à ideia de fundação contra a qual, entretanto, hoje se luta, mesmo nos Estados Unidos, que tais fundações assumam, pelo menos, a característica *pública*, a fim de que se mantenha a responsabilidade do Estado na sustentação e funcionamento do ensino superior entre nós, não deixando em mão do "poder econômico", tantas vezes a serviço do *status quo*, chegando até, por força da predominância de interesses privados, a obstar o desenvolvimento cultural, sobretudo sob seu aspecto tecnológico.

As instituições particulares de ensino poderiam ser organizadas como fundações – de direito privado, naturalmente – ou como associações, possibilidade não alterada apesar da emenda não aprovada do deputado Franco Montoro, MDB (SP), que proibia as instituições particulares de ensino, fundações ou associações, de ter fins lucrativos.

Essas associações apareciam no anteprojeto chamadas, também, de federações de escolas. Referindo-se aos estabelecimentos isolados da mesma ou de localidades próximas que não preenchessem todas as condições previstas para a constituição de universidades, o GT dizia que eles deveriam congregar-se, para efeito de cooperação, em federações de escolas regidas por uma administração superior e com regimento unificado que lhes permitissem adotar critérios comuns de organização e funcionamento. Essas federações teriam prioridade para receber financiamento governamental. Quando transitava pelo governo, o texto do GT foi alterado. Onde ele dizia que tais estabelecimentos *poderiam*..., passou a constar que eles *deveriam* organizar-se em federações. Já no âmbito do Congresso, as alterações foram ainda maiores. Retirou-se a referência à formação de universidade e optou-se pela recomendação: aqueles estabelecimentos

256 LUIZ ANTÔNIO CUNHA

deveriam, "sempre que possível...", congregar-se em universidades ou em federações de escolas.

Continuando a tratar da criação e da forma de constituição dos estabelecimentos de ensino superior, o anteprojeto negava autorização para funcionamento de universidade instituída diretamente ou estabelecimento isolado de ensino superior, mesmo que, tendo atingido os requisitos mínimos prefixados, não correspondessem às exigências do mercado de trabalho, em confronto com as necessidades do desenvolvimento nacional ou regional, "à vista de estudos periodicamente renovados". Durante a tramitação no âmbito do governo, esses estudos foram surpreendentemente eliminados do texto, de modo que a versão enviada ao Congresso e finalmente promulgada permitia que as "exigências do mercado de trabalho" e seu confronto com as "necessidades do desenvolvimento" fossem avaliadas por estudos realizados apenas no momento da autorização ou – quem sabe? – até mesmo sem eles.

É possível que essa supressão visasse à expansão das matrículas do ensino superior, que já se iniciava, com cursos bastante distantes das "exigências do mercado de trabalho" ou das "necessidades do desenvolvimento". De todo modo, o parágrafo único desse artigo (6º, na versão do GT) já permitia contornar aquelas condições: "Não se aplica a disposição deste artigo aos casos em que a iniciativa apresente um alto padrão que venha a contribuir, efetivamente, para o aperfeiçoamento do ensino e da pesquisa nos setores abrangidos". No Congresso, o relator retirou do texto legal todo esse artigo, nem mesmo aceitando emendas à versão já alterada pelo Executivo. Se a hipótese que levantamos acima é válida, a alteração final feita pelo relator visaria aplainar ainda mais o caminho da expansão em curso.[36]

---

36 Entretanto, a não vinculação da expansão do ensino superior com as necessidades imediatas do mercado de trabalho interessava, também, a outras correntes, como a representada pelo deputado Márcio Moreira Alves, MDB (Guanabara), autor de emenda não aprovada sobre essa questão. Dizia ele em sua justificativa: "Algumas vezes uma universidade poderá não corresponder às necessidades imediatas do mercado de trabalho mas, por sua própria criação e existência ser um fator de sua expansão. Por outro lado, o desenvolvimento técnico, científico e cultural da Nação ou de uma região poderá exigir uma universidade cujos formandos não encontrem, de imediato, mercado de trabalho na área geográfica do estabelecimento, mas sejam necessários ao conjunto do País".

Mas, três meses após a promulgação da lei, o presidente da República, com os poderes que lhe foram conferidos pelo ato institucional 5, baixou o decreto 464 (a 11 de fevereiro de 1969), que repôs na legislação a condição para a autorização de funcionamento de estabelecimentos de ensino superior: correspondência às exigências do mercado de trabalho em confronto com as necessidades do desenvolvimento nacional ou regional, ressalvando-se as iniciativas capazes de contribuir, efetivamente, para o aperfeiçoamento do ensino e da pesquisa.

A escolha dos dirigentes foi uma das questões mais controversas entre todas as opiniões dos interessados nos destinos do ensino superior. De um lado, estavam os que defendiam a autonomia para que as universidades e estabelecimentos isolados oficiais escolhessem seus reitores e/ou diretores; de outro, os que reivindicavam maior poder para os governadores e o presidente da República na sua escolha e nomeação. O GT manteve o mecanismo básico de escolha instituído pelo Estatuto das Universidades Brasileiras, de 1931, para as instituições mantidas pela União, pelo qual o Conselho Universitário apresentava uma lista dos candidatos mais votados para reitor para que, com base nela, o presidente da República fizesse a sua escolha. As listas seriam elaboradas em reuniões conjuntas do Conselho Universitário (ou colegiado equivalente) com órgãos deliberativos da administração superior para atividades de ensino e pesquisa. Pelo texto do GT, os reitores e vice-reitores sairiam de listas não mais de três, mas de nove nomes, cabendo sua nomeação ao presidente da República. Já os diretores e vice-diretores das unidades universitárias sairiam de listas de seis nomes, ficando sua nomeação a cargo dos reitores das respectivas universidades. Os diretores e vice-diretores dos estabelecimentos isolados também sairiam de listas de seis nomes, mas sua nomeação caberia ao ministro da Educação. Em todos os casos, os mandatos seriam de quatro anos, vedada a recondução para dois mandatos consecutivos.

Essa ampliação da pauta de escolha dos dirigentes, aumentando o número de nomes das listas para reitor e vice-reitor de universidade, diretor e vice-diretor de instituto, escola ou faculdade, foi a maneira encontrada para viabilizar o encontro entre as orientações do governo e a de certas correntes existentes nas instituições oficiais de ensino, naquela conjuntura. O aumento do número de pessoas nas listas aumentava a probabilidade de que houvesse, em cada caso, pelo menos um candidato que correspondesse à expectativa do governo com respeito à ordem e à disciplina nas instituições de ensino superior.

Quando o anteprojeto elaborado pelo GT passou pelo governo, foi modificado em vários pontos. Para os estabelecimentos particulares de ensino, foi explicitado que a forma de escolha de seus dirigentes seria aquela que seus estatutos e regimentos prescrevessem. Os estabelecimentos de ensino estaduais e municipais, omitidos, foram submetidos à mesma forma dos federais, substituído, nesse caso, o presidente da República pelo governador ou prefeito. No tocante às universidades oficiais, as listas teriam os nove nomes para reitor e para vice-reitor, elaboradas em reunião conjunta daqueles colegiados, dando-se preferência aos órgãos deliberativos de ensino e pesquisa da administração superior que fossem constituídos de elementos escolhidos pelos departamentos. Essa preferência, resultante de emenda do deputado Israel Pinheiro Filho, Arena (MG), visava "evitar que os conselhos de ensino e pesquisa, formados por elementos indicados pela Reitoria, se transformassem em órgãos de caráter político para a composição de lista de candidatos a Reitor". As listas para diretores e vice-diretores de unidades universitárias, como as dos estabelecimentos isolados, continuariam tendo seis nomes, mas a escolha, bem como a nomeação, seria, naquele caso como neste, feita pelo presidente da República, em vez do ministro da Educação. Pelo governador ou prefeito, no caso dos estaduais ou municipais.

Chegando ao Congresso, os artigos que tratavam dessa matéria foram objeto de emendas que alterariam radicalmente sua orientação. Pelo menos duas emendas foram apresentadas à Comissão Mista, estabelecendo que os dirigentes das universidades fossem escolhidos pelo Conselho Universitário ou colegiado equivalente, sem controle do governo. Essas emendas foram rejeitadas pelo relator por resultarem de "princípio não recomendável". Em justificativa a sua emenda, dizia o deputado Márcio Moreira Alves:

> É a comunidade universitária a única capaz e competente para a escolha de seus dirigentes. O respeito à autonomia universitária, proclamada no art. 4º do presente projeto de lei, assim o exige. Permitir-se aos governantes, quer em âmbito estadual, quer em âmbito federal, a escolha de listas tríplices, como hoje, ou sêxtuplas, como se propõe, dos reitores ou vice-reitores é retirar da comunidade universitária a possibilidade de dirigir-se independentemente.

Já o deputado Martins Rodrigues buscou estender essa capacidade e competência aos colegiados das instituições particulares de ensino superior:

Quanto menos intervenha o poder federal ou estadual, ou mesmo as diretorias das entidades mantenedoras, no caso das universidades e institutos particulares, melhor será. A expansão do ensino, a segurança da sua boa orientação didática e a eficiência da administração escolar estão vinculadas, proximamente, à autonomia da direção imediata das universidades e institutos.

Emenda do senador Ney Braga, Arena (PR), e outra do deputado Martins Rodrigues procuraram garantir aos reitores competência de escolher os diretores e vice-diretores das unidades universitárias, mantendo as listas de seis nomes elaboradas pelos respectivos colegiados. Com isso buscaram restituir a forma dada pelo GT, modificada pelo governo. Assim justificou o deputado Martins Rodrigues: "A difícil administração universitária, para ser eficiente e harmoniosa, exige identidade e fácil entendimento entre reitor e diretores de unidades. Se o reitor é da confiança do Presidente da República, os diretores serão também da confiança deste". O senador Ney Braga foi mais veemente: "A prática até aqui adotada quase sugere ao reitor que ele não é responsável pela qualidade do desempenho do diretor que ele não escolheu".

O relator só aceitou emenda que reduziu o número de nomes nas listas para reitor e vice-reitor de nove para seis, bem como outra, pela qual a nomeação (e a escolha, supomos) dos dirigentes das universidades oficiais organizadas sob o regime de fundação seria feita conforme seus próprios estatutos. O próprio relator fez uma emenda que parecia sair do Relatório Meira Mattos e do Decreto Aragão: "Ao reitor e ao Diretor caberá zelar pela manutenção da ordem e disciplina no âmbito de suas atribuições, podendo ser afastados dos respectivos cargos quando ocorrerem perturbações graves em que se manifestem ineficientes sua ação e autoridade". Como justificativa, disse que o texto legal estabelecia sanções para professores e estudantes, mas inadmissivelmente silenciava quanto a reitores e diretores. Depois de discussão no âmbito da Comissão Mista, a responsabilização política dos dirigentes ficou mais atenuada, estipulando que reitores e diretores *responderiam* por "abuso ou omissão". Ainda na Comissão Mista, foi mantida a reunião conjunta do Conselho Universitário (ou colegiado equivalente), para efeito da elaboração das listas para reitor e vice-reitor, com órgãos deliberativos para atividades de ensino e pesquisa, destacando aqueles constituídos de elementos escolhidos pelos departamentos.

260 LUIZ ANTÔNIO CUNHA

O trabalho da Comissão Mista agradou ao governo, salvo no que dizia respeito às universidades organizadas como fundações mantidas pelo Estado. O presidente da República vetou o parágrafo, justificando seu ato da seguinte maneira:

> A experiência colhida evidencia que a manutenção das unidades, constituídas em Fundações de direito público, tem sido feita integralmente por meio de subvenções do Poder Público, razão porque é *natural* a escolha de seus dirigentes pelo próprio Governo. A referência de que a nomeação se fará na forma que estabelecerem os estatutos, poderia dar margem a que se dispusesse regimentalmente, de modo contrário àquele princípio já consagrado. (grifo nosso)

A disposição de afastar os dirigentes de seus cargos, além de fazê-los responder por "abuso ou omissão", ficou reforçada e viabilizada no seu procedimento pela restrição à autonomia universitária.

Na formulação do GT, a autonomia de qualquer universidade, não só oficial como particular, poderia ser suspensa, por tempo determinado, por infringir a legislação do ensino ou do seu próprio estatuto. Essa suspensão seria determinada pelo Conselho Federal de Educação após inquérito administrativo, que resultaria na nomeação, pelo Conselho, de um reitor *pro tempore*. Na passagem pelo governo, essa limitação da autonomia foi reforçada, abrangendo os estabelecimentos isolados; substituindo-se a exigência de inquérito administrativo pelas "necessárias verificações"; incluindo-se na área de infringência o regimento, além do estatuto; admitindo-se a possibilidade de suspensão do funcionamento, além da nomeação do reitor ou do diretor *pro tempore*. No Congresso, a possibilidade de intervenção do CFE foi mantida, sendo reposta a exigência de inquérito administrativo, que acabou sendo sancionada pelo presidente da República.

O GT pouco disse sobre a estrutura da universidade além de princípios muito gerais. O governo também não explicitou essa questão. Mas o relator da Comissão Mista apresentou longa emenda, que acabou sendo aprovada, alvo de posterior veto presidencial. Propôs o relator que as universidades fossem constituídas de unidades, definidas estas como órgãos simultaneamente de ensino e pesquisa no campo do conhecimento. Essas unidades universitárias se subdividiriam em departamentos, definidos estes como as menores frações da estrutura universitária para todos os efeitos de organização administrativa, didático-científica de distribuição de pessoal, compreendendo disciplinas afins. O relator desceu a definições de disciplina, unidade curricular e curso, as quais foram rejeitadas no próprio âmbito da Comissão Mista. De toda essa tentativa de traçado da estrutura da universidade, após os vetos, sobrou apenas um parágrafo, de uma série original de seis, o que definiu o departamento, calcado, aliás, nos decretos-leis 53/66 e 252/67. Um ponto importante no traçado da estrutura da universidade foi o dos órgãos colegiados. No anteprojeto do GT, previa-se que o colegiado a que estivesse afeta a administração superior da universidade ou de estabelecimento isolado – como o conselho universitário – incluísse, entre os seus membros com direito a voz e voto, representantes originários de atividades, categorias ou órgãos distintos, de modo que não subsistisse, necessariamente, a preponderância de professores classificados em determinado nível. Nesse órgão deveria haver, *obrigatoriamente*, representantes da comunidade. Na Comissão Mista, o artigo que regulava essa questão sofreu várias emendas. Uma delas explicitou que, entre os representantes da comunidade, estariam incluídos os da indústria nacional.

Outra emenda, aceita pelo relator, incluía no projeto um parágrafo inteiro que mandava criar em todas as instituições de ensino superior mantidas pela União, na forma de autarquia especial, um conselho de curadores ao qual ficaria afeta a administração econômico-financeira. Fariam parte desse colegiado elementos estranhos aos corpos docente e discente na proporção de um terço do total de seus membros. Entre esses elementos estranhos estariam, mais uma vez destacados, os representantes da indústria, só que, agora, sem a necessidade de ser nacional.

Na forma dada pelo relator ao projeto finalmente aprovado pelo Congresso e sancionado pelo presidente da República, os representantes da comunidade presentes ao colegiado superior deveriam incluir representantes das classes produtoras que, na criptografia ideológica do Brasil contemporâneo, designam as classes possuidoras não só do capital industrial, mas também o financeiro, o comercial e o fundiário. No Conselho de Curadores, foi mantida a presença destacada dos representantes da indústria, isto é, dos industriais.

Uma emenda não aceita pelo relator determinava que nos colegiados das universidades (sem especificação) deveriam ter assento representantes de sindicatos patronais e de empregados da localidade onde a universidade tivesse sua sede. O autor dessa emenda, deputado Márcio Moreira Alves, assim justificou a alteração proposta:

A referência a representantes da comunidade é muito vaga. Sendo o sentido do projeto facilitar o entrosamento universidade-empresa, necessário se torna especificar a presença dos representantes dos principais sindicatos patronais. Por outro lado, desejando o povo brasileiro a democratização do ensino superior, mister se faz o conselho de sindicatos de empregados nas deliberações do colegiado dirigente da universidade.

A recusa do relator dizia que essa matéria deveria ser decidida nos estatutos das próprias instituições. Parece que o problema era bem outro. Em primeiro lugar, o relator não teve escrúpulos em aceitar a proposta de destacar a inclusão, entre os representantes da comunidade, os da indústria, isto é, dos industriais, ou de todas as classes produtoras, com o significado apresentado acima. Em segundo lugar, a representação de sindicatos patronais também não atendia aos interesses da "integração universidade-indústria", buscada principalmente pelas grandes empresas, entre elas as multinacionais. Assim, a indústria não podia ser só a nacional, nem seus representantes os dos sindicatos patronais, pois, nestes, a direção é muitas vezes ocupada pelas empresas de pequeno porte, as mais numerosas.

Outras emendas, também não aceitas pelo relator, determinavam que dos conselhos (não especificados) de cada estabelecimento de ensino superior participasse um representante do MEC. A recusa dizia que se tratava de emenda inconstitucional, pois resultaria em aumento das despesas. No entanto, por iniciativa do próprio governo, a lei veio a ser alterada, posteriormente, pelo decreto-lei 464/69, para incluir representantes de Ministério que, somados aos da comunidade, deveriam compreender um terço do total dos membros do Conselho de Curadores das instituições federais.

Na outra ponta da estrutura das universidades, no nível dos cursos, previa-se, também, a organização de colegiados. A coordenação didática de cada curso ficaria a cargo de um colegiado constituído de representantes das unidades que participassem das atividades de ensino, conforme emenda do relator, transcrevendo, modificado, o texto do decreto-lei 252/67, que previa serem os colegiados de curso formados pelos representantes dos departamentos.

Os vestibulares receberam bastante destaque no anteprojeto, pois boa parte da "questão dos excedentes" gravitava em torno deles. A própria admissão ao ensino superior teve uma significativa mudança semântica. Já não se falava de *exames* vestibulares, pois exames, em princípio, aprovam

A UNIVERSIDADE REFORMANDA 263

ou reprovam, além de ordenar os candidatos por notas ou conceitos. E era justamente essa sensação de aprovação que se procurava evitar nos candidatos. Falava-se, então, de *concursos* vestibulares, pois concursos não aprovam nem reprovam, simplesmente ordenam os candidatos segundo seu desempenho. Era o vestibular classificatório que chegava, de modo generalizado, ao ensino superior brasileiro. Coerente com essa mudança semântica, o anteprojeto dizia que o concurso vestibular aos cursos de graduação abrangeria os conhecimentos comuns às diversas formas de educação de nível médio, *sem ultrapassar esse nível de complexidade*, para avaliar a formação geral dos candidatos com vistas à realização de estudos superiores. Essa restrição, em si desnecessária, trazia a diretiva de rebaixamento do padrão das provas, de modo que permitisse a ocupação de todas as vagas de certos cursos, que não os preenchiam completamente, mesmo havendo grande número de "excedentes". Essa sugestão de rebaixamento do nível das provas dos concursos assustou a Comissão Mista e o relator, que acolheu emenda atenuando a ideia passada pela redação do GT.

O objeto do concurso passou a ser, então, avaliar a formação recebida pelos candidatos e *sua aptidão intelectual para os estudos superiores*. Além de classificatório, o concurso vestibular deveria ser unificado. Num prazo de cinco anos, segundo o GT, ou de três anos, segundo a Comissão Mista, vencendo esta, o conteúdo do concurso vestibular deveria ser idêntico para todos os cursos ou áreas de conhecimento afins, no âmbito da universidade, da federação de escolas ou do estabelecimento isolado de organização pluricurricular.

Propôs o GT que o MEC atuasse junto às instituições de ensino superior visando à realização, mediante convênios, de concursos vestibulares de âmbito regional. Na Comissão Mista, o parágrafo que expressava essa proposta foi suprimido, por emenda do senador Carvalho Pinto, Arena (SP), que assim a justificou:

> Esse parágrafo visa ... o pleno aproveitamento das vagas evitando o conhecido fenômeno das inscrições múltiplas. Não temos dúvidas de que se deva tentar o pleno aproveitamento das vagas, mas não através de legislação nesse nível e de vestibulares. O vestibular regional, diante das disparidades regionais brasileiras só poderia ser feito no nível da mediocridade, impedindo a possibilidade das instituições de ensino superior lutarem pela excelência que é seu objetivo precípuo. Poder-se-ia pensar na existência de um *teste de aptidão para o ensino superior* que fosse mesmo

264 LUIZ ANTÔNIO CUNHA

nacional. No entanto, o vestibular atual é um *teste de conhecimentos* e assim não deve ser realizado em termos regionais ou nacionais sem levar à consequência apontada.

Mais uma vez, o poder do AI-5 foi invocado para alterar a decisão do Congresso. O decreto 464/69 repôs na legislação a autorização pretendida pelo GT para que o MEC promovesse, mediante convênios, a realização de concursos vestibulares unificados de âmbito regional. Mais tarde, o decreto 68.908, de 13 de julho de 1971, procurou ampliar ainda mais o âmbito dos vestibulares unificados, que deveriam alcançar regiões cada vez mais amplas do país.[37]

O decreto-lei 252/67 admitia a hipótese de organização dos cursos de graduação em dois ciclos, o segundo definido pela opção profissional (art.8º, §2º). O GT foi mais além e generalizou essa divisão. Nas universidades e nos estabelecimentos isolados que mantivessem diversas modalidades de habilitação, os estudos propriamente profissionais de graduação seriam precedidos de um *primeiro ciclo geral*, comum a todos os cursos ou grupos de cursos afins. Durante a tramitação pelo governo, o primeiro ciclo perdeu o qualificativo geral, mas sua destinação ficou explicitada como sendo a dos estudos fundamentais em relação às grandes áreas do conhecimento. Aprovado pelo Congresso o substitutivo apresentado pelo relator, o projeto definiu a existência de um *ciclo inicial*, com duração não superior a seis meses, *precedendo os ciclos de estudos básicos e profissionais*, mantidos, para aquele, os objetivos que o GT formulou para o primeiro ciclo geral: recuperação de insuficiências evidenciadas pelo concurso vestibular na formação dos alunos; orientação para escolha de carreira; e ampliação de conhecimentos básicos para estudos posteriores.

---

37 Os temores expressos pelo senador Carvalho Pinto, de que a unificação dos vestibulares se faria ao nível da mediocridade, ficariam aumentados pelo artigo 2º desse decreto: "O concurso vestibular far-se-á rigorosamente pelo processo classificatório, com o aproveitamento dos candidatos até o limite das vagas fixadas no edital, excluindo-se o candidato com resultado nulo em qualquer das provas". E, mais ainda, pela obrigação de se fazerem as provas do concurso vestibular na forma de "questões objetivas" – na prática, questões de múltipla escolha – com a justificativa de que "tanto quanto possível, elimin[ass]em a margem de subjetividade do julgamento e assegur[ass]em o rigor da classificação" (Portaria Ministerial 524 BSB, de 27 de agosto de 1971).

A UNIVERSIDADE REFORMANDA 265

Por força do AI-5 e do decreto-lei 464/69, a definição do primeiro ciclo foi reposta na legislação educacional, conforme as diretrizes governamentais dominantes. Retirou-se da versão vetada a etapa anterior aos dois ciclos e ampliou-se o objetivo de ampliação de conhecimentos, no primeiro ciclo, como o de realização de estudos básicos para ciclos ulteriores. A parte do texto legal que definiu os ciclos foi vetada pelo presidente da República, sob a alegação de que a modificação havida na forma da proposta original alterou substancialmente o propósito da reforma ao introduzir um ciclo de estudos "infrauniversitário", retardando, assim, a expansão das matrículas pelo prolongamento da duração dos cursos, enquanto a redução é que seria desejável. Todavia, o texto do veto assegurou a criação do *ciclo básico*, primeira parte do curso de graduação, seguida do *ciclo profissional*, assim como manteve as funções daquele, conforme as formulações anteriores.

A criação de cursos de curta duração, destinados a proporcionar habilitações intermediárias de grau superior, foi outra inovação do anteprojeto do GT, que previa sua organização paralela ao "primeiro ciclo geral". Em passagem pelo governo, saiu a referência à posição paralela. Manteve-se a orientação de que os estudos do "primeiro ciclo geral", então "ciclo básico", pudessem ser aproveitados pelos cursos de curta duração. Emenda do deputado Franco Montoro restituiu a linha suprimida de aproveitamento dos estudos nos cursos de curta duração para os cursos básicos e profissionais de longa duração. Dizia ele em justificativa:

> Os cursos profissionais de curta duração devem, sem dúvida, ser terminais no sentido de uma formação capaz de equipar seus titulares para o trabalho em atividades de nível superior. Não podem, no entanto, ser fechados, isto é, impedir que os estudantes que os concluam venham a matricular-se em outros cursos, inclusive os de longa duração com o crédito das matérias correspondentes já estudadas.

Essa retomada não sofreu veto presidencial.

O anteprojeto previu – e isso foi incorporado pela lei – que pudessem ser criados estabelecimentos de ensino especialmente para o oferecimento de cursos de curta duração. A novidade maior foi propiciar a criação de estabelecimentos especialmente para ministrar o primeiro ciclo. Seria algo semelhante à proposta tantas vezes feitas, e já comentada anteriormente, de aproximação da estrutura do ensino superior brasileiro com a norte-americana. Esse primeiro ciclo geral, isolado e exclusivo

266   LUIZ ANTÔNIO CUNHA

em um estabelecimento, seria algo bastante parecido com um *college*.[38] Mas essa proposta não passou pela Comissão Mista, frustrando-se mais uma tentativa.

Como era possível prever pelo estudo de texto do Relatório, o GT não se deteve, no anteprojeto, a tratar dos cursos de pós-graduação, nem mesmo a nomear seus tipos (sentido amplo e sentido estrito), nem seus níveis (mestrado, doutorado), delegando ao CFE poder para baixar normas a respeito. Aliás, isso não foi feito durante 15 anos, pois o parecer 977/65 era considerado isento de correções, apesar de toda a oposição que teve nas universidades e fora delas. Em um ponto, foi possível perceber diferenças de orientação entre o GT e os setores do governo que examinaram o anteprojeto. O GT dizia que, *excepcionalmente*, os diplomas de pós-graduação poderiam ser obtidos sem curso, apenas pelo exame dos títulos e trabalhos didáticos, científicos e profissionais dos candidatos, realizado por comissões de especialistas pertencentes a instituições credenciadas para as respectivas áreas de estudos.

Em sua passagem pelo governo, essa possibilidade, mesmo em caráter excepcional, foi rejeitada. O relator voltou à carga e apresentou ele próprio emenda, que acabou sendo aprovada no bojo de seu projeto substitutivo, prevendo condições transitórias para se conferir diplomas de pós-graduação. Aos professores de cursos de graduação, com pelo menos dois anos de magistério nesses cursos, sem outra restrição além de serem graduados em curso reconhecido, seriam conferidos diplomas de pós-graduação, segundo instruções a serem baixadas pelo CFE. Esse parágrafo das "disposições transitórias" foi vetado pelo presidente da República, que assim se justificou: "O artigo não contém matéria pertinente aos objetivos da lei, além de constituir perigoso precedente que poderia resultar na anulação prévia de outros casos igualmente dignos de consideração, que serão oportunamente examinados pelo Conselho Federal de Educação".

Posteriormente, o ambíguo instituto da livre-docência foi mobilizado para desempenhar esse papel de conferir grau acadêmico equivalente ao de doutor sem exigência de curso.[39] Na mesma direção, o decreto 464/69

---

38 Propostas desse tipo foram feitas pelo Ipes, por Anísio Teixeira, por Rudolph Atcon e pela Eapes.

39 Pela lei 5.082, de 11 de setembro de 1972, foi aberta a possibilidade de inscrição para candidatos sem doutoramento nos concursos de livre-docência, por prazo limitado, desde que tivessem lecionado ininterruptamente em curso reconhecido

A UNIVERSIDADE REFORMANDA 267

autorizou o CFE a credenciar instituições para, em caráter excepcional, expedirem títulos de doutor, diretamente por defesa de tese.[40] Em todo esse processo legislativo nota-se uma preocupação de controle da atividade docente, convergente com aquela de responsabilização dos dirigentes. Já por proposta do GT, dizia-se que os professores ficavam obrigados à execução integral dos programas de ensino. Caso deixassem de cumprir os programas ou o horário de trabalho sem motivo aceito como justo, ficariam sujeitos às sanções disciplinares previstas nos estatutos das instituições. Se houvesse reincidência, ficariam sujeitos à exoneração ou dispensa. A iniciativa de representação contra os professores não seria privilégio da instituição, pois qualquer interessado (estudante? outro professor? funcionário? elemento externo?) poderia fazê-la ao órgão competente. Estranhamente, para esse efeito o departamento não era considerado órgão competente, apesar de ser reconhecida sua competência básica em termos de organização administrativa, didático-científica e de distribuição de pessoal. Na passagem pelo governo, essa matéria foi tornada ainda mais rigorosa, determinando o projeto que, se a representação fosse considerada objeto de deliberação, os professores acusados ficariam, desde logo, afastados de suas funções docentes, na forma estipulada pelos estatutos ou pelos regimentos das respectivas instituições.

A luta pelos recursos para a educação, não muito explícita no processo legislativo em questão, fez que uma das emendas rejeitadas pelo relator acabasse voltando, por ação do plenário, ao texto da lei aprovada pelo Congresso. Refiro-me à emenda do deputado Tabosa de Almeida, Arena (PE), que incluía no projeto um artigo que vedava a inclusão em

---

de graduação no período 1964/69 ou, simplesmente, tivessem sido diplomados em nível de graduação em data não posterior a 1959. Para todos os efeitos legais, o grau de livre-docente seria equivalente ao de doutor. Para uma discussão no âmbito do CFE sobre essa equivalência, ver os pareceres 47/70, 572/70 e 930/70.

40 Segundo o parecer 537/69, essas instituições seriam as que tivessem cursos de pós-graduação regulares, no sentido estrito, credenciados pelo CFE, conforme as diretrizes do parecer 977/65, completadas pelo parecer 77/69. Elas poderiam conferir grau de doutor a candidatos, diretamente por defesa de tese, em casos excepcionais desde que o tema se enquadrasse nas áreas de concentração ou de domínio conexo. Em São Paulo, esse expediente foi facultado às instituições estaduais de ensino superior pelo decreto SP 40.669, de 3 de setembro de 1962, completado pela resolução CEE-SP 36/7. Neste caso, a validade dos graus conferidos ficava restrita ao âmbito daquele estado (cf. parecer 270/70 do CFE).

268   LUIZ ANTÔNIO CUNHA

plano de contenção ou economia das dotações orçamentárias consignadas ao MEC ou aos adendos de seu orçamento. Elas não poderiam, também, ser colocadas em fundos de reserva. Em três parágrafos, o parlamentar prescrevia um esquema bastante detalhado de pagamento das verbas governamentais às instituições particulares, justificando-se em longo arrazoado no qual mostrava a meta a ser atingida:

> Além de concedidos pelas leis orçamentárias, os recursos financeiros não valerão muito se não forem liberados na devida oportunidade e nos termos da previsão, não se podendo admitir, por exemplo, o que aconteceu este ano, quando as verbas orçamentárias destinadas às Faculdades particulares – que por seu turno só foram contempladas com menos de 3% das dotações concedidas ao Ensino Superior – sofreram inacreditável contenção de 60%.

Rejeitada a emenda pelo relator, por julgar que o governo já teria atendido à finalidade por ela prevista por outro decreto,[41] ela foi reposta pelo plenário, embora sem os três minudentes parágrafos. Todavia, o que restou do artigo foi vetado pelo presidente da República, que entendeu "ser o dispositivo inconstitucional, por versar sobre matéria financeira, de sua exclusiva competência".

Ainda no que dizia respeito aos recursos das instituições de ensino superior, o deputado Márcio Moreira Alves apresentou emenda que propiciava às universidades oficiais organizadas em regime de fundação um patrimônio que garantisse sua sobrevivência autônoma. Assim justificava sua emenda:

> É o patrimônio financeiro que garante a autonomia universitária face às mutações políticas na administração pública do ensino. A Universidade de Brasília, único estabelecimento federal de ensino superior organizado sob forma de fundação, deveria ter essa autonomia garantida pelos lucros das ações da Companhia Siderúrgica Nacional, que, entretanto, não lhe são pagos. Cabe ao Legislativo atual prover para que futuras fundações não sofram limitação idêntica e, em virtude disso, tenham de submeter-se às decisões soberanas de doadores particulares quanto à sua administração e currículos.

---

41 Decreto 63.337, de 1º de outubro de 1968, que dispõe sobre as dotações orçamentárias do MEC no tocante à contenção financeira nos exercícios de 1969 e 1970.

O relator rejeitou a emenda, pois, no seu entender, "num país como o Brasil, isso não poderá ocorrer com todas as fundações. Estas devem receber ajuda oficial e particular".

No curto capítulo II do anteprojeto de lei, tratava-se do corpo docente, particularmente da carreira do magistério. Incluía-se na mesma carreira (docente) as atividades do magistério superior, compreendendo as atividades de transmissão e ampliação do saber (ensino e pesquisa), bem como as "inerentes à administração escolar e universitária exercida por professores".

Num curto parágrafo, veio a mais importante modificação, pela qual havia tanto tempo se lutava: "Fica extinta a cátedra ou cadeira na organização do ensino superior do País". Coerentemente, os cargos e funções do magistério deveriam se desvincular de campos específicos do conhecimento, como acontecia no regime que findava. Na mesma direção poderia haver mais de um professor em cada nível da carreira, em cada departamento, o que era impossível pelo regime de cátedras em que, pelo menos no nível mais alto, só cabia um único professor por cadeira.

A supressão da cátedra, com vitaliciedade e tudo, suscitou logo a reação contrária. Emenda do deputado Cleto Marques, MDB (AL), propôs restituir seu lugar nos estabelecimentos de ensino superior, condenando o que seria a mera mudança de nomes. Eis sua justificação, uma das maiores pérolas de todo esse processo legislativo:

> A preocupação em modificar a nomenclatura da carreira do magistério superior não se coaduna com a lógica. Não encontro motivos de ordem pedagógica nem de ordem didática para a supressão da palavra catedrático nem tão pouco cadeira. O professor tem de proferir aulas, tem de ser professor de alguma coisa, tem de proferir aulas sobre um campo especializado, na amplitude dos seus conhecimentos e em harmonia com a sua bagagem cultural, que lhe permitem falar de cátedra, ou seja, ex-cátedra. Não se deve tomar o continente pelo conteúdo, nem confundir árvore com sua raiz, seu caule, os ramos ou as folhas. A árvore é a Universidade e os seus demais componentes constituem a vida da Universidade: cada qual, no entanto, com a responsabilidade que lhe é peculiar, na dinâmica do funcionamento do todo. O ensino superior não está a exigir modificações de denominação (o continente) pois o que se ressente é de alteração no seus objetivos (conteúdo). Pretender-se alterar a forma, a designação, etc., é fugir-se aos objetivos da reforma.

Sua emenda foi prontamente rejeitada pelo relator.

Na impossibilidade de defender a manutenção do regime de cátedras, tão desmoralizado, procurou-se garantir aos catedráticos existentes ao menos o lugar mais elevado na nova estrutura da carreira docente. Emenda nesse sentido foi aprovada no plenário da Câmara. No entanto, o veto presidencial foi taxativo:

> A extinção da cátedra prescrita no art.33, § 3º, não poderia vincular-se ao aproveitamento em cargo de nível final da carreira docente. O direito adquirido dos atuais catedráticos já estava ressalvado na própria Constituição. Agora a interferência na esfera dos Estados, Municípios e entidades privadas, disciplinando matéria de nomenclatura, que refoge à competência da União, é de se notar, que a transformação pretendida não alcança amparo disposto na Constituição, art.60, II combinado com o art.57.

Surpreendentemente, três meses após, a presidência da República voltou atrás. O decreto-lei 464/69 determinou que os cargos de professor catedrático se transformassem, para todos os efeitos, até mesmo na denominação, nos que correspondessem ao nível final da carreira docente, em cada sistema de ensino.

Para o ingresso e a promoção na carreira docente, o anteprojeto disse que seriam considerados, em caráter preferencial, os títulos universitários e o teor científico dos trabalhos dos candidatos. Emenda do deputado Plínio Salgado, Arena (SP), procurou tornar o concurso obrigatório para o ingresso e a promoção, pelas seguintes razões:

> O magistério é, sobretudo, a palavra. É a palavra, como veículo da transmissão dos conhecimentos. No caso, é a palavra ordenada pelos métodos didáticos mais eficientes e pela clareza da exposição. Não bastam, como se diz no parágrafo que examinamos – "os títulos universitários e o teor científico dos trabalhos do candidato". Este pode ser um homem de elevada cultura, altos méritos como especialista da matéria que se propõe a ensinar mas é possível que lhe faltem as qualidades de professor. Estas se revelam nos debates orais e na aula que der. O concurso põe-nas em evidência.

O relator rejeitou a emenda porque, pelo texto original, o concurso não ficava impedido (embora também não obrigatório). De todo modo, a carreira única para pesquisadores, administradores (também professores) e professores propriamente ditos impedia que os argumentos do deputado tivessem a mesma força para todos esses.

A legislação trabalhista, para os professores admitidos mediante contrato de trabalho, passou a ser a regra, embora ficasse garantida a permanência dos funcionários públicos no regime próprio.

No mais, os estatutos e regimentos das instituições de ensino superior é que deveriam especificar as questões relativas ao corpo docente, desde que atendessem às leis federais e estaduais que baixavam normas para o magistério, no caso das universidades e faculdades mantidas pela União ou pelos governos estaduais.

Assim, a carreira do magistério superior nas universidades federais[42] tinha três níveis (quatro, se incluirmos o auxiliar de ensino), enquanto as universidades paulistas, quatro (ou cinco, se incluirmos o auxiliar de ensino), estas mantendo a livre-docência como um dos níveis. No plano federal, a livre-docência continuou a ser apenas um grau acadêmico, acessório e provisório.

O capítulo III do anteprojeto de lei, referente ao corpo discente, era, também, curto, tratando quase exclusivamente da representação estudantil, alterando mas não se contrapondo à linha iniciada pela Lei Suplicy e continuada pelo Decreto Aragão.

Dizia o anteprojeto do GT que o corpo discente teria representação com direito a voz e voto nos órgãos colegiados das universidades e dos estabelecimentos isolados, bem como quaisquer comissões que fossem neles instituídas para o estudo de problemas específicos. Na passagem pelo governo, essas comissões perderam seu caráter necessariamente específico e interno aos órgãos colegiados, passando a representação a ser garantida nas comissões que fossem instituídas na forma dos estatutos e regimentos. O objetivo da representação era deslocado do campo político, como na legislação anterior, para o da cooperação dos estudantes com professores e administradores. A escolha dos representantes seria feita por meio de eleições do corpo discente, segundo critérios que incluíssem o aproveitamento escolar dos candidatos, de acordo com os estatutos e regimentos. Mais uma vez, encontra-se a suposição de que os bons alunos não seriam subversivos, sendo eles, então, os representantes preferidos. Outra suposição implícita, mas tantas vezes repetida, era a de que os dirigentes de entidades estudantis, quando de esquerda, eram eleitos por minorias.

---

42 Lei 4.481-A, de 6 de dezembro de 1965, regulamentada pelo decreto 59.676, de 6 de dezembro de 1966. Essa lei e esse decreto foram modificados, proximamente, pela lei 5.539, de 27 de novembro de 1968.

272 LUIZ ANTÔNIO CUNHA

Para evitar isso, o deputado Raymundo Padilha, Arena (RJ), propôs emenda determinando que as eleições só seriam válidas se dois terços dos estudantes a elas comparecessem. Aceita pelo relator, essa restrição foi retirada pelo Plenário da Câmara, talvez por a julgarem inviável, analisada a experiência de execução da Lei Suplicy e do Decreto Aragão. Na formulação do GT, a representação estudantil poderia alcançar um quinto do total de membros dos colegiados e comissões. Na passagem pelo governo, essa norma foi alterada. Em vez de *poderia alcançar*, *não poderia exceder* um quinto dos membros. De fato, essa redação traduzia melhor a ideia do próprio GT, pois a proporção de um terço, por exemplo, alcança a de um quinto e a ultrapassa, enquanto o visado era um limite superior. No intuito de aumentar esse limite, o deputado Márcio Moreira Alves propôs emenda que determinava proporções máximas diferentes, conforme o nível da representação: não superior a um quarto do total de membros dos conselhos universitários ou colegiados equivalentes; a um terço, das congregações das unidades e dos estabelecimentos isolados; a um meio, dos departamentos. E justificativa:

> A cooperação entre alunos e professores deve ser tanto mais intensa quanto mais diretamente tenha a ver com o trabalho de ensino e pesquisa. Propõe-se, portanto, que no nível mais baixo da administração universitária, o departamento, maior possa ser a representação estudantil, que decresce em nível de congregação e de conselho.

Essa emenda não foi aceita pelo relator, assim como outra, do deputado Martins Rodrigues, que estipulava a proporção de um quinto não como limite superior, mas inferior.

Estranhamente, o capítulo do anteprojeto que tratava do corpo discente continha um longo artigo, cheio de parágrafos, a respeito da extensão universitária. Esta deveria proporcionar aos estudantes "oportunidades de participação em programas de melhoria das condições de vida da comunidade e no processo de desenvolvimento". Dentro desse amplo objetivo, dizia-se que deveriam ser proporcionados meios ao corpo discente para a realização de programas culturais, artísticos, cívicos e esportivos.[43]

---

43 Na passagem pelo Congresso, a extensão universitária deixou de ser *caput* de artigo para ser colocada como parágrafo, no mesmo nível dos programas culturais, artísticos, cívicos e esportivos, especificados estes em parágrafos próprios.

A UNIVERSIDADE REFORMANDA 273

Os deputados integralistas, Raymundo Padilha e Plínio Salgado, logo se insurgiram contra a pequena importância que, no seu entender, estaria sendo dada à educação cívica.

A emenda apresentada por Plínio Salgado, aceita de forma atenuada pelo relator, dizia: "Deverão ser primordialmente estimulados, pelas instituições de ensino superior, as atividades que visam à formação moral e cívica, considerada indispensável à criação de uma consciência dos direitos e deveres do profissional e do cidadão". E justificativa:

> É estranhável que o projeto, nos parágrafos 1º e 2º do art.30 manifeste tão vivo interesse pelos "programas culturais, artísticos, cívicos e desportivos" e ainda ponha em destaque "as atividades de educação física e desportos" as quais devem "ser especialmente estimuladas pelas instituições de ensino superior, que manterão, para o cumprimento desta norma, orientação adequada e instalações especiais" e não dê especialíssimo relevo à educação moral e cívica. O que está enunciado no § 1º (programas culturais, artísticos, cívicos e desportivos) não basta para as superiores finalidades da educação nacional. A palavra "cívicas" vem do roldão com as artes e os esportes. Ora, o mal que o Brasil está sofrendo é justamente a ausência da moralidade, intimamente ligada ao civismo. Têm-se fabricado profissionais, porém não homens completos. Têm-se confundido instrução com educação, erudição com cultura, considerada esta como interpretação e sentido da vida. Como nivelar, quebrando a ordem hierárquica dos valores, a formação moral com a esportiva e artística? Isto será preparar uma geração de homens com endereço, guiados pelo utilitarismo, pelo pragmatismo, sem consciência de sua própria finalidade e, consequentemente, de seus deveres. A educação moral e cívica deve principiar no curso primário, continuar no secundário e culminar no superior. Só assim se constrói uma Nação, com firmes diretrizes baseadas na continuidade histórica, nas realidades do presente e na sua destinação no futuro.

Na versão final, o art.40 determinou que as instituições de ensino superior deveriam, entre outras coisas, "estimular as atividades que visem à formação cívica considerada indispensável à criação de uma consciência de direitos e deveres do cidadão e do profissional". Aí está um dos antecedentes da "educação moral e cívica" no ensino de 1º e 2º graus, e dos "estudos dos problemas brasileiros" no 3º, que vieram a ser obrigatórios a partir do ano seguinte como efeito imediato do ato institucional 5.[44]

---

44 O decreto-lei 869, de 12 de setembro de 1969, tornou a educação moral e cívica disciplina obrigatória no ensino de todos os graus, até mesmo no superior, bem como na pós-graduação, sob a denominação, neste caso, estudos de problemas brasileiros.

Ainda como antecipação do que viria a acontecer nos anos seguintes, uma longa emenda do senador Ney Braga previa que as universidades oficiais e particulares incluíssem em seus orçamentos verbas especiais para a construção e manutenção de estádios universitários. Ademais, determinava que se realizassem olimpíadas universitárias em cada estado, preparatórias das olimpíadas de âmbito nacional. Aquele senador, feito ministro da Educação do governo Geisel, deu sequência à política de incentivo aos desportos, como preconizara, com objetivos políticos e ideológicos convergentes os da educação moral e cívica.

Várias emendas foram apresentadas visando à intervenção, de alguma forma, na crise política que se ampliava.

O deputado Último de Carvalho, Arena (MG), propôs, sem sucesso, a criação, junto ao gabinete do ministro da Educação, de uma Assessoria Universitária, órgão a mediar o diálogo entre o governo e os estudantes. Seus três membros seriam nomeados pelo presidente da República, por indicação dos diretórios acadêmicos. Se o deputado propôs diálogo, pensava, também, em repressão. Deflagrada greve estudantil ou outra de que participassem os estudantes, o reitor ou o diretor, conforme o âmbito da greve, assinaria ato coletivo 24 horas depois da primeira aula não frequentada, cancelando as matrículas dos alunos faltosos. Suas vagas poderiam ser preenchidas com transferências. Se o reitor ou diretor não cancelasse as matrículas, naquele prazo, seria demitido "a bem do serviço público", e o governo deveria intervir na faculdade ou na universidade, se oficial. Se a instituição fosse particular, seria cancelada a verba governamental a que fizesse jus.

Na mesma direção, o deputado Plínio Salgado apresentou emenda dizendo que:

> Não poderiam, em nenhuma hipótese, excluindo de enfermidade, calamidade pública, guerra externa ou convulsões internas, mas alheias aos meios estudantis, ser relevadas ou anistiadas as faltas dos alunos, as quais deram motivo a que fosse atingido o mínimo de comparecimentos a que se refere o parágrafo anterior.[45]

Sua justificativa:

---

45 O mínimo de comparecimento deveria ser previsto pelos estatutos ou regimentos das universidades e das faculdades isoladas.

A UNIVERSIDADE REFORMANDA   275

Temos assistido, nestes últimos meses, a presença de estudantes nas ruas, não porém nas escolas. As greves sucedem-se, compelindo pela audácia e táticas pré-ministradas a uma minoria operante, avultado número de alunos indefesos e submetidos ao terror, a abandonar as aulas e a participar de passeatas ao que os líderes da desordem praticam todos os atos de violência. Fazem-se impunemente e convencidos de que não perderão o ano, dada a complacência das autoridades escolares e a longanimidade dos responsáveis pela ordem pública. O simples enunciado no § 4º[46] é muito pouco para a gravíssima situação nacional refletindo-se particularmente no ensino. A explicitação clara e incisiva do parágrafo que propomos vem trazer o único recurso para que os estudantes honestos, laboriosos e conscientes de suas responsabilidades, possam frequentar as aulas e cumprir seus deveres para consigo mesmos e para com a Pátria.

A emenda do líder integralista foi aceita pelo relator, com alguma modificação, e acabou fazendo parte da lei com a seguinte redação: "O ano letivo poderá ser prorrogado por motivo de calamidade pública, guerra externa, convulsão interna e, a critério dos órgãos competentes da universidade e estabelecimentos isolados, por outras causas excepcionais, independentes da vontade do corpo discente".

Pelo menos quatro emendas não aprovadas propuseram a inviolabilidade das dependências das instituições de ensino superior, àquela época invadidas pela polícia, de armas embaladas, nem sempre a pedido de reitores ou diretores.

Duas emendas trataram das entidades estudantis fora do âmbito de cada universidade/faculdade. Os deputados Franco Montoro e Brito Velho, Arena (RS), propuseram que os órgãos de representação estudantil de âmbito municipal, estadual e nacional pudessem ser constituídos de acordo com seus próprios estatutos e regimentos, revogando, de uma só vez, a Lei Suplicy e o Decreto Aragão. Já o deputado Maurício Ferreira Lima, MDB (PE), apresentou emenda reconhecendo a União Nacional de Estudantes como "órgão máximo coordenador e representativo dos estudantes universitários do Brasil". Ambas as emendas não foram aceitas pelo relator "por se tratar de matéria já regulada em lei especial".

As relações entre o Conselho Federal de Educação e o ministro dessa pasta foram objeto de reformulação. Como já vimos, a Lei de Diretrizes e Bases da Educação Nacional (1961) atribuiu amplos poderes ao CFE, o

---

46 Idem.

que vinha sendo questionado pelos setores mais à direita do governo, diante da reiterada recusa desse colegiado em atender a certas demandas político-ideológicas, principalmente a obrigatoriedade da educação moral e cívica. Já vimos, também, o ataque desfechado pelo general Meira Mattos ao CFE, cujo poder, segundo ele, estaria acima do próprio ministro em diversas matérias. Nesse sentido, o anteprojeto do GT estipulava que os pareceres e as decisões do conselho a respeito de matéria tratada naquele texto dependeriam, para sua validade, de homologação do ministro. Até aqui, tudo conforme as prescrições da LDB. Mas acrescentava que esses pareceres e decisões poderiam ser devolvidos pelo ministro para reexame. Era a adoção de um poder semelhante ao do veto presidencial às decisões do Congresso. No entanto, ainda maior, pois o Congresso pode recusar o veto presidencial, enquanto ao CFE não se reconhecia semelhante capacidade. Na passagem pelo governo, a sujeição das decisões do CFE à homologação do ministro foi ampliada: não só restrita à matéria constante do anteprojeto, mas a *todos os casos*.

Duas emendas apresentadas no Congresso propuseram a supressão do dispositivo. A primeira, do senador Carvalho Pinto, antigo defensor do privatismo, dizia:

> A Lei de Diretrizes e Bases foi uma grande vitória dos educadores retirando da autoridade centralizadora e única do Ministro da Educação toda uma série de decisões de política educacional e permitindo a aplicação descentralizadora dessa política pelas Universidades, Estados e Municípios. Para isso, foi instituído o Conselho Federal de Educação. O artigo proposto significa um retrocesso à situação vigente antes de 1961 reintroduzindo a manipulação política de que era cercado o Ministério da Educação e que tão penosamente vem sendo contrariada pelo trabalho do CFE. Por outro lado, o Ministro como autoridade executiva das decisões do CFE na área de sua competência, já conta com suficiente poder para influir na aplicação das medidas emanadas do CFE. Além disso, é o Ministro que indica ao Presidente os nomes dos membros do CFE.[47]

---

47 Outra emenda, esta do senador Josaphat Marinho, aceita pelo relator, determinava que os membros do CFE fossem nomeados pelo presidente da República com prévia aprovação de seus nomes pelo Senado, dada a importância de suas funções, como ocorria "em tantos casos, e até sem igual relevância". O presidente da República vetou o artigo, não abrindo mão de sua prerrogativa. E justificou-se assim: "Sem invocação de razões relevantes não há porque se modificar uma prática que se tem mostrado válida, consagrada mesmo, desde a criação do referido Conselho".

A UNIVERSIDADE REFORMANDA 277

O deputado Martins Rodrigues, por sua vez, manifestou-se contra a homologação ministerial de todos os pareceres e decisões do CFE por razões diferentes do senador. Para esse deputado, "toda autonomia e liberdade que se pretende conceder ao sistema educacional, sobretudo nas universidades, estaria sacrificada pela concentração no Ministério, que não é órgão técnico, mas administrativo. E as possibilidades da reforma educacional seriam subjugadas afinal, pela burocracia ministerial". O próprio relator aceitou retirar aquele reforço na subordinação do CFE ao ministro. No entanto, o decreto-lei 464/69 atribuiu ao ministro o poder negado pelo Congresso de devolver ao CFE, para reexame, os pareceres ou decisões que deveriam ser por ele homologados. Além do mais, caberia ao ministro a nomeação do reitor ou diretor *pro tempore*, nas universidades ou faculdades que viessem a ter suspensa sua autonomia, proposta esta pelo CFE, mas sujeita a homologação.

Apesar de o Congresso ter aceito a supressão do artigo comentado, manteve outro, inserido pelo governo como parágrafo daquele, determinando que a autorização ou o reconhecimento de universidade ou estabelecimento isolado só se efetivaria, *em qualquer caso*, por decreto do Poder Executivo. O deputado Brito Velho denunciou a contradição entre esse parágrafo e a intenção de outros artigos do anteprojeto que atribuíram um papel de "vigilância" ao CFE. E perguntou: "De se notar é que esse parágrafo não se encontra no anteprojeto do Grupo de Trabalho, lido com a maior atenção. Enxertado foi ele. Por que e para quê? *That is the question!*" Sua emenda dizia que a decisão do Poder Executivo deveria contar sempre com parecer favorável ao CFE. No plenário da Câmara outra condição foi adicionada ao artigo, dessa vez remetendo-o a outro que modificava a LDB, retirando a competência dos conselhos estaduais na autorização e reconhecimento de estabelecimento de ensino superior em suas áreas de influência, em proveito do CFE e do MEC. Com isso, a fiscalização do ensino superior seria feita, em todo o país, pelo governo federal. Embora a remissão fosse mantida, na versão final da lei, o artigo a que se remetia[48] foi vetado pelo presidente da República, pois implicaria "revogar a Ordem legal existente".

Como mostramos na análise do *Relatório*, a preocupação do GT com o ensino superior extravasava os limites desse grau, tratando ele, também,

---

48 Artigo 44, que modificava os artigos 9º, 14 e 15 da LDB, resultante de emenda no Congresso.

da reforma do ensino médio, condição para o sucesso da que preconizava. Essa preocupação ficou expressa no anteprojeto, no qual um artigo com três parágrafos procurou induzir a reforma derivada. Dizia a primeira versão do texto legal que os sistemas de ensino (dos estados e do Distrito Federal, assim como o federal) deveriam adotar providências para que toda escola, após o ensino primário, se organizasse com ginásio comum e colégio integrado. O ginásio comum, com quatro anos posteriores aos da escola primária, proporcionaria educação geral e formação especial, ministrada esta com o sentido de "sondagem e desenvolvimento de aptidões para o trabalho". Aqui vemos os objetivos do ginásio orientado para o trabalho, fruto da atividade da Equipe de Planejamento do Ensino Médio (Epem), produto de um dos convênios entre o MEC e a Usaid, nessa época já substituída pelo Programa de Expansão e Melhoria do Ensino Médio (Premem). O colégio integrado teria a duração mínima de três anos e seu currículo se comporia de duas partes. A primeira parte compreenderia educação geral em prosseguimento à do ginásio. A segunda, denominada diversificada, seria definida de acordo com cada estabelecimento e se comporia de "estudos especiais ou formas de trabalho que possam ser cultivados ao nível de amadurecimento do aluno, inclusive a preparação de professores para a escola primária".

Está aí a raiz da política de profissionalização do ensino médio pós--primário, em seu primeiro ensaio. Para não deixar dúvidas quanto à determinação de se promoverem essas mudanças, um parágrafo dizia que os programas de financiamento da educação levariam em conta, prioritariamente, o nível de adaptação de cada sistema de ensino aos princípios traçados. Na passagem pelo governo, o artigo que tratava dessa matéria foi alterado apenas com a inclusão de uma palavra: *simultâneo* deveria ser o desenvolvimento das partes de educação geral e diversificada do currículo do colégio integrado. No Congresso, essa passagem do anteprojeto recebeu várias emendas estipulando prazos para a reforma ou, simplesmente, retirando sua obrigatoriedade, com a inclusão do condicionamento "sempre que possível e conveniente", como em emenda do senador Josaphat Marinho.

Todas as emendas sobre esse tema ficaram prejudicadas, pois o relator suprimiu ele próprio o artigo em questão, por se referir ao ensino de grau médio, matéria estranha ao projeto de lei. Perdida, assim, a "carona" buscada na reforma do ensino superior, esse ímpeto profissionalizante teve de esperar o ano seguinte para que o ministro da Educação organizasse o primeiro dos grupos de trabalho da reforma do ensino de 1º e 2º graus, e o ano de 1971, quando foi promulgada a lei 5.962.

CRÍTICAS IMEDIATAS À REFORMA PROJETADA

A comparação do material em que se contestava a política educacional do governo com o das críticas diretas ao *Relatório* e à lei 5.540 nos leva a uma conclusão melancólica: diante de um projeto coerente, pouco ou quase nada houve de contestação.

Neste item, vamos apresentar um extrato das críticas havidas. Para isso, privilegiamos textos de Anísio Teixeira e de Florestan Fernandes.

Em julho de 1968, Anísio Teixeira encontrava-se, pela segunda vez, alijado do centro do aparelho educacional por força de golpe militar. A primeira vez foi no período 1935-45. Naquele ano, o ensaio geral do golpe que veio a instaurar o Estado Novo levou o educador baiano a se demitir da Diretoria de Instrução Pública do Distrito Federal. A segunda vez diferiu da primeira pelo ritmo. Em vez da demissão súbita, foi vitimado pela progressiva expulsão dos órgãos educacionais, começando pela demissão do cargo de presidente do Conselho Diretor da Fundação Universidade de Brasília e, consequentemente, da reitoria, nos primeiros dias após o golpe. E, continuando, pela sua não recondução ao Conselho Federal de Educação, após o término do mandato para o qual havia sido nomeado desde a criação, em 1962.[49]

Assim, quando Anísio Teixeira foi chamado a depor na Comissão Parlamentar de Inquérito sobre o ensino superior, em 1967, já não tinha os laços formais que o prendiam à política universitária do MEC. De seu depoimento, retirou ele uma série de artigos que vieram a ser publicados na *Folha de S.Paulo*, transcritos em seu *Educação no Brasil,* no capítulo "Notas sobre a universidade". Os itens desse capítulo têm títulos bastante sugestivos: "possível modelo para a reforma da universidade", "a universidade e a sua missão", "a universidade e a inquietação pela sua reforma", "a universidade e a reforma em andamento", "universidade 'em massa'?".

O tema recorrente em todos eles era a denúncia de um processo de reforma do ensino superior brasileiro com base em uma legislação

---

49 O mandato de Anísio Teixeira, de seis anos, findou em fevereiro de 1968, como os de outros conselheiros, logo reconduzidos, a exemplo de Newton Sucupira, Valnir Chagas, Abgar Renault, José Vasconcelos e Luciano Duarte.

280 LUIZ ANTÔNIO CUNHA

abstrata que não levaria em conta os processos que estariam em curso no Brasil e em outros países. Esse processo de reforma "legalista" teria se iniciado com os decretos-leis 53/66 e 252/67, e continuado com o anteprojeto de lei de reforma do ensino superior elaborado pelo Grupo de Trabalho de 1968.

Para Anísio Teixeira, com a exceção das "veleidades reformistas" da Universidade de São Paulo (1934), da Universidade do Distrito Federal (1935) e da Universidade de Brasília (1962), a realidade do ensino superior brasileiro, nos seus 160 anos de experiência, "é a da escola superior independente e autossuficiente, governada pela sua oligarquia de professores de tempo parcial" (Teixeira, 1969, p.232). Apesar de todo o peso da tradição, estaria havendo, nesse ensino superior, a passagem de uma cultura literária para uma cultura científica, resultante da introdução da ciência experimental em nossas faculdades. Mas essa *mutação* do ensino superior não estaria se dando de modo homogêneo. As escolas de medicina é que foram pioneiras nesse processo. Para Anísio Teixeira, "nessas escolas está o modelo para a transformação da universidade brasileira" (ibidem), cuja influência já teria se estendido para a Biologia, a Matemática, a Física e, mais recentemente, para as Ciências Sociais. A lição que ele procurou tirar das mudanças das Escolas de Medicina é que "não são as mudanças formais de estrutura que nos irão dar a ciência de que precisamos, mas mudanças de mentalidade, de atitudes, aceitação do método científico, prática da experimentação no campo da ciência pura e da aplicada, e lúcida e saudável emulação profissional, fundada em altos padrões de competência e de honestidade científica" (ibidem, p.233). Mas o que via Anísio Teixeira? Um projeto de reestruturação (colocada por ele entre aspas) das universidades federais, que o GT estendia a todo o ensino superior, definindo o ensino indissociável da pesquisa. Diante disso, dizia a ele: "Não há nenhum poder de lei que possa subitamente transformar todos esses professores em pesquisadores e dizer-se que *toda* universidade vai fazer pesquisa" (ibidem, p.242).

Para o nosso autor, poucos seriam os professores realmente capazes e realmente interessados em pesquisas, pois essa atividade exigiria não só motivações especiais, como também o domínio de *todo* o conhecimento disponível num certo campo do saber. Daí, na sua concepção, a pesquisa constituir um "privilégio e distinção das universidades maiores, mais equipadas e capazes de atrair os novos professores competentes e apaixonados pela busca do saber", as únicas instituições capazes de

A UNIVERSIDADE REFORMANDA 281

abrigá-los na escola pós-graduada, o lugar próprio dos pesquisadores (ibidem, p.243).

Por isso, o juízo de Anísio Teixeira sobre o processo de transformação iniciado com as universidades federais é bastante severo: "A 'reestruturação' com que está a sonhar o Brasil é uma reestruturação que transforme, por milagre, todos os professores em pesquisadores e todas as escolas em escolas de pesquisa. É algo de todo irrealizável" (ibidem).

Quanto à ênfase desse processo de transformação sobre os meios, isto é, sobre a estrutura da universidade, Anísio Teixeira os colocaria em segundo plano, ao contrário dos dois decretos de 1966 e 1967, e da lei de 1968. Dizia ele:

> Há, por certo, problemas de organização, problemas de economia, problemas de eficiência a aumentar, mas estes problemas só poderão ser resolvidos depois que se processe à mudança de mentalidade que se processou na profissão e no saber médico brasileiro. O problema dos problemas da universidade brasileira é o da competência do professor e o da sua paixão pelo saber, hoje em permanente progresso. (ibidem, p.233)

Anísio Teixeira não foi menos cáustico quando comentou a pretensão do Grupo de Trabalho de que a universidade devesse ser a organização própria do ensino superior, só se aceitando uma escola isolada em casos excepcionais. Ele evocou a sovinice lusitana quando se tratava da criação de estabelecimento de ensino superior no Brasil Colônia. O Império substituiu essa sovinice por uma moderação, legada, aliás, à República. Nos últimos anos, todavia, essa atitude estaria sendo substituída por uma liberalidade que levou à multiplicação das faculdades de Filosofia e das próprias universidades. Sempre negada na Colônia e no Império, as universidades já estavam se multiplicando, como antes aconteceu com as escolas isoladas, "e agora, com o relatório do GT, faz-se transbordante como uma inundação, lembrando, a evolução do País, como que uma crise de 'conversão religiosa', em que a velha e persistente hostilidade faz-se abruptamente adesão incoercível e entusiástica" (ibidem, p.245). Não ocorreu a Anísio Teixeira que o GT tivesse querido livrar-se das escolas isoladas, fechando-as, restando apenas as universidades. A única ideia que lhe ocorreu era a de que as faculdades "cresceriam" até universidades ou as formariam por agregação como, aliás, estava explícito no *Relatório* e no anteprojeto. E era justamente isso que assustava o educador baiano.

282   LUIZ ANTÔNIO CUNHA

A leitura do documento com a sua elaborada verbalização do que é universidade pode nos deixar confusos, mas da luz do complexo fraseado depreende-se, sem qualquer dúvida, uma ideia de universidade ambiciosa e extremamente complexa e difícil. Nenhuma das nossas universidades lembra sequer esse extraordinário modelo. Como então, de repente, saltar para um programa de universalização desse modelo: uma universidade em cada município! (ibidem, p.245-6).

A crítica mais profunda do processo e do produto da reforma universitária de 1968 saiu de outro defensor da escola pública no contexto das lutas em torno da Lei de Diretrizes e Bases da Educação Nacional: Florestan Fernandes. Como Anísio Teixeira, ele comentou apenas o produto do grupo de Trabalho – o *Relatório* e o anteprojeto – sem chegar à análise da lei 5.540/68.[50]

O decano dos sociólogos brasileiros proferiu conferências no segundo semestre de 1968, cujas notas serviram de base para que escrevesse um texto intitulado "Os dilemas da reforma universitária consentida", que, após publicações em periódicos especializados, foi incluído em coletânea na qual reuniu textos por ele produzidos naquela conjuntura (Fernandes, 1975, cap.8).

Logo no início desse texto, Florestan Fernandes mostra sua avaliação do trabalho do GT:

> É preciso que fique bem claro de antemão, que entendemos a reforma universitária consentida como uma manifestação de tutelagem política e como mera panaceia. Não podemos aceitá-la porque ela não flui de nossa vontade, não responde aos anseios que animam as nossas lutas pela reconstrução da universidade e não possui fundamentos democráticos legítimos. Complemento de dois decretos-leis de um Governo militar autoritário e expressão perfeita do poder que engendrou a constituição outorgada à Nação em janeiro de 1967, ela representa uma contrafração de nossos ideais e de nossas esperanças. (ibidem, p.203-4)

Todavia, o crítico enfrentou sério dilema em sua análise: o de articular uma crítica radical da "consciência farisaica", encarnada pelo GT, e os

---

50 Florestan Fernandes foi compulsoriamente aposentado de seu cargo de professor catedrático da Universidade de São Paulo na primeira onda de expurgos que se seguiu ao ato institucional 5. Sem condições de trabalho no Brasil, acabou aceitando convites para lecionar em universidades norte-americanas.

A UNIVERSIDADE REFORMANDA   283

"avanços da reforma universitária consentida". Em seguida, apresentamos essas duas forças contrárias que definiram seu dilema.

O sociólogo paulista teve a coragem incomum de elogiar o trabalho do GT, o que deve ter lhe custado críticas ácidas no meio universitário. Não só mostrou respeito intelectual pelos seus membros, como disse que, através do seu *Relatório*, "pela primeira vez se tenta equacionar os problemas do ensino superior tendo-se em vista as relações entre os meios e fins, questões de custeio e de captação de recursos, problemas de crescimento e de programação ou planejamento educacionais" (ibidem, p.211). E acrescentou: "as recomendações do GT representam por si mesmas e por suas consequências cumulativas (se forem conduzidas à prática e se rotinizarem), um primeiro passo na direção do caminho certo" (ibidem). No conjunto de medidas apontadas pelo GT, ele apoiou as seguintes: a criação dos mecanismos financeiros de captação de recursos, como o FNDE; a exclusão das verbas do MEC dos planos de contenção de despesas; as sugestões relativas ao regime de trabalho docente, em particular a implantação do regime de dedicação exclusiva; a constituição do primeiro ciclo geral, precedendo os estudos de graduação; a proibição de que houvesse preponderância de professores classificados em determinado nível na composição dos colegiados superiores; a possibilidade de existir mais de um professor em cada nível de carreira, em cada departamento; a distribuição pelos departamentos, dos encargos de ensino e pesquisa; participação e representação estudantil nos órgãos colegiados; a determinação para que os concursos vestibulares se adaptassem ao nível do ensino de médio, assim como a sua progressiva unificação; a remoção da coincidência entre o ano letivo e o ano civil; a colocação da carreira do magistério no âmbito da legislação trabalhista; os cursos de curta duração; e outras medidas.

Além dos limites apontados no alcance das medidas elogiadas, o autor opôs-se decididamente a outras recomendações do *Relatório* e/ou do anteprojeto: o tratamento dispensado à pós-graduação, dependente de fórmulas impostas; a orientação privatista consistente no reconhecimento do regime de fundação, na inclusão dos representantes dos empresários na administração universitária, na recomendação de integração universidade--indústria e na limitação imposta ao crescimento dos hospitais de clínicas das universidades; a proposta de cobrança de anuidades no ensino superior público; o descaso para com a autonomia universitária; o reforço do poder do Conselho Federal de Educação; a continuação do poder do Executivo de escolher reitores e diretores; o atrelamento burocrático

284 LUIZ ANTÔNIO CUNHA

dos níveis da carreira docente aos títulos acadêmicos; a colocação dos órgãos de representação discente sob controle da administração universitária; e outras medidas ainda.

Se a extinção do regime de cátedras foi recebida por ele como um dos avanços da "reforma universitária consentida", ele chamou a atenção, também, para a limitação desse avanço. Em certa passagem ele disse que "mais que a cátedra, o apinhamento de ocupações e atribuições foi o verdadeiro fator sociopático que perverteu as antigas escolas superiores e impediu que elas se tornassem instituições escolares dotadas de dinamismos educacionais construtivos" (ibidem, p.212). A luta contra esse regime funcional-acadêmico acabou por arrombar uma porta aberta, pois, "ao pôr em questão as estruturas arcaicas do ensino superior, o movimento de reforma universitária ameaçava as estruturas arcaicas de todo o sistema. E, para vencer a resistência às inovações dentro da instituição, ele tinha de provocar, combater e sobrepujar a resistência sociopática à mudança das próprias classes dominantes. O paradoxo da situação aparece no fato de que estas cederam antes de se verem propriamente derrotadas. Em consequência, o significado do combate à cátedra perdeu sua substância política e cultural sem que as várias correntes do movimento da reforma universitária se dessem conta do que estava ocorrendo. Continuaram a concentrar seus ataques a uma estrutura de poder que se esvaziara, e não reorganizaram a estratégia global, que deveria ter-se deslocado, rapidamente, para o plano especificamente político-administrativo e legal, no qual se operou a revitalização, agora amplamente dissimulada, da resistência conservadora à reforma universitária (ibidem, p.163).[51]

Em outra passagem, Florestan Fernandes atribuiu a esse não deslocamento da estratégia do movimento o efeito deletério do anteprojeto de lei elaborado pelo GT, cujas opções levaram a

> montar uma carreira docente ainda pior e potencialmente mais perniciosa que a associada à vigência da cátedra vitalícia!... Graus, títulos e carreira veiculam-se de tal forma que se incentiva o carreirismo como norma e a mediocridade como fim, procedendo-se ao mesmo tempo, pela burocratização da carreira docente, a uma sorte de simples desnivelamento e socialização do 'absolutismo' dos amigos catedráticos. (ibidem, p.235)

---

51 Capítulo "Reforma universitária e mudança social", escrito com base na conferência proferida em setembro de 1968.

A UNIVERSIDADE REFORMANDA   285

O autor não escondeu, também, seu entusiasmo para com o intento de reorientar o ensino médio na direção da educação para o trabalho, a seu ver a mais importante contribuição do GT. Tanto assim que ele gostaria de ver o Grupo de Trabalho ir mais longe e alterar de vez as funções daquele grau de ensino e suas relações com o superior (ibidem, p.212).

Ao fim de seu texto, Florestan Fernandes traçou o caminho para chegar à autêntica reforma universitária:

> O decisivo, para nós, é que, para ser um foco original de alteração da estrutura da sociedade, a universidade terá de definir-se, ela mesma e antecipadamente, diante dos padrões e valores sociais em emergência. Graças a isso, a reforma universitária propõe os modelos democráticos de estruturação interna da universidade, os quais ela exige da sociedade nacional e pretende impor-lhe como fulcro da reconstrução histórica da ordem social contestada. A sua democratização não constitui uma fatalidade. Mas o meio e o fim dos processos sociais conscientes pelos quais ela recusa o destino que lhe é conferido pela sociedade e, ao mesmo tempo, exige dela que ela própria se democratize. (ibidem, p.241)

Se o trabalho do GT trouxe um dilema a um sociólogo experiente como Florestan Fernandes, seu efeito sobre os estudantes não foi menos profundo. Como disse um articulista da época:

> Se bem que alguns setores estudantis rechaçassem o projeto elaborado pelo Grupo de Trabalho, a verdade nem sempre confessada é de que ele produziu impressão. Por se tratar de um documento volumoso, cheio de implicações e possibilidades, ele não foi ainda "digerido". Mesmo alguns dos que afirmam representar o estudo "uma tentativa de institucionalização da política educacional da ditadura" e ainda "trabalho baseado no Relatório Meira Mattos", a verdade é que existe o sentimento de que o projeto só poderá ser contestado com eficiência após uma análise profunda de seus termos, que ainda não pode ser feito, ou na etapa da sua implantação. A divulgação do relatório da Comissão Meira Mattos veio a tirar muito do seu encanto, especialmente ao se verificar que são feitas tantas ou mais veementes críticas ao sistema educacional do que aos estudantes. (Pinto, 1968, p.36)

Com efeito, a solução encontrada pela corrente mais sectária do movimento estudantil foi identificar o *Relatório* e o anteprojeto às propostas de Atcon, do general Meira Mattos e da Eapes.

A verdade é que não houve tempo para que outras análises críticas do *Relatório* e da lei 5.540 fossem feitas, já que a lei foi promulgada a 28 de novembro, apenas 15 dias antes do ato institucional 5, base, por sua vez, do decreto-lei 477, de 26 de fevereiro de 1969.

Todo esse aparato jurídico, que deu cobertura à mais violenta onda repressiva de nossa história, desestimulou e amedrontou aqueles que se propunham a criticar a lei de um governo autoritário, ainda mais quando "corrigida" pelos vetos presidenciais e logo depois "aperfeiçoada" pelos decretos-leis da presidência da República.

Conclusão

A modernização do ensino superior conforme o figurino norte-americano e o aumento do controle configuraram as duas faces da universidade brasileira em reforma, nos primeiros anos do regime militar. Com a modernização do ensino superior pretendia-se colocar a universidade a serviço da produção prioritária de uma nova força de trabalho requisitada pelo capital monopolista organizado nas formas estatal e privada "multinacional". Com essa finalidade, desenvolveu-se o ensino em nível de pós-graduação e toda ênfase foi dada aos cursos de ciências (exatas?) e de tecnologia, bem como de ciências econômicas, nas quais se ensinava uma das línguas oficias do poder.

Essa modernização visava, ademais, criar condições racionais (melhor diria tayloristas) para o atendimento da crescente demanda de ensino superior pelos jovens das camadas médias, a qual se expandia acionada pelo processo de monopolização, induzido, por sua vez, pela política econômica.

Como contrapartida da modernização e do reiterado discurso sobre a autonomia universitária, procurou-se submeter as universidades públicas, principalmente as federais, a um mais rígido controle governamental – do MEC e dos órgãos de espionagem, como o Serviço Nacional de Informações.

Não houve um projeto expresso em lei que desencadeasse esse processo de modernização/controle. Ele foi, primeiramente, assinalado em algumas instituições, com destaque para a Universidade de Brasília, a Universidade Federal de Minas Gerais e a Universidade do Brasil/Federal do Rio de Janeiro. Depois, foi estendido a todas as universidades federais (decretos-leis 53/66 e 252/67) para, em 1968, atingir a todas as instituições de ensino superior (lei 5.540).

288 LUIZ ANTÔNIO CUNHA

Essa gradação resultou de vários fatores. *Primeiro,* do fato de que o processo de modernização conforme o figurino norte-americano já vinha se desenvolvendo desde os anos 1940, com grande aceitação na intelectualidade brasileira. *Segundo,* das resistências que era preciso vencer, tanto as externas, representadas pelo movimento estudantil, quanto as internas, acionadas por professores e administradores, que tinham muito a perder – como no caso do regime de cátedras e do acesso direto dos catedráticos e das unidades às verbas consignadas no orçamento da União. Paradoxalmente, eram esses resistentes que ofereceriam maior apoio, dentro da universidade, ao regime autoritário que se institucionalizava, justamente empenhado na aceleração do processo de transformação estrutural da universidade, o que acabaria por minar o poder daqueles professores e administradores. *Terceiro,* a persistência de alguns traços da ideologia liberal em grupos detentores do poder autoritário, que incorporaram, desde a luta contra a ditadura de Vargas, certas aspirações à autonomia universitária, pelo menos em termos formais. Foi o caso dos udenistas, do Ipes e de fora dele.

A oposição à modernização da universidade segundo o modelo norte-americano uniu, na mesma luta, por razões obviamente diferentes, os setores mais radicais do movimento estudantil com os setores mais conservadores da universidade, para quem a modernização era vista como ameaça real aos privilégios por eles conquistados e mantidos havia muitos anos.

A certeza de que o projeto da universidade da "revolução" já se encontrava em implantação fez que para ela não fossem carreados recursos substanciais do orçamento do Governo Federal. Ao contrário, dela se retiraram verbas em proveito dos setores mais problemáticos.

Em consequência, a resistência à modernização dos setores mais conservadores da universidade encontrou nos cortes de verbas e no atraso das transferências um excelente aliado no adiamento da implantação de novas medidas, em especial nas universidades federais. A desorganização daí resultante (falta de professores, de salas, de laboratórios etc.) forneceu oportuna base empírica para o movimento estudantil, que, rejeitando o sistema pretendido pela Lei Suplicy e pelo Decreto Aragão, reconstituiu a rede UNE/UEEs, inaugurando uma fase de ostensivas manifestações de massa, frequentemente com a participação de outros segmentos sociais, nos quais crescia a oposição à ditadura. Por isso, foi um completo fracasso a tentativa de induzir um movimento estudantil simpático ao governo

A UNIVERSIDADE REFORMANDA 289

militar, mesmo com os apelos de "articulação do ensino com a realidade" e de "participação social", com que acenavam os programas de estágio e de trabalho em "regiões carentes", como os propiciados pelos Crutacs e pelos câmpus avançados promovidos pelo Projeto Rondon.

O processo ambivalente de modernização e controle levou a importantes mudanças estruturais nas instituições de ensino superior.

Antes de tudo, a administração superior das universidades foi muito reforçada, chamando a si atribuições que, então, eram exclusivas das faculdades delas componentes. Estavam nesse caso, entre outros, os exames vestibulares, a diplomação, o orçamento. A eliminação da "duplicação de meios para fins idênticos ou equivalentes" foi um dos principais vetores da reforma universitária no período, buscando-se aumentar a produtividade dos recursos humanos e materiais existentes, bem como interligar as ilhas acadêmicas que a estrutura atomizada de faculdades/escolas/institutos definia como unidades quase independentes.

No aumento da densidade que se seguiu ao enfraquecimento (que chegou a extinção) do regime de cátedras e se expressou no regime departamental, dois foram os modelos seguidos. O primeiro foi o da Universidade de Brasília, já célebre antes mesmo de ser implantado de todo. Seu ponto de partida (o fracionamento da Faculdade de Filosofia, Ciências e Letras em institutos básicos e faculdades profissionais) foi assumido pela Universidade Federal de Minas Gerais no justo momento em que a mais nova de nossas universidades era castigada por sucessivas crises, vítima da repressão policial e da incapacidade administrativa. Pela UFMG, o modelo brasiliense foi mais fácil e duradouramente difundido, influenciando outras universidades que se reformavam, e a legislação federal que procurava acelerar o processo das demais nessa mesma direção. O outro modelo foi proposto e vendido por Rudolph Atcon, que, na ânsia de combater a resistência das faculdades, das escolas e dos institutos em se integrarem, imaginou substituí-las por centros, compostos de departamentos, de modo que a nenhum centro ou departamento correspondesse curso profissional, ficando assim todas as instâncias universitárias obrigadas a cooperar para o desenvolvimento dos currículos. Suas propostas continham aspectos bastante esdrúxulos, sendo que a ideia de um centro de estudos gerais – a Faculdade de Filosofia, Ciências e Letras sem a seção de pedagogia – chegou a ser realizada por algumas universidades brasileiras. Mesmo sem as características distintivas do projeto Atcon, ou guardando apenas parte delas, a estrutura centro-departamentos chegou a ser amplamente usada pelas universidades de nosso país devido às preferências de destacados membros do Conselho Federal de Educação, instituição a quem competia aprovar os estatutos.

Apesar de reiterados esforços – do Ipes, de Atcon, da Eapes (MEC--Usaid) –, não foi feito o corte do curso superior em dois níveis, correspondendo, como nos Estados Unidos, ao *college* e aos *graduate courses*. O que sobrou desse intento foi a divisão do curso profissional de graduação em dois ciclos, o básico e o propriamente profissional, sem que ao primeiro correspondesse um grau acadêmico como se pretendia. Em compensação, a matrícula por disciplina e o regime de créditos, embora apenas *sugeridos* por indicação do CFE, foram amplamente aceitos, pelas mais diferentes razões, a ponto de se imaginar tratar-se de matéria definida em lei.

Em fins de 1968, um grande esforço de fabricação do consenso foi empreendido durante a rápida existência do Grupo de Trabalho da Reforma Universitária. Procurando soldar as demandas dos liberais em extinção, dos tecnocratas em ascensão, dos autoritários de sempre (agora com novo fardamento) aos propósitos renovadores de muitos professores, pesquisadores, administradores e estudantes universitários, o GRTU elaborou um anteprojeto de lei que, alterado aqui e ali no MEC e no CFE, bem como no âmbito da Comissão Mista do Congresso, veio a resultar na lei 5.540/68.

Essa lei, apesar dos vetos do presidente Costa e Silva, continha um dispositivo absolutamente revolucionário, se levarmos em conta a gênese e o subdesenvolvimento do ensino superior brasileiro, em termos institucionais.

Negada a existência de universidades, pelos colonialistas, pelos ilustrados e pelos positivistas da República, o ensino superior brasileiro atravessou séculos suportado por faculdades isoladas. Descontando as tentativas frustradas, só em 1920 três faculdades foram reunidas para gerar a Universidade do Rio de Janeiro, inaugurando um padrão até hoje mais frequente de gênese de universidades. Na segunda metade dos anos 1950 e na primeira dos 1960, o esforço da União em subsidiar estabelecimentos particulares levou à federalização e, daí, à fusão em universidades dos estabelecimentos mantidos pelo governo federal. Esse processo foi estancado pelo Conselho Federal de Educação, que preferiu aumentar a produtividade das universidades federais existentes do que criar novas, e pelos próprios governos militares, nos quais se achavam à vontade os privatistas que lutaram por uma Lei de Diretrizes e Bases da Educação Nacional que

A UNIVERSIDADE REFORMANDA 291

deslocasse a ação educativa do Estado para uma posição de suplência da iniciativa privada.

Mesmo assim, o Grupo de Trabalho da Reforma Universitária colocou em seu anteprojeto um dispositivo de grande alcance que afrontava toda a tendência de desenvolvimento do ensino superior brasileiro. Apesar das iniciativas de agregação de estabelecimentos isolados em universidades, a imensa maioria dos estudantes frequentava faculdades isoladas, o que o GRTU considerava devesse ser a exceção e não a regra de organização desse grau de ensino. A regra deveria ser a universidade. Esse dispositivo sobreviveu à passagem do anteprojeto pelo MEC, pelo CFE e pela Comissão Mista do Congresso. Contudo, um processo mais poderoso se desenvolvia ao largo. A revisão do Plano Nacional de Educação, em 1965, destinou 5% do Fundo Nacional do Ensino Superior para subvencionar os estabelecimentos particulares do ensino superior. Esse incentivo financeiro mais a contenção do crescimento dos estabelecimentos do setor público abriram amplas possibilidades para o setor privado no atendimento da demanda reprimida. Capitais tradicionalmente aplicados no ensino médio, capitais recém-investidos em cursinhos e capitais de outros setores de atividade transferiram-se para a exploração do promissor mercado do ensino superior. Um quadro exemplar encontrado em muitas cidades brasileiras pode ser traçado assim: um estabelecimento particular de ensino fundamental e médio passou a abrigar uma faculdade no período noturno; com o crescimento das matrículas, a faculdade ocupa todo o prédio, todos os turnos, deslocando os níveis inferiores de ensino; numa terceira etapa, novas faculdades são justapostas à primeira, até que o conjunto muda de nome, ganhando o *status* de universidade.

A complacência do Conselho Federal de Educação propiciou a multiplicação das faculdades particulares, sem que delas fossem exigidas condições adequadas em termos de instalações, bibliotecas, laboratórios e, principalmente, de professores. Essa complacência correu paralela à consolidação do regime autoritário que culminou com a não renovação do mandato de certos conselheiros, a cassação do mandato de outros e a adesão cúmplice de outros mais.

Essa expansão fragmentadora do ensino superior foi conduzida pelo setor privado, abrindo e expandindo cursos propiciadores da mais elevada taxa de lucro, pouco ou nada tendo que ver com a formação da força de trabalho para os setores dinâmicos da economia. Menos ainda com a preparação de agentes da propalada "consciência crítica e criadora".

Enquanto isso, no setor público como no setor privado do ensino superior, o decreto-lei 477/69 ameaçava com expulsão os estudantes e de desligamento os professores e os funcionários, impedindo-os de estudar ou trabalhar em estabelecimentos similares por longos períodos. A censura, desavergonhada, se fazia às claras. Nas salas de aula, professores e estudantes desenvolveram a utilíssima sensibilidade de identificar os espiões nas aulas e nos seminários. As direções de faculdades e universidades nem sempre resistiram às pressões para localizar professores e estudantes que ajudavam ou simplesmente eram acusados de simpatia para com partidos políticos clandestinos empenhados na luta contra a ditadura.

Nada disso estava contido no anteprojeto de reforma do ensino superior que o Grupo de Trabalho da Reforma Universitária alinhavou em 1968. No entanto, as novas estruturas que a lei 5.540 propiciou, principalmente em termos da gestão da universidade, foram não só incapazes de atenuar a ação dos tentáculos da ditadura, como também foram de grande comodidade para sua ação, quando era deliberada a conivência dos dirigentes universitários com órgãos repressivos.

O aumento do controle governamental sobre a universidade oficial foi conseguido por diversos meios, em tudo estranhos ao celebrado paradigma norte-americano. A introdução dos órgãos oficiais de espionagem na estrutura formal da universidade propiciou a triagem dos professores, dos funcionários e, secundariamente, dos estudantes, reunindo informações e denúncias sobre suas ações e ideias que, efetiva ou supostamente, poderiam ser subversivas, qualquer que fosse o modo como esse pecado acadêmico fosse definido. A extinção do regime de cátedras, sem embargo das vantagens que representou para a expansão e a melhoria do magistério, teve, também, o efeito de dissolver o poder dos catedráticos na nomeação dos professores assistentes e de facilitar o desligamento dos professores, por dificultar a formação de lideranças institucionais. Complementarmente, a multiplicação dos órgãos que deveriam opinar sobre as questões mais simples e mais complexas (colegiados de cursos, comissões de departamento, congregações, conselhos etc.) ocupava os professores em múltiplas comissões, nem sempre conclusivas, resultando numa cascata de pareceres que permitiam tanto impedir a realização de qualquer mudança como, paradoxalmente, a tomada de medidas executivas por instâncias superiores para posterior referendo.

As escolhas dos reitores e até mesmo dos diretores de unidade continuaram a ser feitas pelo chefe do Executivo (presidente da República, no caso das universidades federais, e governador do estado, nas estaduais), ampliando a pauta de escolhas pela duplicação do número de nomes das listas votadas nos colegiados: de tríplices, como a tradição brasileira até então, para sêxtuplas. A elaboração das listas de candidatos a reitor e a vice-reitor, no caso das universidades oficiais, já não seria atribuição exclusiva dos conselhos universitários, mas destes em conjunto com os demais colegiados superiores, até mesmo dos conselhos de curadores, nos quais tinham assento representantes do Ministério da Educação. Em consequência, os colégios eleitorais eram constituídos, predominantemente, de pessoas escolhidas pelo Poder Executivo e pelos próprios reitores, aumentando muito a probabilidade de inclusão de pessoas da confiança do regime militar nas listas sêxtuplas: era o círculo fechado da reprodução do regime autoritário no âmbito da universidade, do qual poucas escaparam.

É difícil exagerar a importância de Rudolph Atcon na assimilação das novas ideias voltadas para a reforma da universidade, bem como na criação de condições institucionais para sua implantação.

Consideramos a difusão da ideia da privatização da universidade – erroneamente identificada à sua autonomia – o principal aspecto negativo da pregação desse consultor. Se ele não foi o primeiro a sugeri-la, ninguém conseguiu ser tão convincente, aproveitando um momento propício para disseminar a ideia de que a universidade é ou deve funcionar como se fosse uma empresa privada. Como nestas, não se colocaria a questão da representação das diversas categorias de participantes na sua gestão: os conselhos, poucos e pequenos, teriam apenas funções de assessoria. O reitor – como um presidente de conselho de acionistas de sociedade anônima – contrataria um administrador para gerir "sua" universidade, como se fosse uma fábrica, uma loja, um hospital, etc., supostamente empenhados na busca dos mesmos objetivos: produzir mercadorias e serviços que, vendidos, resultariam numa receita compensadora diante dos custos. A administração da universidade deveria ser, como naquelas instituições, verticalista, toda atribuição derivando do poder do chefe. Essas ideias, amplamente divulgadas pouco tempo após o golpe de Estado que reprimiu as demandas de participação dos professores e dos estudantes, forneceu a referência para a esperada modernização da universidade de acordo com os padrões autoritários do novo regime.

Foi esse consultor quem, percebendo o alcance de proposta feita pelo Higher Education Team, da Usaid, nos primeiros dias após o golpe, articulou reitores de universidades para que organizassem uma sociedade civil sem ligação com o MEC. O Conselho de Reitores das Universidades Brasileiras, criado em 1966, desempenhou, graças ao dinamismo de seu secretário executivo, Rudolph Atcon (até 1968), e de seus sucessores, um eficiente papel mediador entre a fonte do poder político (o MEC), a fonte dos recursos econômicos (a Usaid), a fonte de saber (a Universidade de Houston) e cada universidade brasileira. Graças a essa mediação, centenas de reitores e administradores universitários brasileiros foram aos Estados Unidos observar como funcionavam os modelos que queriam copiar; e dezenas de consultores norte-americanos vieram para trazer, em conferências e seminários, suas experiências com aqueles mesmos modelos.

O convênio entre o MEC e a Usaid que resultou na criação da Equipe de (Assessoria ao) Planejamento de Ensino Superior fracassou. A enorme oposição da opinião pública, que se expressou nas passeatas estudantis e no Conselho Federal de Educação, fez que a contrapartida brasileira da Eapes não tivesse membros à altura dos objetivos, inviabilizando os propósitos do governo.

De todo modo, enquanto a Eapes funcionava como um para-raios político, atraindo para si a ira dos opositores da política educacional do regime militar, outros convênios MEC-Usaid alcançavam plenamente seus objetivos pela mediação do Conselho de Reitores, sistema que veio a atingir sua plenitude a partir de 1969, já em vigor o ato institucional 5 e o decreto-lei 477, poderoso arsenal para dissuasão dos dissidentes.

Referências bibliográficas

ALVES, Márcio Moreira. *Beabá dos MEC-USAID*. Rio de Janeiro: Gernasa, 1968.

ANTUNHA, Heládio César Gonçalves. *Universidade de São Paulo – fundação e reforma*. São Paulo: MEC/INEP/Centro Regional de Pesquisas Educacionais do Sudeste, 1974.

ASSOCIAÇÃO DE DOCENTES DA UNIVERSIDADE DE SÃO PAULO. *O livro negro da USP*: o controle ideológico na Universidade. São Paulo, 1978.

ASSOCIAÇÃO DOS DOCENTES DA UNIVERSIDADE FEDERAL DO RIO GRANDE DO SUL. *Universidade e repressão*: os expurgos na UFRGS. Porto Alegre: L&PM, 1979.

ATCON, Rudolph. La Universidad latinoamericana; clave para un enfoque conjunto del desarrollo coordinado social, económico y educativo en la América Latina. *Eco (Bogotá)*, v.37/39, maio-jul. 1963.

_____. *Rumos à reformulação estrutural da universidade brasileira*. Rio de Janeiro: MEC, 1965.

_____. *Manual sobre o planejamento integrado do "campus" universitário*. Brasília: CRUB, 1970.

_____. *Administração integral da universidade*. Rio de Janeiro: MEC/Premesu, 1974.

AZEVEDO, Fernando de. *A educação e seus problemas*. São Paulo: Companhia Editora Nacional, 1946.

BARROS, Roque Spencer Maciel de. A ilustração brasileira e a ideia de universidade. *Boletim da Faculdade de Filosofia, Ciências e Letras (São Paulo)*, n.241, 1959.

_____. *Ensaios sobre educação*. São Paulo: Grijalbo/Edusp, 1971.

BASTOS, Aurélio Wander. *Universidade de Brasília;* uma experiência de reforma universitária. Brasília: Federação dos Estudantes da Universidade de Brasília, 1968. mimeo.

BÊ-A-BURRO. São Paulo: Centro Acadêmico Visconde de Cairu, Faculdades de Ciências Econômicas e Administrativas da USP, 1968.

296 LUIZ ANTÔNIO CUNHA

BRASIL. Ministério do Planejamento e Coordenação Econômica. *Programa de Ação Econômica do Governo – 1964/1966; Síntese.* Brasília, 1965a. (Documento EPEA, 1).

———. Ministério da Educação e Cultura. *Plano Nacional de Educação – Revisão de 1965.* Rio de Janeiro. MEC/CFE, 1965b.

———. Congresso Nacional. Câmara dos Deputados. Bibliografia sobre a Universidade de Brasília. *Boletim da Biblioteca da Câmara dos Deputados (Brasília)*, v.15, n.3, set.-dez. 1966.

BRASIL. Ministério da Educação e Cultura. Secretaria Geral. Serviço de Documentação. *Acordos, contratos, convênios.* Rio de Janeiro, 1967.

———. Ministério da Educação e Cultura. *Acordos, contratos, convênios* (separata). Rio de Janeiro: MEC/Secretaria Geral/Serviço de Documentação, 1968a.

———. Ministério das Relações Exteriores. *Coleção de Atos Internacionais.* Rio de Janeiro: MRE/Seção de Publicações, 1968b.

———. Câmara dos Deputados. *Ensino superior no Brasil.* Conclusões da Comissão Parlamentar de Inquérito. Brasília, 1969a.

———. Ministério da Educação e Cultura. *Relatório da Equipe de Assessoria ao Planejamento do Ensino Superior.* Rio de Janeiro: MEC/EAPES, 1969b.

———. *Tabelas estatísticas (vestibulares).* Rio de Janeiro, CAPES, 1970.

———. Ministério da Educação e Cultura. *Considerações sobre o relatório do "General Accouting Office-GAO".* Brasília: MEC/Secretaria Geral, 1974.

CAMPOS, Ernesto de Souza. *Universidade* – cidades universitárias. São Paulo: Imprensa da USP, 1946.

CAMPOS, Paulo de Almeida. *A faculdade de educação na atual estrutura universitária.* Niterói: Faculdade de Educação da Universidade Federal Fluminense, 1971.

CHAGAS, Valnir. A reforma universitária e a faculdade de filosofia. *Revista Brasileira de Estudos Pedagógicos*, v.83, jul.-set. 1961.

CONSELHO FEDERAL DE EDUCAÇÃO. *Seminário de Assuntos Universitários.* Brasília, 1978.

CUNHA, Luiz Antônio. *Política educacional no Brasil:* a profissionalização no ensino médio. Rio de Janeiro: Eldorado, 1973a.

———. O milagre brasileiro e a política educacional. *Argumento (São Paulo)*, v.2, nov. 1973b.

———. Moeda universitária: o crédito. *Revista de Cultura Vozes*, Petrópolis, v.68, n.2, mar. 1974a.

———. A pós-graduação no Brasil: função técnica e função social. *Revista Administração de Empresas (Rio de Janeiro)*, v.14, n.5, set.-out. 1974b.

———. *A Universidade Temporã:* o ensino superior da Colônia à era de Vargas. Rio de Janeiro: Francisco Alves, 1986.

A UNIVERSIDADE REFORMANDA 297

CUNHA, Luiz Antônio. A organização do campo educacional: as conferências de educação. *Educação e Sociedade (Campinas)*, v.9, maio 1981a.

———. Diretrizes para o estudo histórico do ensino superior no Brasil. *Forum Educacional (Rio de Janeiro)*, v.5, n.2, abr.-jun. 1981b.

———. *A Universidade Crítica:* o ensino superior na República Populista. Rio de Janeiro: Francisco Alves, 1983.

DEBRAY, Régis. *Révolution dans la révolution?* Lute politique en Amérique Latine. Paris: Maspero, 1967.

A DIPLOMACIA BRASILEIRA E A CRISE DO SISTEMA INTERAMERICANO. *Política Externa Independente (Rio de Janeiro)*, v.1, maio 1965.

DIRETRIZES PARA A REFORMA DA UNIVERSIDADE DO BRASIL. Rio de Janeiro: Universidade do Brasil, 1963.

DREIFUSS, René Armand. *1966 – a conquista do estado:* ação política e poder de classe. Petrópolis: Vozes, 1981.

DUARTE, Sérgio Guerra. Presença americana na educação nacional. *Cadernos Brasileiros (Rio de Janeiro)*, v.46, 1968.

FAVERO, Maria de Lourdes de A. *A universidade brasileira em busca de sua identidade.* Petrópolis: Vozes, 1977.

FERNANDES, Florestan. *Universidade brasileira:* reforma ou revolução? São Paulo: Alfa-Omega, 1975.

FERRY, Luc; PESRON, Jean-Pierre; RENAUT, Alain (Orgs.). *Philosophies de l'université;* l'idealisme allemand et la question de l'université. Paris: Payot, 1979.

FORACCHI, Marialice M. *O estudante e a transformação da sociedade brasileira.* São Paulo: Companhia Editora Nacional, 1965.

FUNDAÇÃO GETULIO VARGAS. *Testes de Desenvolvimento Educacional.* Rio de Janeiro: FGV/ISOP, 1971.

GALINO, A., LAWERYS, J. A., PLANCKE, R. L. *Etablissement et développement des facultés d'éducation.* Paris: UNESCO/Brasil, dez. 1968.

GOERTZEL, Ted. MEC-USAID: ideologia do desenvolvimento americano aplicado à educação superior brasileira. *Revista Civilização Brasileira (Rio de Janeiro)*, v.14, jul. 1967.

GUEDES, Carlos Luís. *Tinha que ser Minas.* Rio de Janeiro: Nova Fronteira, 1979.

HOROWITZ, Louis Irving. A universidade e a CIA: um dilema para a ciência social. *Revista Civilização Brasileira (Rio de Janeiro)*, v.13, maio 1967.

———. (Org.) *Ascensão e queda do projeto Camelot.* Rio de Janeiro: Civilização Brasileira, 1969.

INSTITUTO DE PESQUISAS E ESTUDOS SOCIAIS. *Simpósio sobre a reforma da educação; documento básico.* Rio de Janeiro, 1964.

298 LUIZ ANTÔNIO CUNHA

INSTITUTO DE PESQUISAS E ESTUDOS SOCIAIS. *A educação que nos convém.* Rio de Janeiro: IPES-GB/APEC, 1969.

JASPERS, Karl. *The idea of the university.* Boston: Beacon Press, 1959.

LIMA, Alceu de Amoroso. *Revolução, reação ou reforma?* Rio de Janeiro: Tempo Brasileiro, 1964.

MACHADO NETO, A. L. A ex-Universidade de Brasília: significação e crise. *Revista Civilização Brasileira (Rio de Janeiro),* v.14, jul. 1967.

_____. El derrumbe de la Universidad de Brasilia. In: RIBEIRO, Darcy. *La universidad latinoamericana.* Montevideu: Universidad de la República, 1968.

MANNHEIM, Karl. *Ideologia e Utopia.* Rio de Janeiro: Zahar, 1968.

MARCUSE, Herbert. *Ideologia da sociedade industrial.* Rio de Janeiro: Zahar, 1967.

MONIZ DE ARAGÃO, Raymundo (Org.). *A reforma da Universidade Federal do Rio de Janeiro – 1962/1968.* Rio de Janeiro: UFRJ, 1968.

MOREIRA, J. Roberto. Delineamento geral de um plano de educação para a democracia no Brasil. *IPES-Boletim Mensal (Rio de Janeiro),* n.esp., nov. 1964.

MOTA, Carlos Guilherme. *Ideologia da cultura brasileira.* São Paulo: Ática, 1977.

OLIVEN, Arabela Campos. O significado político da paroquialização do ensino superior no Brasil. In: *Seletividade socioeconômica no ensino de 1º grau.* Rio de Janeiro: Anped, 1981.

ORTEGA Y GASSET, José. La misión de la universidad. In: _____. *Obras completas.* Madrid: Revista de Occidente, 1946. v.4.

PAIM, Antônio. *A UDF e a ideia de universidade.* Rio de Janeiro: Tempo Brasileiro, 1981.

PAIVA, Vanilda Pereira. Extensión universitaria en Brasil. *Nueva sociedad (San José, Costa Rica),* v.15, nov.-dez. 1974.

PIMENTA, Aluísio. *Universidade:* a destruição de uma experiência democrática. Petrópolis: Vozes, 1984.

PINTO, Georges Fréderic Mirault. *Caracterização do Conselho de Reitores das Universidades Brasileiras como poder intermediário.* Brasília: CRUB, 1983. (Estudos e Debates, 7).

PINTO, Eduardo. Eleições estudantis afastam radicais. *Jornal do Brasil,* Rio de Janeiro. 1 set. 1968, 1º Caderno.

POERNER, Arthur José. *O poder jovem.* Rio de Janeiro: Civilização Brasileira, 1968.

PONTE PRETA, Stanislaw, pseud. [Porto, Sérgio]. *Garoto linha dura.* Rio de Janeiro: Editora do Autor, 1964.

_____. *O festival de besteira que assola o país.* Rio de Janeiro: Editora do Autor, 1966.

REVISÃO (Grêmio da Filosofia da USP). São Paulo, maio 1967.

A UNIVERSIDADE REFORMANDA 299

RIBEIRO, Darcy. *A Universidade de Brasília na Comissão de Educação e Cultura da Câmara dos Deputados*. Brasília: Departamento de Imprensa Nacional, 1963.

_____. *UnB: invenção e descaminho*. Rio de Janeiro: Avenir, 1978.

SCHUMPETER, Joseph Alois. *Capitalismo, socialismo e democracia*. Rio de Janeiro: Fundo de Cultura, 1961.

SERRANO, José. *Atcon e a universidade brasileira*. Rio de Janeiro: TECHIN-E. 1974.

SOUZA, Maria Inêz Salgado de. *Os empresários e a educação; o IPES e a política educacional após 1964*. Petrópolis: Vozes, 1981.

SUCUPIRA. Newton. A reestruturação das universidades federais. *Revista Brasileira de Estudos Pedagógicos (Rio de Janeiro)*, v.111, jul.-set. 1968.

_____. A condição atual da universidade e a reforma universitária no Brasil. *Brasil Universitário (São Paulo)*, n.86-7, [1973].

_____. Problemas atuais do acesso ao ensino superior. *Brasil Universitário (São Paulo)*, n.92, 1975.

TAVARES, José Nilo. Gênese da reforma que não houve. *Ensaios de opinião (Rio de Janeiro)*, v.10, 1979.

_____. Educação e imperialismo no Brasil. *Educação e Sociedade (Campinas)*, v.7, set. 1980.

TEIXEIRA, Anísio. *Educação no Brasil*. São Paulo: Companhia Editora Nacional; INL, 1976.

UFMG – RESISTÊNCIA E PROTESTO. Belo Horizonte: Vega, 1979.

UNIÃO NACIONAL DOS ESTUDANTES. *A tão falada (e perseguida) Universidade de Brasília*. Caderno especial, 1965.

_____. *Por uma universidade crítica* – programa político. Belo Horizonte: UNE, UEE/MG e Diretório Acadêmico da Escola de Medicina da UFMG, 1968.

UNIVERSIDADE FEDERAL DE MINAS GERAIS. *Relatório – Diagnóstico*. Belo Horizonte: UFMG, 1966.

_____. *Plano de Reforma*. Belo Horizonte: UFMG, 1967.

UNIVERSIDADE INTEGRADA. Rio de Janeiro: Movimento Universitário para o Desenvolvimento Econômico e Social, s.d.

VAZ, Henrique de Lima. *Cultura e Universidade*. Petrópolis: Vozes, 1966.

VENÂNCIO FILHO, Francisco. Contribuição norte-americana à educação no Brasil. *Revista Brasileira de Estudos Pedagógicos (Rio de Janeiro)*, v.25, nov.-dez. 1946.

VIEIRA, Sofia Lerche. *O (dis)curso da (re)forma universitária*. Fortaleza: Edições UFC/PROED, 1982.

WAGLEY, Charles. *Uma comunidade amazônica* – estudo do homem nos trópicos. São Paulo: Companhia Editora Nacional, 1957.

WEFFORT, Francisco C. *Participação e conflito industrial*: Contagem e Osasco – 1968; São Paulo: CEBRAP, 1972.

WEREBE, Maria José Garcia. *Análise crítica do Memorial apresentado pela Comissão de Reestruturação da USP*. São Paulo, 1968 (mimeo.)

SOBRE O LIVRO

Formato: 14 x 21 cm
Mancha: 25 x 41 paicas
Tipologia: Minion 10,5/13
Papel: Pólen 80 g/m² (miolo)
Cartão Supremo 250 g/m² (capa)
1ª edição: 2007

EQUIPE DE REALIZAÇÃO

Edição de Texto
Sandra Garcia Cortés (Preparação de Original)
Adriana Cristina Bairrada (Revisão)
Kalima Editores (Atualização ortográfica)

Editoração Eletrônica
Estela Mleetchol (Diagramação)